教育部人文社会科学研究项目
（项目编号：10YJA770075）

秦汉岭南的对外文化交流

QINHAN LINGNAN DE DUIWAI WENHUA JIAOLIU

周永卫　邓珍　万智欣　温淑萍◎著

暨南大學出版社
JINAN UNIVERSITY PRESS
中国·广州

图书在版编目（CIP）数据

秦汉岭南的对外文化交流/周永卫，邓珍，万智欣，温淑萍著. —广州：暨南大学出版社，2014. 9
ISBN 978 -7 -5668 -1042 -7

Ⅰ. ①秦… Ⅱ. ①周… ②邓… ③万… ④温… Ⅲ. ①中外关系—文化交流—文化史—广东省—秦汉时代 Ⅳ. ①K296. 5

中国版本图书馆 CIP 数据核字（2014）第 116559 号

……………………………………………………………………………………

秦汉岭南的对外文化交流
著　　者： 周永卫　邓珍　万智欣　温淑萍

策划编辑： 史小军
责任编辑： 黄少君
责任校对： 周优绚

地　　址： 中国广州暨南大学
电　　话： 总编室（8620）85221601
营销部（8620）85225284　85228291　85228292（邮购）
传　　真：（8620）85221583（办公室）　85223774（营销部）
邮　　编： 510630
网　　址： http：//www. jnupress. com　http：//press. jnu. edu. cn
排　　版： 广州市天河星辰文化发展部照排中心
印　　刷： 佛山市浩文彩色印刷有限公司
开　　本： 787mm × 960mm　1/16
印　　张： 14. 25
字　　数： 255 千
版　　次： 2014 年 9 月第 1 版
印　　次： 2014 年 9 月第 1 次
定　　价： 36. 00 元

目　录

引 言

“丝绸之路”这一名称，是由德国地理学家李希霍芬（F. von Richthofen）于1877年提出来的，用以指称中国丝绸西运欧洲的交通路线，为中外学术界普遍接受，并用以泛称东西方的经济文化交流。长期以来，丝绸之路一直被认为是由长安出发经河西走廊，出西域，经中亚通往南亚、西亚以及欧洲、北非的陆上贸易通道。20世纪80年代以来，学术界又进一步扩大了丝绸之路的概念，将上述道路称为“西域道”、“绿洲道”或“沙漠丝绸之路”；将经由中国北方游牧民族地区，通过蒙古草原、南俄草原，再进入中亚的道路称为“草原丝绸之路”；把从成都出发经由云南至缅甸、印度和中亚、西亚的路线称为“西南丝绸之路”或“南方丝绸之路”；把经中国南方海上西行的道路称为“南海道”、“海上丝绸之路”或“陶瓷之路”。

秦汉时期中外文化交流史的研究一直以来都是学术界关注的热点和前沿问题，方豪、王赓武、余英时、丘进等海内外学者曾进行过系统研究。近年来，境内外丝绸之路沿线出土了大量与中外文化交流有关的文物。以这些新出土的文物为研究对象，孙机、许苹芳、林梅村、荣新江等学者，取得了令人瞩目的学术成果。童恩正、张增祺、段渝、霍巍等结合西南地区的考古文物，对“西南丝绸之路”沿线的中外物质文化交流进行了很有价值的探索。阮荣春通过对我国境内早期佛教造像文物的研究，提出佛教经由滇缅道和交广道传入中国的“佛教南传系统”观点，受到学术界的关注。这些成果把秦汉时期中外文化交流史的研究推进到一个新的高度。

秦汉时期是岭南文化形成的关键时期。岭南文化在其形成阶段，就有善于吸收异域文化因素的显著特点。20世纪80年代以来，岭南地区秦汉考古新发现层出不穷，特别是广州西汉南越王墓和南越国遗迹的惊人发现，大大提高了我们对这一区域对外交往情况的认识和了解，为深入研究秦汉时期的岭南对外经济文化交流奠定了坚实的基础。

台湾学者邢义田先生指出我国学者研究汉代中外关系，主要是依据张星烺的《中西交通史料汇编》和耿昇翻译的《希腊拉丁作家远东古文献辑录》二书的材料，难免有很大的局限性。[①] 本书致力于秦汉时期岭南对外经济文化交流史的研究，并力图避免邢义田先生所指出的弊端和局限。

正如张广达先生所言："中西文化交流的研究除了自身具有科学研究旨趣之外，又具有现实意义。我国的漫长历史从来没有脱离过与另外的民族、另外的思想、另外的信仰、另外的风俗的交光互影，文献中保存着与另外的文化、另外的社会实践、另外的心灵交际的丰富记录。""并为人们今天在实际生活中遇到的跨文化问题提供某种启示，打破西方某些论述话语的垄断地位。"[②] 秦汉时期是中西文化交流的滥觞时期，秦汉岭南地区是中西文化交流不容忽视的重要地区，在中西文化交流史上曾经扮演了极为重要的角色。

秦汉帝国的盛世雄风，远播域外。汉朝人对西方世界地理知识的了解，甚至连唐朝人也未能超越。[③] 对异域文化大规模的吸收，对中国文化远距离的传播，是汉朝成为盛世的重要原因。在以南越王墓为代表的岭南秦汉时期的墓葬中，发现的大量具有异域文化因素的文物，显露出秦汉时期岭南地区对外经济文化交流的冰山一角。研究这些文物，以及中国境外"海上丝绸之路"沿线及其附近地区发现的公元前 3 世纪至公元 3 世纪的中国遗物，对我们重新认识岭南地区在古代中外文化交流史上的地位和作用，对弘扬中华文化，对加强中国与世界各国的文化交流与沟通，无疑具有十分重要的意义。

通过对以南越王墓为代表的岭南地区出土的众多具有外来文化因素的珍贵文物的深入研究，探讨秦汉岭南地区与南亚、东南亚、西亚、欧洲、非洲等地的交往关系，揭示岭南地区在古代中外文化交流中的重要历史地位和作用，是本书的主要任务。

历史文献与考古材料相结合的方法是本书的基本研究方法。王国维先生最先倡导的这种研究方法，尤其适用于文献资料相对缺乏的秦汉史研究。研究秦汉对外文化交流，除了要对历史文献深入发掘外，必须走与考古学密切结合的道路。这一方法是本书采用的最基本的研究方法。

比较研究的方法，是本书的又一重要研究方法。马雍先生把东汉时期

---

① 邢义田：《汉代中国与罗马帝国关系的再检讨（1985—95）》，《汉学研究》1997 年第 15 卷第 1 期。

② 荣新江：《中古中国与外来文明 · 序》，北京：生活 · 读书 · 新知三联书店，2001 年，第 3 ~ 5 页。

③ 贺昌群：《汉代以后中国人对于世界地理知识之演进》，《贺昌群史学论著选》，北京：中国社会科学出版社，1985 年，第 28 ~ 47 页。

岭南的交趾，比作河西的敦煌，[1] 实际上正是采用了区域比较的方法。李学勤先生提出“比较考古学”的概念，[2] 对本书的研究尤具启发意义。将两汉同一历史时期的不同区域与中外文化交流有关的文物进行比较，寻找异同，揭示产生异同的深层原因，必将有助于我们更好地把握汉代中外文化交流的演变规律。

汉代西域道、缅甸道、南海道三者之间的关系密不可分，不能将其截然分开。孤立地研究西域道、缅甸道或南海道，把汉代中国对外文化交往这一有机整体，人为地割裂为“陆上丝绸之路”、“海上丝绸之路”和“西南丝绸之路”是不恰当的，是不能把握汉代对外交往的历史规律的。秦汉时期的岭南与东南亚、南亚、中亚、西亚和欧洲等地有着密切的经济文化联系。岭南地区是象牙、黄金、香料的重要产地，而象牙、黄金、香料等都与佛教关系密切，也与中国和印度、罗马之间的贸易有关，因此研究佛教传入中国的历史及汉代中国与印度、西方的关系，应把更多的目光投向岭南地区。[3] 这些论点，为本书的研究提供了灵感和动力，也成为秦汉岭南对外文化交流研究的出发点和立足点。沿着这一思路，香料问题，犀、象问题和佛教问题，自然成为本书研究所选取的三个切入点和着力点。

汉代处于香熏活动的上升期，王公贵族对香的使用尤其热衷。随着汉朝廷对岭南的平定及岭南地区海路交通的发展，岭南的官方对外贸易正式形成。其中，香料贸易作为岭南对外贸易的一个重要组成部分，在终汉之世有了比较长足的发展。一方面，岭南的土产香料被大量贩卖到中原，甚至出口至域外；另一方面，岭南又是使用香料最多的地区之一，也是中原由海路从域外进口香料的重要中转站。汉代的香料贸易在岭南地区大放异彩是多种因素共同作用的结果，无疑对汉代香文化及后世香料贸易的发展产生了影响。本书试图从汉代香料的使用情况入手，进而探讨汉代香料的主要来源，以期通过对汉代岭南香料贸易的航行路线、中转站、中介商、国际语言及交换媒介的研究，揭示汉代岭南香料贸易兴起的条件及其影响。

犀、象是岭南对外贸易中的重要传统商品，犀、象贸易在汉代也得到

---

① 马雍：《西域史地文物丛考》，北京：文物出版社，1990 年，第 53 ~ 54 页。

② 李学勤：《比较考古学随笔 · 引言》，桂林：广西师范大学出版社，1997 年，第 1 ~ 8 页。

③ 周永卫：《两汉交趾和益州对外关系研究——以若干物质文化交流为主》，汕头：汕头大学出版社，2009 年，第 9、152 页。

了一定的发展，主要体现在如下三方面：其一，汉代犀、象在世俗生活和宗教生活中的应用较之前朝更为广泛；其二，岭南的犀、象通过朝贡贸易被大量运送到中原地区；其三，岭南也是犀、象贸易的重要中转站，是中原与域外犀、象贸易往来的重要通道。汉代的犀、象贸易在岭南地区得到发展也是多种因素共同作用的结果，其发展对汉代和后世犀、象贸易及其他贸易的发展以及政府管理对外贸易方面产生了重大影响。

汉魏时期，佛教在中国南方的传播在对外文化交流史上占有十分重要的地位。关于佛教传播的这一课题，前人的研究成果比较丰富，但主要都是探讨佛教在北方中原地区的发展情况，对佛教在南方特别是岭南地区的传播则研究不多。近年来，随着南方地区佛教文物出土的增多和人们对佛教研究兴趣的增大，研究佛教在中国南方传播的著述也有所增加。本书试图对汉魏时期佛教在中国南方尤其是岭南地区的传播问题进行较为系统的梳理，采用文献与考古发现成果相结合的方法，进一步探讨相关史实，期望在一些问题上有所突破、有所创新。

学术探究，永无止境。随着课题研究的深入，我们更加清醒地认识到，由于水平和能力所限，我们对秦汉岭南对外文化交流的研究，虽然取得了些许成绩，但仍然存在诸多不足，有许多问题仍然没有解决。课题有结项的时刻，但我们的相关研究不会止步。

第一章 汉代岭南香料贸易考

中国是一个尚香的国度，中华民族是一个崇尚馨香的民族，中华香文化，博大精深，珍若珠玑。因此，香料贸易自古以来就是一个备受学者关注的话题。随着张骞通西域、武帝平南越，我国的官方对外贸易也逐渐展开。香料是我国对外贸易中最原始最基本的贸易物品之一。在汉代，无论是宗教生活还是世俗生活，人们对香料的应用都非常热衷。岭南作为我国香料的重要产地和异域香料进口到中原的中转站，在香料贸易中的作用是不言而喻的。随着香料的广泛应用及香料贸易的不断发展，到汉末三国时期，香料已经成为我国对外贸易的大宗商品。香料贸易在我国对外贸易中的这种优势地位一直延续到近代，受到人们的极大关注。就汉代岭南的香料贸易而言，学界的研究成果也颇为丰富，我们有必要对有关研究情况作简要回顾。

首先介绍一下国外学者的研究情况。美国学者劳费尔（B. Laufer）的《中国伊朗编：中国对古代伊朗文明史的贡献》（林筠因译，商务印书馆，1964 年）运用比较语言学的方法叙述了中国与伊朗之间动物、植物、矿物以及特产的交流史，其中着重探讨了植物栽培与产品交流的历史，追溯考证了贝甘香、苏合香、没药、青木香、安息香等多种中国外来香料的原产地及贸易源流。

J. Innes Miller 的 *The Spice Trade of the Roman Empire*（*29B. C. to A. D. 641*）(Clarendon Press, 1969) 不但分区考察了中国、东南亚、印度、波斯、阿拉伯、东非以及罗马帝国出产的香料种类，还介绍了当时罗马帝国与中国及东南亚的香料贸易路线、贸易商人、中转站等各方面的情况，可谓研究罗马帝国时期亚欧香料贸易的集大成之作。

日本学者山田宪太郎的《东亚香料史研究》（中央公论美术出版，1976 年）、《香料博物事典》（同朋舍，1979 年）、《南海香药谱》（法政大学出版社，1982 年）不仅对香料进行了精细的考索，同时还对与香料有关的历史和东西方社会风俗一一作了介绍，是研究香料贸易分量较重的著作。

刘欣如（Xinru Liu）的 *Ancient India and Ancient China*（*Trade and Religious Exchanges A. D. 1－600*）（Oxford University Press，1988）阐述了公元1年至公元600年中印香料贸易的种类及香料贸易与佛教传播的关系。

法国学者布尔努瓦（Lucette Boulnois）的《丝绸之路》（耿昇译，山东画报出版社，2001年）在第四章“海路的开辟”里提到桂皮、乳香等中西香料的贸易情况。

英国学者多尔比（A. Dalby）的《危险的味道：香料的历史》（李蔚红、赵凤军、姜竹青译，百花文艺出版社，2004年）考察了几十种香料的原产地以及贸易细节，并以印度为中轴线，分地区讨论了东西香料贸易的发展史。

余英时的《汉代贸易与扩张：汉胡经济关系结构研究》（邬文玲译，上海古籍出版社，2005年）以汉代的贸易与扩张之间的相互作用为中心主题来考察汉代与胡族之间的经济。其中“海上贸易”一章以汉代广州三大海上贸易港口为研究对象，并介绍了香料的源头和舶来途径。

美国学者谢弗（Edward Schafer）的《唐代的外来文明》（吴玉贵译，陕西师范大学出版社，2005年）的第十章“香料”、第十一章“药物”集中对唐代传入的香料和药物进行了深入的研究，其中不少香料在汉代已经传入，因此亦能为研究汉代的外来香药提供参考。

法国学者阿里·玛扎海里的《丝绸之路：中国—波斯文化交流史》（耿昇译，新疆人民出版社，2006年）主要介绍了中国的樟脑、肉桂、姜黄、生姜、麝香等香料的栽培史、用途以及经波斯西传的过程。

澳大利亚学者杰克·特纳的《香料传奇：一部由诱惑衍生的历史》（周子平译，生活·读书·新知三联书店，2007年）对香料的历史进行了详细的叙述，不仅介绍了生姜、肉桂、胡椒、肉豆蔻、丁香等的用途，还讲述了其匪夷所思的传奇历史。

关于国内相关课题研究的现状，下文试从著作类和论文类分别论述：

著作方面，由张星烺编注、朱杰勤校订的《中西交通史料汇编》（中华书局，1977年），以地区和年代为划分依据将古代的中西交通史料汇辑成六册，其中“中国古籍关于波斯之矿石及动植物之记载”、“古籍所载之印度矿石及动植物”等章节对外来矿石及动植物的史料进行了汇编，包含了不少关于外来香料的史料。

沈福伟的《中西文化交流史》（上海人民出版社，1985年）提到从西域传入的香料品种。

沈光耀的《中国古代对外贸易史》（广东人民出版社，1985年）从对外贸易的角度介绍了香料的结构、经济价值、产地和作用，并指出自西汉武帝以来，由于南海—印度航线的交换货物主要是中国的丝绸和国外的香料，因此被称为“丝香之路”。

关其学、朱慧强主编的《广东对外贸易研究》（华南理工大学出版社，1992 年）从经济学的角度探讨了广东对外贸易的历史，也涵盖了香料贸易的发展史。

姜伯勤的《敦煌吐鲁番文书与丝绸之路》（文物出版社，1994 年）的第四章“敦煌吐鲁番通往印度的香药之路与法宝之路”，采用“二重证据法”，以出土文书与文献史料相参证来探讨“香料之路”，对研究香料贸易有很重要的参考价值。

宋岘的《古代波斯医学与中国》（经济日报出版社，2001 年）的第二章“从波斯输入中国的药物”第一节“汉唐时期的情况”，按外国药品名字编号，将唐代朝官苏敬主纂的《新修本草》的内容与阿拉伯人伊本·贝塔尔撰写的《药典》的内容编次其中。此外，还将《酉阳杂俎》记载的波斯植物的资料进行了汇集，以《神农本草经》和《名医别录》为对照进行了考证，颇具史料价值。

黄启臣主编的《广东海上丝绸之路史》（广东经济出版社，2003 年）将海上丝绸之路作为研究对象，以大量考古发掘为论证材料，系统阐述了广东海上丝绸之路的发展史，其中也涵盖了汉代海上香料贸易的概况。

孙机的《汉代物质文化资料图说》（上海古籍出版社，2008 年）从熏炉制作变化的角度印证了外来香料在汉代最先输入我国岭南地区。

方豪的《中西交通史》（上海人民出版社，2008 年）在第一篇用了十六章的篇幅来谈论史前至秦汉魏晋南北朝的中西交通和贸易，详细叙述了汉代南方之海外交通及中印贸易，其中就包括香料贸易。

周永卫的《两汉交趾和益州对外关系研究——以若干物质文化交流为主》（汕头大学出版社，2009 年）从汉代香料使用的三个阶段、南方生产的本土香料、汉代输入的异域香料、香料在南方的更为广泛使用、香料与佛教的关系等方面，重点阐述了本土香料的产地、香料在汉代的使用及香料的进出口等问题。

论文方面，陈竺同的四篇论文《南洋输入生产品史考》（《南洋研究》，1934 年第 5 卷第 6 期）、《汉魏南北朝外来的医术与药物的考证》（《暨南学报》，1936 年第 1 卷第 1 期）、《汉魏以来异域香料输入考》（《暨南学报》，1936 年第 1 卷第 2 期），《汉魏以来海外输入奇香考》（《南洋研究》，1936 年第 6 卷第 2 期），以及王鞠侯的《南洋输入香料品类考》

（《南洋研究》，1941 年第 9 卷第 4 期），陈连庆的《汉晋之际输入中国的香料》（《史学集刊》，1986 年第 2 期）、冯立军的《古代中国与东南亚中医药交流》（《南洋问题研究》，2002 年第 3 期），探讨了汉晋之际外来香料的种类、产地以及中外医药交流。

汪秋安的《中国古近代香料史初探》（《香料香精化妆品》，1999 年第 2 期）介绍了中国古代香料贸易史和近代香料工业。

吴焯的《汉代人焚香为佛家礼仪说——兼论佛教在中国南方的早期传播》（《西北第二民族学院学报》，1999 年第 3 期）考察了中国南方早期佛教传播与焚香习俗的关系。

周永卫的《两汉南方香料问题述论》［《周秦汉唐文化研究》（第三辑），2004 年］对汉代进口香料与土产香料的种类、用途等进行了论述。

温翠芳的《中古时代丝绸之路上的香料贸易中介商研究》（《唐史论丛》，2010 年）以时间为顺序，分别介绍了粟特人、波斯人和阿拉伯商人在陆上与海上丝绸之路从事香料转贩贸易的情况。

此外，谭前学的《唐代的焚香之俗与熏香器》（《华夏文化》，1997 年第 2 期），金芷君的《香薰史考》（《文博天地》，2005 年第 4 期），杨海霞的《汉唐时期熏香器具设计研究》（西安美术学院硕士学位论文，2008 年），陈东杰、李芽的《从马王堆一号汉墓出土香料与香具探析汉代用香习俗》（《南都学坛》，2009 年第 1 期），秦红的《从香薰器皿看古代香薰文化》（《上海工艺美术》，2009 年第 3 期），杨海霞的《汉唐熏香风俗对熏香器具设计的影响》（《艺术研究》，2010 年第 3 期），以及韩波的《汉代宫廷香薰活动及香薰器具的艺术成就》（《艺术百家》，2010 年第 5 期）从考古实物的发掘与历史文献相结合的角度研究了用香器具，如香炉、熏笼等，也涉及异域香料传入的问题。

综观国内外的研究状况，我们发现：

第一，目前学术界对我国古代对外物质文化交流和古代对外贸易的研究极为重视，著作成果也颇为丰富，但大多都是从宏观角度来做整体上的研究。而香料作为对外物质文化交流和对外贸易的一个组成部分，未能引起学术界足够的重视，其研究比较粗略，甚至只是提到个别香料的名称而已，缺乏较为细致的研究。

第二，20 世纪三四十年代出现了一些专门研究汉魏香料问题的论文，但只是停留在对外来香料种类、原产地、输入途径及应用的考证上，对汉代香料贸易的活动情况及香料贸易在汉代中国对外贸易关系中的地位、作用和影响等很少涉及，缺乏系统的研究。

第三，香料应用的问题在学术界引起了比较广泛的关注，但也有较大的偏向性。如对香料在熏衣、焚香、医学、美容、饮食、香品制作等世俗生活方面的研究较为集中；对用香器具，尤其是香炉、熏炉的发展源流、形制特征的研究成果较多，既有从考古实物与历史文献相结合的角度进行研究的，也有从赏玩收藏的角度进行研究的。在宗教活动方面，则较多地关注了特定的烧香仪式以及香料与佛教的关系问题，对僧人、道士日常修炼的用香情况研究较少，而且很少直接利用佛教、道教典籍。因此，在香料应用方面仍有不少值得深入探究的地方。

此外，就时间界限而言，对香料贸易的研究较多集中在唐代和宋代，对作为香料贸易发端时期的汉代的研究则相对缺乏。任何一种习俗都不会突兀地出现在某个时代，而是一个历史积累的结果。唐宋时代香料的广泛应用及香料贸易的鼎盛，是与汉代香料贸易的兴起以及汉代人们对异国名香的追求之风分不开的。就区位选择而言，对汉代对外贸易的研究，学术界似乎一直对西北陆上丝绸之路情有独钟，而对当时相对处于落后地位的岭南地区的对外贸易关注较少，岭南地区的香料贸易就更少有人问津了。

汉代岭南地区既是土生香料的重要产地和异域香料进口至中原的重要中转站，又是消费和使用香料最多的地区之一，还是汉代香料贸易最活跃的地方。对汉代岭南香料贸易的研究，尚有很大的发掘空间。因此，本书试图在充分吸收学界已有成果的基础上，进一步对汉代岭南地区的香料贸易进行研究。

中国用香的历史久远，香料陪伴着中华民族走过了数千年的兴衰风雨。它邀天集灵，祀先供圣，是敬天畏人的体现，又是礼的表述；是颐养性情，启迪才思的妙物，又是祛疫辟秽、安神正魄的良药。历代的帝王将相、文人墨客、平民百姓、僧侣道士，无不以香为伴，对香推崇有加。“香料”自古就是受关注的话题。至今天，学术界对“香料”的研究已经取得了十分显著的成果。但从上述汉代岭南香料贸易的研究状况中不难看出前人对此问题的研究依然存在一些缺陷，大致可以归纳为以下两个方面：一方面，汉代岭南较之于其他地方相对落后，古代文献对其的关注和记载相对较少，材料的贫乏导致现代学者在此区域研究的涉及上极为慎重。相对于汉代的中原、西北、西南等地区，对岭南的研究还有很大的拓展空间。另一方面，就物质文化交流的对象而言，大部分著作和论文在研究汉代对外文化交流时都是从宏观着手的，涉及汉代香料贸易的往往仅有只言片语。即使是对汉代香料的研究也是从某个角度，比如异域香料的种类、香料与佛教的关系、香料在社会生活方面的运用等个别方面进行，对岭南香料贸易的系统研究比较缺乏。

因而本书的主要目的不仅仅在于研究汉代岭南香料贸易本身，还希望借探索汉代岭南香料贸易的种类、交通路线、中转站、中转商、国际通用语言、交换媒介等，来进一步探求汉代岭南香料贸易对我国香文化及后世香料贸易的发展所带来的历史影响。

第一节　香料在汉代社会生活中的应用

我国是最早使用和记载香料的国家之一。王嘉在《拾遗记》中记载，早在上古黄帝时代即已开始焚香："（黄帝）诏使百辟群臣受德教者，先列珪玉于兰蒲席上，燃沉榆之香，舂杂宝为屑，以沉榆之胶和之为泥，以涂地，分别尊卑华戎之位也。"① 北宋丁谓所著《天香传》里也说："香之为用，从上古矣。所以奉神明，可以达蠲洁。"② 不过汉代以前，人们使用香料的情况还不是很多，香料使用的种类也仅限于植物性的香花、香草，如《左传·宣公三年》有"梦天使与己兰"的记载，称："以兰有国香，人服媚之如是。"③ 大概那时人们已经在身上佩带香草等香料了。所以屈原在《楚辞·离骚》中大量引用木兰、申椒、菌桂、蕙草、荃、杜衡、秋菊等香草，并写出"扈江离与辟芷兮，纫秋兰以为佩"④ 的句子。至汉代，宫廷对香料的收集和香熏活动都非常热衷，文献中有关香熏活动的记述也开始丰富起来。从传世文献与考古发掘之间的相互印证来看，整个汉代社会尤其是汉朝宫室，已然进入了一个香熏活动的上升时期。香料已经成为汉代社会生活中不可缺少的一部分。

一、香料在汉代宗教活动中的应用

焚香所致的香烟缭绕，很容易让人们联想到寺院、道观中香烟袅袅的

---

① （晋）王嘉撰，（南朝梁）萧绮录，齐治平校注：《拾遗记》卷一，北京：中华书局，1981 年，第 9 页。

② 转引自（明）周嘉胄撰：《香乘》卷二十八，上海：上海古籍出版社，1993 年，第 468 页。

③ 杨伯峻：《春秋左传注·宣公三年》，北京：中华书局，1981 年，第 673 页。

④ （战国）屈原、宋玉撰，林家骊译注：《楚辞·离骚》，北京：中华书局，2009 年，第 2 页。

场景。的确，在汉代，香料已经在宗庙、道观、佛寺等祭祀宗教场所的诸多层面中使用了。

（一）祭祀用香

我国祭祀天地祖先的历史非常悠久，且历朝历代的统治者对此都极为重视。从《天香传》中可以看出，在上古时代，人们就已经用香来“奉神明”了。可见，香料在使用之初的基本用途就是祭祀。在祭祀活动中，焚香不但是对神灵表达礼敬的一种重要形式，更表示着君主的权力是秉受天地使命的，这为专制皇权披上了一层君权神授的宗教外衣。在先秦文献中，不乏对焚香祭祀的记载。《礼记·郊特牲》和《诗经·大雅·生民》分别有“周人尚臭，灌用鬯臭，郁合鬯，臭阴达于渊泉。灌以圭璋，用玉气也。既灌，然后迎牲，致阴气也。萧合黍稷，臭阳达于墙屋。故既奠，然后焫萧合膻芗。凡祭慎诸此”① 和“取萧祭脂，取羝以軷；载燔载烈，以兴嗣岁”② 的记载，即在祭天仪式的最后将萧（艾）点燃，使其香气与其他祭品的香气混合，共达于天，供神灵受享，正如《尚书》所言“至治馨香，感于神明”③。

关于汉代的祭祀用香，就笔者所见之正史文献中均未曾记载。有学者认为，汉代祭祀用香同于三代的祭法：焚烧香草和供奉香酒。程大昌就说，直到南北朝时期，祭祀用香中才开始使用沉香：

> 梁武帝祀地，用土和香。杜佑注：以地于人近，宜加杂馥。按：杂馥即合诸香为之，言不止一香也。梁武帝祭天始用沉香，古未用也。④

笔者认为，此说法未免过于绝对。《汉武故事》云：“昆邪王杀休屠王来降，得金人之神，置之甘泉宫。金人者皆长丈余，其祭不用牛羊，惟烧香礼拜。”⑤《汉武外传》载：“武帝修除宫掖，燔百和之香，张云锦之帷，

---

① 杨天宇：《礼记译注》（上）《郊特牲》，上海：上海古籍出版社，2004 年，第 325 页。

② 周振甫：《诗经译注》卷七《大雅·生民之什·生民》，北京：中华书局，2002 年，第 425 ~ 426 页。

③ （宋）李昉等撰：《太平御览》卷九八一《香部》，北京：中华书局，1960 年，第 4343 页。

④ （宋）程大昌撰：《演繁露》卷一《和香》，文渊阁《四库全书》《子部》，杂家类二，杂考之属，第 852 ~ 876 页。

⑤ 转引自（明）周嘉胄撰：《香乘》卷七，上海：上海古籍出版社，1993 年，第 347 页。

燃九光之灯，列玉门之枣，酌蒲萄之酒，以候王母降。”① 《汉武帝别国洞冥记》亦说：“（武帝）元封（公元前110—公元前105年）中，起方山像，招诸灵异，召东方朔言其秘奥。乃烧天下异香。有沉光香、精祇香、明庭香、金碑香、涂魂香。”② 这些虽然都是小说家之言，但在汉代祭祀焚香中使用异域香料是很有可能的，正如陈宝良先生所指出的：“尽管上古时期已有通过事香奉神明乃至达蠲洁之例，但三代所谓之禋享，首先所荐者还是馨，而不是后世沉木、熏陆之类。所谓馨就是前面提到的兰蕙之类，古人虽有烧香草以降神之例，称为蕙熏，其实也不过是香草。只有在汉代以后，诸如沉脑一类的香传入中国，再加上佛教的传入，才使中国传统的祭祀仪式逐渐转变为带有佛教色彩的烧香活动。”③

（二）道家与道教用香

秦朝时期，神仙思想就十分盛行，秦始皇为求长生不老，不懈地追求成仙之道，并派遣徐福东渡日本寻求仙药。到汉初统治者主张老子的“无为”而治，道家思想进一步得到发展，汉武帝即以崇仙好道著称。子休氏曰：“汉武好道，遐邦慕德，贡献多珍，奇香叠至，乃有辟瘟回生之异，香云起处，百里资灵。”④ 象征海上仙山的博山炉的流行，亦是汉代崇道的最好证据。到东汉时期，道教烧香愈演愈烈，成书于东汉初年的《太清金液神丹经》载：

> 祭受之法，用好清酒一斗八斤，千年沉一斤，沉香也，水人三头，鸡头也。……治取米令净洁，其米或蒸或煮之，随意，用三盘，盘用三杯，余内别盘盛。座左右烧三香火，通共一座，令西北向。⑤

《三洞珠囊隐诀》云：

> 飞天之香，玄脂朱陵。返生之香、真檀之香，皆真人所烧之香。⑥

---

① 转引自（明）周嘉胄撰：《香乘》卷八，上海：上海古籍出版社，1993年，第354页。

② （汉）郭宪撰，王根林校点：《汉武帝别国洞冥记》卷二，《汉魏六朝笔记小说大观》，上海：上海古籍出版社，1999年，第128页。

③ 陈宝良：《明代社会生活史》，北京：中国社会科学出版社，2004年，第509页。

④ 转引自（明）周嘉胄撰：《香乘》卷七，上海：上海古籍出版社，1993年，第352页。

⑤ 转引自（宋）张君房撰：《云笈七签》卷六十五《金丹部·祭受法》，北京：书目文献出版社，1992年，第891页。

⑥ 转引自（明）周嘉胄撰：《香乘》卷八，上海：上海古籍出版社，1993年，第355页。

《列仙传》里有一段关于张道陵出生时的传奇记载：

汉光武建武十年（公元34年），张道陵生于天目山，其母初梦大人自北魁星中降至地，长于丈，衣绣衣，以蘅薇香授之。既觉，衣服居室，皆有异香，经月不散，感而有孕。及生日，黄云笼室，紫气盈庭，室中光气如日月，复闻昔日之香，浃日方散。①

此段感生的附会之说，虽然荒诞不经，但也可以从中看出香在道教中是具有非常神圣的象征意义的。

道教用香主要体现在修道和做法事等方面。《三国志·吴书·孙破虏讨逆传》裴松之注引《江表传》载道士于吉烧香修道之事：

时有道士琅琊于吉，先寓居东方，往来吴会，立精舍，烧香读道书，制作符水以治病，吴会人多事之。②

《江表传》里亦提到：

昔南阳张津为交州刺史，舍前圣典训，废汉家法律，尝著绛帕头，鼓琴烧香，读邪俗道书，云以助化，卒为南夷所杀。③

（三）佛教用香

佛教是世界三大宗教之一，起源于印度，于两汉之际分别由陆、海两道传入中国。印度向来有焚香礼佛的传统，随着佛教的传入，这种习俗一并被带至中国。正如姜伯勤先生所说："佛教传入之路，也是一条香料传入之路。"④ 当时文献记载的与佛教有关的焚香活动如下：

《三国志·吴书·士燮传》："燮兄弟并为列郡，雄长一州，偏在万里，威尊无上。出入鸣钟磬，备具威仪，笳箫鼓吹，车骑满道，胡人夹毂焚烧香者常有数十。"⑤

《高僧传·康僧会》："康僧会……乃共洁斋静室，以铜瓶加几，烧香

---

① 转引自（明）周嘉胄撰：《香乘》卷八，上海：上海古籍出版社，1993年，第355页。

② （晋）陈寿撰，（宋）裴松之注：《三国志》卷四十六《吴书·孙破虏讨逆传》，北京：中华书局，1982年，第1110页。

③ （晋）陈寿撰，（宋）裴松之注：《三国志》卷四十六《吴书·孙破虏讨逆传》，北京：中华书局，1982年，第1110页。

④ 姜伯勤：《敦煌吐鲁番文书与丝绸之路》，北京：文物出版社，1994年，第131页。

⑤ （晋）陈寿撰，（宋）裴松之注：《三国志》卷四十九《吴书·刘繇太史慈士燮传》，北京：中华书局，1982年，第1192页。

礼请。七日期毕，寂然无应，求申二七，亦复如之。……皓心遂悟具语意，故婇女即迎像置殿上，香汤洗数十过，烧香忏悔，皓磕头于枕，自陈罪状，有顷痛间，遣使至寺闻讯道人，请会说法，会及随入。”①

至于为什么这两件事都出现在东汉末年的南方地区，吴焯先生在《汉代人焚香为佛家礼仪说——兼论佛教在中国南方的早期传播》一文中有很精彩的论述。他认为，东汉末年的交州地区烧香成俗是因为：“一者，它在汉末已成为中外交往的门户，大批胡商聚居于此，其中不乏佛教徒，兼之交州在中国早期佛教传播中的特殊地位，香成为商胡货卖的对象理所当然……二者，交州本地也产香料。”② 其说甚是。

二、香料在汉代世俗生活中的应用

香料在汉代世俗生活中的应用更为普遍，种类也更为丰富。特别是在汉代宫廷中，熏香之风尤为盛行。

（一）清洁居室

早在先秦时期，人们就已用香料来熏染居室，以求达到净化空气、消毒杀菌的目的。从《韩非子·外储说左上》“为木兰之柜，薰桂椒之椟”③的句子中可以得知，当时就有以椒、桂熏染居室的习俗。这是香料最基本的用途之一。汉代以来，香熏居室的习俗仍然长盛不衰。《史记·礼书》曰：“稻粱五味，所以养口也，椒兰芬茝，所以养鼻也。”④《汉官仪》云：“皇后称椒房，以椒涂室，主温暖除恶气也。”⑤《西京杂记》载：“赵飞燕女弟居昭阳殿……席毛长二尺馀，人眠而拥毛自蔽，望之不能见，坐则没膝，其中杂熏诸香，一坐此席，馀香百日不歇。”⑥ 到了东汉时期，用香熏

---

① （南朝梁）释慧皎撰，汤用彤校注：《高僧传》卷一《译经·魏吴建业建初寺康僧会》，北京：中华书局，1992 年，第 14 ~ 17 页。

② 吴焯：《汉代人焚香为佛家礼仪说——兼论佛教在中国南方的早期传播》，《西北第二民族学院学报》（哲学社会科学版）1999 年第 3 期。

③ 张觉：《韩非子校疏》（上）《韩非子》卷十一《外储说左上》，上海：上海古籍出版社，2010 年，第 709 页。

④ （汉）司马迁撰，（宋）裴骃集解：《史记》卷二十三《礼书》，北京：中华书局，1982 年，第 1161 页。

⑤ （宋）李昉等撰：《太平御览》卷一八五《居处部》，北京：中华书局，1960 年，第 898 页。

⑥ （汉）刘歆撰，（晋）葛洪集，王根林校点：《西京杂记》卷一《昭阳殿》，《汉魏六朝笔记小说大观》，上海：上海古籍出版社，1999 年，第 82 页。

来净化空气的观念更加流行，如汉桓帝时的黄门郎秦嘉，就曾在给妻子徐淑的书信中“令种好香四种，各一斤，可以去秽”①。曹操在《魏武令》中曰：“房屋不洁，听得烧枫胶及蕙草。”② 香熏洁居除了在北方的王公贵族中盛行外，在湿热、多瘴气且疠疫多发的南方地区的使用则更为突出。据考古发现，岭南地区的汉代墓葬中出土的熏炉数量非常庞大，仅在《广州汉墓》一书介绍的一批两汉墓葬中，出土的熏炉就有112件（其中铜的12件，陶的100件）③。西汉前、中期墓出土的熏炉还不多，但西汉晚期到东汉期间，大约半数的墓都有熏炉随葬。在1984年广州南越王墓中出土的四联体铜熏炉，炉腹内有炭粒状香料残存，这种炉体由四个互不连通的小盒组成，可以同时燃烧四种不同的香料；④ 广西贵县罗泊湾二号汉墓出土的铜熏炉内盛两块白色椭圆形粉末块状物，据推测可能属龙脑或沉香之类的树脂香料残留物。⑤ 可见，香熏活动在岭南地区较之北方地区更加普遍。

（二）熏暖衣被

据现存史料记载，用香料熏暖衣被在秦汉以前还未有过。自西汉时起，用香料熏暖衣被才渐渐在上层社会流行起来，并且出现了专门用来熏被的“被中香炉”和竹熏笼罩。《西京杂记》里记载：“长安巧工丁缓者，为常满灯，七龙五凤，杂以芙蓉莲藕之奇。又作卧褥香炉，一名被中香炉。本出房风，其法后绝。至缓始更为之。为机环转运四周，而炉体常平，可置之被褥，故以为名。”⑥《东宫旧事》中亦提到：“太子纳妃，有漆画手巾熏笼二七，大被熏笼三，衣熏笼三。”⑦ 使用这些熏笼，既能烘干衣被，又能增香除菌。除此之外，在长沙马王堆一号汉墓也曾出土成套香

---

①（宋）李昉等撰：《太平御览》卷九八一《香部》，北京：中华书局，1960年，第4344页。

②（宋）李昉等撰：《太平御览》卷九八二《香部》，北京：中华书局，1960年，第4348页。

③ 广州市文物管理委员会、广州市博物馆编：《广州汉墓》（上），北京：文物出版社，1981年，第478页。

④ 麦英豪、黄淼章、谭庆芝：《广州南越王墓》，北京：生活·读书·新知三联书店，2005年，第159页。

⑤ 广西壮族自治区博物馆编：《广西贵县罗泊湾汉墓》，北京：文物出版社，1988年，第107页。

⑥（汉）刘歆撰，（晋）葛洪集，王根林校点：《西京杂记》卷一《常满灯被中香炉》，《汉魏六朝笔记小说大观》，上海：上海古籍出版社，1999年，第84页。

⑦（唐）欧阳询撰，汪绍楹校：《艺文类聚》卷七十《服饰部》，上海：上海古籍出版社，1965年，第1221页。

熏衣被的设备，包括两个陶制镂孔彩绘熏炉和两件竹熏罩。① 两个香炉，一个在南边箱（286 号），形似豆，器身浅盘平底，短柄，子母口，盖微拱。出土时，炉盘内满盛燃烧后残存的茅香碳状根茎。另一个在北边箱，陶制与形质均与286 号基本相同，唯盖顶较平。出土时，炉盘内盛有茅香、高良姜、辛夷和藁本等香草。② 两件竹熏罩，大小各一，出土于一号墓的北边箱。截锥形，用宽 1 厘米的竹篾编成，孔眼甚大，底缘用绢包边，锥顶用锦封住，周围敷以细绢，外蒙细绢。③ 另外，在长沙马王堆三号汉墓中也发掘出竹熏罩一件。④ 在使用竹熏罩时，将其罩在装有香料的香炉之上，炉内香料徐徐燃烧，缕缕香烟通过细绢均匀地散发，阵阵清香扑鼻，既可熏衣，又可使室内空气变得清新。《后汉书 · 钟离意传》注引蔡质《汉官仪》云："尚书郎伯使一人，女侍使二人，皆选端正者。伯使从至止车门还，女侍使洁被服，执香炉烧熏，从入台中，给使护衣服也。"⑤ 可见，汉代用香熏衣被已是宫中的定制，并且还有专门的女侍使从事这项工作。

（三）洁身美容

香汤沐浴在我国历史久远，先秦时期人们已经用兰草来洗浴身体。《九歌》中的"浴兰汤兮沐芳，华采衣兮若英"⑥，即把兰草与水同煮而形成香气扑鼻的洗澡水用来沐浴。兰汤沐浴在古人看来是可以香身除病、祛除不祥的。如《大戴礼》云："午日以兰汤沐浴。"⑦ 端午正值仲夏，是皮肤病的多发季节，所以要用兰汤洗身去污，端午节也因此被称为"浴兰节"。汉代，特别是汉代宫廷用香汤沐浴非常流行，而且香汤中的香料也更加丰富。《赵后外传》就有："赵后浴五蕴七香汤，婕妤浴豆蔻汤，帝

---

① 侯良：《西汉文明之光：长沙马王堆汉墓》，长沙：湖南人民出版社，2008 年，第 187 页。

② 侯良：《西汉文明之光：长沙马王堆汉墓》，长沙：湖南人民出版社，2008 年，第 187 ~ 188 页。

③ 侯良：《西汉文明之光：长沙马王堆汉墓》，长沙：湖南人民出版社，2008 年，第 191 页。

④ 湖南省博物馆、湖南省文物考古研究所编：《长沙马王堆二、三号汉墓》第一卷《田野考古发掘报告》，北京：文物出版社，2004 年，第 236 页。

⑤ （南朝宋）范晔撰，（唐）李贤等注：《后汉书》卷四十一《第五钟离宋寒列传》，北京：中华书局，1965 年，第 1411 页。

⑥ （战国）屈原、宋玉撰，林家骊译注：《楚辞 · 九歌》，北京：中华书局，2009 年，第 38 页。

⑦ 转引自（明）周嘉胄撰：《香乘》卷九，上海：上海古籍出版社，1993 年，第 361 页。

曰：'后不如婕妤体自香。'后乃燎百蕴香，婕妤敷露华百英粉。"[①] 这里的"五蕴七香汤"和"豆蔻汤"等则是专供后妃使用的高级香汤了。《拾遗记》亦说："献帝初平三年（公元192年），游于西园。……帝盛夏避暑于裸游馆，长夜饮宴……西域所献茵墀香，煮以为汤，宫人以之浴洗毕，使以余汁入渠，名曰流香渠。"[②]

在大多数情况下，人们通过把阴干的香草盛在精美的香囊里，随身佩戴，以使香气更持久地保留。长沙马王堆一号汉墓中就出土有六个香囊，辛追两手各握绣花绢面香囊一个，一个"信期绣绢"香囊出土于北边箱，另三个放在东边箱的65号竹笥中。香囊内有茅香根茎、花椒、茅香和辛夷。[③] 曹植《妾薄命行》中亦有"御巾裛粉君傍，中有霍纳都梁。鸡舌五味杂香"[④] 的记载。

在汉代，人们还懂得用香料制品化妆美容。长沙马王堆一号汉墓出土有双层九子奁与单层五子奁，均为梳妆盒。奁内两个最大的圆形小奁便是专门放置香料的，一个小奁内绷绛色绢，绢上放花椒，另一个放的是香草类植物。[⑤] 可见，香料与化妆品是密不可分的。《古诗十九首》便写道："娥娥红粉妆，纤纤出素手。"[⑥] "红粉妆"顾名思义，即以胭脂、红粉扑在身上，涂染面颊。《赵飞燕外传》里记载赵合德的妆容云："合德新沐，膏九回沉水香。为卷发，号新髻。为薄眉，号远山黛。施小朱，号慵来妆。"[⑦]

（四）医疗祛病

在我国古代，香料曾一度被称为香药，可见大多数香料都同时具有香用和药用的功能。《山海经》就说："又西百二十里，曰浮山，多盼木，枳

---

① 转引自（明）周嘉胄撰：《香乘》卷八，上海：上海古籍出版社，1993年，第347页。

② （晋）王嘉撰，（南朝梁）萧绮录，齐治平校注：《拾遗记》卷六，北京：中华书局，1981年，第144～145页。

③ 侯良：《西汉文明之光：长沙马王堆汉墓》，长沙：湖南人民出版社，2008年，第100页。

④ 逯钦立辑校：《先秦汉魏晋南北朝诗》（上）《魏诗》卷六，北京：中华书局，1983年，第436～437页。

⑤ 侯良：《西汉文明之光：长沙马王堆汉墓》，长沙：湖南人民出版社，2008年，第220页。

⑥ 隋树森：《古诗十九首集释》卷二《笺注·青青河畔草》，北京：中华书局，1955年，第3页。

⑦ （汉）伶玄撰，熊宪光选辑，徐志奇点校：《赵飞燕外传》，《古今逸史精编》，重庆：重庆出版社，2000年，第106页。

叶而无伤，木虫居之。有草焉，名曰蕙草，麻叶而方茎，赤华而黑实，臭如蘼芜，佩之可以已疠。”① 汉代时期，关于植物香料能医病的认识得到进一步发展，马王堆三号汉墓出土的帛书《五十二病方》，是我国现存秦汉时期最古的医方，其中记载的植物类药115种，② 不少乃植物型香料。此外，在汉代还出现了像《神农本草经》一类的药物学专著，记载药物365种，总结说明了汉代及以前植物香料的药用特性，如：

白芷，味辛，温。主女人漏下赤白；血闭阴肿；寒热；风头浸目泪出；长肌肤润泽，可作面脂。一名芳香。生川谷。③

泽兰，味苦，微温。主乳妇衄、中风馀疾；大腹水肿，身面、四肢浮肿，骨节中水；金疮痈肿疮脓。一名虎兰，一名龙枣。生大泽傍。④

杜若，味辛，微温。主胸胁下逆气；温中；风入脑户，头肿痛，多涕泪出。久服益精明目，轻身，一名杜蘅。生川泽。⑤

除了传统的植物香料，该书对外来香料的药用价值也有一定的认识，如“木香，味辛，温。主邪气，辟毒疫温鬼；强志，主淋露。久服不梦寤魇寐。生山谷”⑥。陈竺同先生在《汉魏南北朝外来的医术与药物的考证》一文中，也对当时的外来香药，如兜纳香、沉香、龙脑香、甘松香等的名称和医疗用途作了较详细的论述。⑦ 从中我们可以得知早在汉代时期人们就已经对引进的异域香料的药用价值有了相当的重视。其中，用香料来应对疫病，在疫病流行的汉代也是一大特色。据张华《博物志》所载：

汉武帝时，弱水西国有人乘毛车以渡弱水来献香者，帝谓是常香，非中国之所乏，不礼其使。留久之，帝幸上林苑，西使千乘舆闻，并奏其

① 袁珂译注：《山海经全译》卷二《西山经》，贵阳：贵州人民出版社，1991年，第20页。

② 侯良：《西汉文明之光：长沙马王堆汉墓》，长沙：湖南人民出版社，2008年，第100页。

③ （清）顾观光辑，杨鹏举校注：《神农本草经》卷三《中品》，北京：学苑出版社，2007年，第157页。

④ （清）顾观光辑，杨鹏举校注：《神农本草经》卷三《中品》，北京：学苑出版社，2007年，第174页。

⑤ （清）顾观光辑，杨鹏举校注：《神农本草经》卷二《上品》，北京：学苑出版社，2007年，第85～86页。

⑥ （清）顾观光辑，杨鹏举校注：《神农本草经》卷二《上品》，北京：学苑出版社，2007年，第48页。

⑦ 陈竺同：《汉魏南北朝外来的医术与药物的考证》，《暨南学报》1936年第1卷第1期。

香。帝取之看，大如鸾卵，三枚，与枣相似。帝不悦，以付外库。后长安中大疫，宫中皆疫病，帝不举乐，西使乞见，请烧所贡香一枚，以辟疫气。帝不得已，听之，宫中病者登日并差。长安中百里咸闻香气，芳积九十余日，香犹不歇。帝乃厚礼发遣饯送。①

《瑞应图》中亦有类似记载："大汉二年，月支国贡神香，武帝取看之，状若燕卵，凡三枚，大似枣。帝不烧，付外库。后长安中大疫，宫人得疾，众使者请烧一枚以辟疫气，帝然之。宫中病者瘥，长安百里闻其香，积九月不歇。"② 综观汉代从外国输入之异香，如返魂香、乾陀罗耶香、兜木香、龙文香、精祇香、沉光香、涂魂香等，其香名的来源一般有两种情况，要么是因其原产地或转贩商人的国名而得，要么就是跟其药用功能有莫大关联，也有一些是二者兼而有之，这是汉代香料很多都一香多名，而且名字都奇奇怪怪的原因之一。

第二节　汉代岭南香料贸易的种类

通过前面一章的分析，我们发现汉朝时期已经处于香熏活动的上升期，汉代社会对香料的使用极为广泛，宗教活动和宫廷生活中对香料的使用尤其热衷。武帝以后，随着岭南海上贸易航线的开通，我国海路官方贸易正式形成。汉廷在岭南地区任命专职翻译官员，并招募商人、水手出海贸易。外邦使者和商人也纷纷取道交趾来华进贡和贸易。香料贸易在当时是对外贸易的重要内容，如周嘉胄所说："香最多品类，出交、广、崖州及海南诸国，然秦汉以前未闻，惟称兰、蕙、椒、桂而已。至汉武奢广，尚书郎奏事者始有含鸡舌香，及诸夷献香种种征异。"③ 可见，汉代岭南既是生产和出口香料的重要地区之一，又是进口和消费香料的大户。下面就汉代岭南输入和输出的香料品种逐一加以介绍。

---

① （晋）张华撰，（宋）周日用等注，王根林校点：《博物志》卷二《异产》，《汉魏六朝笔记小说大观》，上海：上海古籍出版社，1999 年，第 193 页。

② 转引自（宋）洪刍撰：《香谱》卷上《香之异》，上海：上海古籍出版社，1993 年，第 293 页。

③ 转引自（明）周嘉胄撰：《香乘》卷一，上海：上海古籍出版社，1993 年，第 308 页。

一、汉代岭南输出香料的主要种类

汉代岭南是我国香料的重要产区。《林邑记》云："朱吾以南，有文郎野人，居无室宅，依树止宿，食生肉，采香为业，与人交市，若上皇之民矣。"[①] 其香料的输出主要有两种方式：一是以朝贡贸易的方式输入中原地区；一是以自由贸易的方式出口至域外。汉代岭南输入中原的香料种类繁多，几乎囊括了岭南本土和域外输入香料的全部种类。出口至域外的香料主要有桂、姜、高良姜、柴桂等。本节所要论述的输出香料，主要是指出口至国外的香料种类。

（一）桂

桂分两种，一种叫肉桂（Cinnamomum cassia），为樟科（Lauraceae）植物，亦称中国肉桂（Chinese cinnamon），别名"玉桂"、"牡桂"、"箘桂"、"大桂"。另一种叫桂花（Osmanthus fragrans），为木樨科（Oleaceae）木樨属植物，又名"月桂"、"木樨"。这两种桂在我国都具有非常悠久的历史，是深受人们喜爱的香料。本文仅论述在汉代时候输出国外的肉桂。

关于肉桂的输出时间，多尔比非常肯定地说："肉桂是在公元前传到地中海的，并且在公元前 6 世纪已经被普遍使用。"[②] 西奥夫拉斯特斯（Theophrastus）和普林尼（Pliny）认为桂皮和肉桂在公元前 4 世纪的地中海地区已经是广为人知的商品。[③] 但对于这种香料的原产地，当时的西方学者存在不同的观点。很多人认为肉桂的原产地在阿拉伯，如西奥夫拉斯特斯就认为肉桂产于阿拉伯——塞巴附近，[④] 阿加撒齐第斯也持相同的观点[⑤]。古希腊历史学家希罗多德（Herodotus）亦说："阿拉伯，则是这一切有人居住的地方中最南面的。而且只有这一个地方出产乳香、没药、桂

① （宋）李昉等撰：《太平御览》卷九八一《香部》，北京：中华书局，1960 年，第 4343 页。

② ［英］多尔比著，李蔚红、赵凤军、姜竹青译：《危险的味道：香料的历史》，天津：百花文艺出版社，2004 年，第 49 页。

③ J. Innes Miller, *The Spice Trade of the Roman Empire*（*29B. C. to A. D. 641*），Oxford: Clarendon Press, 1969, p. 44.（Cassia and cinnamon had already, from the fourth century B. C., become a well-known commodity in the Mediterranean world.）

④ ［英］多尔比著，李蔚红、赵凤军、姜竹青译：《危险的味道：香料的历史》，天津：百花文艺出版社，2004 年，第 50 页。

⑤ ［英］多尔比著，李蔚红、赵凤军、姜竹青译：《危险的味道：香料的历史》，天津：百花文艺出版社，2004 年，第 50 页。

皮、肉桂和树胶。”[①] 他还给我们讲述了关于阿拉伯人怎样采集桂皮和肉桂的故事。[②] 对此，法国学者布尔努瓦解释说：“阿拉伯的转口商人们，对于他们的桂皮商品的来源地讳莫如深，而罗马人——在他们之前是希腊人——就误认为桂皮生长在阿拉伯半岛。然而，人们从来没有在阿拉伯半岛的土地上发现过桂树的踪影，因为那里的土壤和气候不大适宜这种植物的生长。这种木本作物原产于印度、缅甸和中国（波斯古史学家们称之为‘中国的树皮’）。”[③]

持不同观点者，如斯特雷波（Strabo）则推测肉桂的原产地比阿拉伯还要远，[④] 但到底是印度南部还是印度洋远端的某个地方，他也无法确定。普林尼则认为肉桂产自亚洲南部，并指出肉桂是经远洋航海运往地中海的：“古代地中海地区的肉桂和桂皮经过印度洋的两个大海湾，很可能是在季风的推动下穿过了广阔的海洋而不是通过沿岸经商的船只。”[⑤] 一直到公元9世纪，阿拉伯地理学家伊本·胡尔达兹比赫（Ibn Khurdadhhh）才在其著作中明确指出肉桂是中国产品。[⑥]《史记·货殖列传》中记载了我国南方地区产肉桂：“江南出楠、梓、姜、桂。”[⑦] 米勒（J. Innes Miller）更精确地指出肉桂原产于我国贵州、广西和广东等地区：“在古代历史上，秦朝第一个皇帝秦始皇的行为说明了中国南方肉桂的重要性。当他在公元前216年征服了南越以后，他就在此地设置了桂林郡，因为这个地区‘肉桂树成林’。现在的桂林仍保留着这个名称。这说明：在公元前3世纪，肉桂在今天的贵州、广东和广西是如此重要的产物，以至于来自北方的征

---

① ［古希腊］希罗多德著，王以铸译：《历史》（上），北京：商务印书馆，2005年，第242页。

② ［古希腊］希罗多德著，王以铸译：《历史》（上），北京：商务印书馆，2005年，第243页。

③ ［法］布尔努瓦著，耿昇译：《丝绸之路》，济南：山东画报出版社，2001年，第47页。

④ ［英］多尔比著，李蔚红、赵凤军、姜竹青译：《危险的味道：香料的历史》，天津：百花文艺出版社，2004年，第51页。

⑤ ［英］多尔比著，李蔚红、赵凤军、姜竹青译：《危险的味道：香料的历史》，天津：百花文艺出版社，2004年，第52页。

⑥ ［英］多尔比著，李蔚红、赵凤军、姜竹青译：《危险的味道：香料的历史》，天津：百花文艺出版社，2004年，第53页。

⑦ （汉）司马迁撰，（宋）裴骃集解：《史记》卷一百二十九《货殖列传》，北京：中华书局，1982年，第3253~3254页。

服者在征服这个地区以后，用它的名称来命名这一整个区域。"[①]

南亚的斯里兰卡也产肉桂，叫“锡兰肉桂”（C. zeylanicum），但据多尔比在其书中所载，锡兰肉桂直到10世纪以后才被人认识或开采。[②] 因此，在早期香料贸易中的肉桂，指的就是中国肉桂。

关于肉桂的应用，《神农本草经》载：“箘桂，味辛，温。主百病。养精神，和颜色，为诸药先聘通使。久服轻身不老，面生光华，媚好，常如童子。”[③] 可见，最迟在汉代人们就已充分了解了肉桂的药用价值。除此之外，肉桂还被用于酿制香酒，《汉书·礼乐志》中提到：“牲茧栗，粢盛香，尊桂酒，宾八乡。”颜师古注引应劭曰：“桂酒，切桂置酒中也。”[④] 肉桂在古代西方的用途也很广泛，米勒在书中提到肉桂曾被用作调料，或跟蜂蜜混合在一起制成珍贵的药膏，或将其泡在酒里。[⑤] 多尔比在其著作中列举了一个大约在公元前5世纪的一次敬神祭祀仪式上使用肉桂的例子。[⑥] 布尔努瓦则说，桂皮是美容品、医药品、香膏香脂、油脂、香汁香精等工艺中的关键原料，在罗马出售时价格昂贵得惊人，一罗马磅高质量的桂皮价值1 500枚古罗马银币，而劣质桂皮也值50个银币。[⑦]

（二）姜

姜（Zingiber officinale）为姜科（Zingiberaceae）姜属植物，花黄绿色，根茎有刺激性香味，也称“生姜”。

---

① J. Innes Miller, *The Spice Trade of the Roman Empire（29B. C. to A. D. 641）*, Oxford: Clarendon Press, 1969, p. 43.（In the historic times, the importance of cassia in south China is illustrated by the action of Shih Huang Ti, the first Chin emperor, who, when he conquered Nan Yueh in 216 B. C., renamed it Kwei Lin, the "Cassia Grove". The modern Kweilin preserves the name. This shows that cassia was already in the third century B. C.. Such a prominent product of the area comprising the modern provinces of Kweichow, Kwangtung, and Kwangsi that the conqueror from the north named the whole territory after it.）

② ［英］多尔比著，李蔚红、赵凤军、姜竹青译：《危险的味道：香料的历史》，天津：百花文艺出版社，2004年，第53页。

③（清）顾观光辑，杨鹏举校注：《神农本草经》卷二《上品》，北京：学苑出版社，2007年，第92页。

④（汉）班固撰，（唐）颜师古注：《汉书》卷二十二《礼乐志》，北京：中华书局，1962年，第1052～1053页。

⑤ J. Innes Miller, *The Spice Trade of the Roman Empire（29B. C. to A. D. 641）*, Oxford: Clarendon Press, 1969, p. 43.

⑥ ［英］多尔比著，李蔚红、赵凤军、姜竹青译：《危险的味道：香料的历史》，天津：百花文艺出版社，2004年，第54页。

⑦ ［法］布尔努瓦著，耿昇译：《丝绸之路》，济南：山东画报出版社，2001年，第46页。

关于姜的原产地，米勒说：“在东南亚、中国和印度，姜早就为人们所知，但作为一种栽培植物，它的原产地已经很难确定。”① 多尔比说：“在中国南方和印度支那传统的植物群中就有野生的生姜和它们的同属。”② 后来又说，生姜“是产于中国南方然后移植到了马来群岛，并由马来群岛传播到东非的，在公元前一世纪的时候就已经出现在地中海地区了”③。

根据汉文文献的记载，姜在我国南方的种植可谓历史悠久：

《史记·货殖列传》云：“江南出楠、梓、姜、桂。”“巴蜀亦沃野，地饶卮、姜、丹沙、石、铜、铁、竹、木之器。”“千畦姜韭，此其人皆与千户侯等。”④

由此可见汉代生姜种植之广，需求量之大。姜从中国往外传播的时间很早，多尔比指出：“公元前四千年——也就是距今六千年前——太平洋中南诸岛居民便开始穿过马来群岛向南迁移，出发地是中国东南沿海和台湾山区。……这种南岛语的人在他们的迁移过程中一直都将生姜带在身边。……这样生姜就从中国南方传到了菲律宾和香料岛上——然后从那个连接东西方的十字路口到了新几内亚、爪哇和苏门答腊以及马六甲海峡对面的马来群岛上。后来生姜传播的区域更加广远。”⑤

可见，东南亚的姜最初还是由中国南方移民南迁时带过去种植的。公元1世纪时，希腊著名的医师、植物学家狄奥斯科里迪斯（Dioscorides）在其著作《药物志》（*De Materia Medica*）中写道：“生姜是一种可私人栽培的植物，在阿拉伯的 Trogodytical 地区（柏柏尔人生活的地区）广泛种植。当生姜还是嫩姜的时候，人们就用它来做各种事情，像我们使用云香那样，他们在吃饭之前先将姜浸泡，然后将其作为一种调料混在煮熟的食物里。生姜的根像莎草或姜黄一样很小，色白，味辛辣，气芳香。他们还挑选没有被蠕虫咬过的生姜腌制，用陶罐保存后运到意大利出售。意大利

---

① J. Innes Miller, *The Spice Trade of the Roman Empire*（*29B. C. to A. D. 641*）, Oxford: Clarendon Press, 1969, p. 53.（It has been so long known, in south-east Asia, China, and India, as a cultivated plant, that its original habitat is different to determine.）

② ［英］多尔比著，李蔚红、赵凤军、姜竹青译：《危险的味道：香料的历史》，天津：百花文艺出版社，2004年，第23页。

③ ［英］多尔比著，李蔚红、赵凤军、姜竹青译：《危险的味道：香料的历史》，天津：百花文艺出版社，2004年，第59页。

④（汉）司马迁撰，（宋）裴骃集解：《史记》卷一百二十九《货殖列传》，北京：中华书局，1982年，第3253、3254、3261、3272页。

⑤ ［英］多尔比著，李蔚红、赵凤军、姜竹青译：《危险的味道：香料的历史》，天津：百花文艺出版社，2004年，第24页。

人用它来做食物调料，也和着鱼干吃。它有生热之功效。”①

从狄奥斯科里迪斯的描述中我们可以得知一些勇于冒险的印度洋海员早已在距离原产地5 000英里（8 000公里）的厄立特里亚和东北非种植生姜，并将其出口到意大利。普林尼同意狄奥斯科里迪斯关于生姜产于非洲东北部的观点，并补充说一磅生姜在公元1世纪时售价为6个第纳尔（Denaries，一种古罗马银币）——相当于一个劳动力三天的收入。② 尽管如此，但在古代波斯药学家看来，运到他们那里的最佳生姜来自中国。正如多尔比所指出的那样：“尽管生姜长途跋涉传播到了南方和西方，可在它的原产地仍然深受人们的器重。”③

国内文献中对我国生姜外传记载最早的是汉武帝时期东方朔的《海内十洲记》，其记载了武帝天汉三年（公元前98年）四月，西国王使至，献四两续弦胶和吉光毛裘。武帝厚谢使者，“赐以牡桂干姜等诸物，是西方国所无者”④。干姜，是生姜加工后的产品。《海内十洲记》是否为东方朔所作，人们表示怀疑，但生姜在汉代通过西北丝路传入西域当是可信的。根据阿里·玛扎海里的研究，“姜的贸易同样也取道于海路”⑤。

生姜无论是在国内还是国外使用，都既是香料，又是药物，还可做食用调料。《说文解字》云：“姜，御湿之菜也，从草，畺声。”⑥《神农本草经》云：“干姜，味辛，温。主胸满，欬逆上气；温中止血；出汗，逐风

---

① J. Innes Miller, *The Spice Trade of the Roman Empire*（*29B. C. to A. D. 641*）, Oxford: Clarendon Press, 1969, p. 54. [Ginger is a private plant, which is cultivated plentifully in Trogodytical Arabia (that is, on the Berber side). They use it while still green for many purposes, as we do rue, boiling it in their drinks before meals, and mixing it as a seasoning in their boiled foods. The roots are small like those of cyperus or turmeric, whitish in colour and pepper in taste, and of a fragrant smell. They also select those parts of the root which are free from worm, which they preserve and send in earthenware jars to Italy, where it serves as a flavouring in food and is also taken with dried fish. It has a heating quality.]

② [英] 多尔比著，李蔚红、赵凤军、姜竹青译：《危险的味道：香料的历史》，天津：百花文艺出版社，2004年，第25页。

③ [英] 多尔比著，李蔚红、赵凤军、姜竹青译：《危险的味道：香料的历史》，天津：百花文艺出版社，2004年，第27页。

④ （汉）东方朔撰，王根林校点：《海内十洲记》，《汉魏六朝笔记小说大观》，上海：上海古籍出版社，1999年，第66页。

⑤ [法] 阿里·玛扎海里著，耿昇译：《丝绸之路：中国—波斯文化交流史》，乌鲁木齐：新疆人民出版社，2006年，第421～422页。

⑥ （汉）许慎撰：《说文解字》，北京：中华书局，1963年，第16页。

湿痹；肠澼下痢。生者尤良。久服去臭气，通神明。生山谷。”[①] 在长沙马王堆汉墓和广西贵县罗泊湾一号汉墓中也发现有生姜。[②] 阿里·玛扎海里云：“在公元前一世纪时安息皇室的药剂配方中，有中国的肉桂和姜。”[③] 说明那时中国生姜已被波斯药学家用为药剂配料。而与图拉真（Trajan, Marcus Ulpius Nerva Traianus，罗马帝国皇帝，公元98—117年在位）同时代，叫作阿皮修斯（Apicus）的罗马烹饪专家，在他的有关烹饪的著作中提到了姜，他认为生姜很少用于罗马家庭厨房中，但在一些消化剂中经常用到，在这些消化剂中生姜的生热功效有助于抵消其他食品，比如生寒气的莴苣等。[④]

（三）高良姜

高良姜为姜科植物（Alpinia officinarum Hance）的干燥根茎，别名良姜、小良姜、佛手根，子名红豆蔻，李珣《海药本草》云：“红豆蔻生南海诸谷，高良姜子也。”[⑤] 关于高良姜的原产地，《本草经集注》曰：

出高良郡。人腹痛不止，但嚼食亦效。形气与杜若相似，而叶如山姜。[⑥]

《新修本草》曰：

生岭南者，形大虚软，江左者细紧，味亦不甚辛，其实一也。今相与呼细者为杜若，大者为高良姜，此非也。[⑦]

《新唐书》卷四十三载：

崖州珠崖郡，下。土贡：金、银、珠、玳瑁、高良姜。[⑧]

---

① （清）顾观光辑，杨鹏举校注：《神农本草经》卷三《中品》，北京：学苑出版社，2007年，第139页。

② 广西壮族自治区博物馆编：《广西贵县罗泊湾汉墓》，北京：文物出版社，1988年，第87页。

③ ［法］阿里·玛扎海里著，耿昇译：《丝绸之路：中国—波斯文化交流史》，乌鲁木齐：新疆人民出版社，2006年，第390页。

④ ［英］多尔比著，李蔚红、赵凤军、姜竹青译：《危险的味道：香料的历史》，天津：百花文艺出版社，2004年，第26页。

⑤ （明）李时珍著：《本草纲目》，北京：人民卫生出版社，1982年，第862页。

⑥ （南朝梁）陶弘景编，尚志钧、尚元胜辑校：《本草经集注》卷四《草木中品·高良姜》，北京：人民卫生出版社，1994年，第313页。

⑦ （唐）苏敬等撰，尚志钧辑校：《新修本草》，合肥：安徽科学技术出版社，2004年，第133页。

⑧ （宋）欧阳修、宋祁撰：《新唐书》卷四十三《地理志》，北京：中华书局，1975年，第1100页。

《诸蕃志》卷下也有记载：

海南，汉珠崖、儋耳也。……土产沉香、蓬莱香……高良姜、鱼鳔……之属，其货多出于黎峒。①

《本草纲目》曰：

陶隐居言此姜始出高良郡，故得此名。按高良，即今高州也。汉为高凉县，吴时改为郡。其山高稍凉，因以为名，则高良，当作高凉也。②

文献记载的具体地点虽有差异，但基本可以看出高良姜主要产于我国南方的广东、广西、海南等地区。但据米勒和多尔比的介绍，“高良姜分两种，一种产于中国，一种产于东南亚的爪哇、苏门答腊、马来半岛和泰国。中国产的高良姜个头小，可是非常香，属矮小灌木科，能长两个手掌高，叶子像桃金娘。中国人说它是野生的。产自爪哇的那一种叫 Lancuaz（Lengkuas）：个头较大，有五个手掌高，只是不如中国品种香。其叶子像刀刃，开百花。结籽，只是种籽没有用：像姜一样，靠根来繁殖”③。

关于高良姜的运用，《本草经集注》载：“高良姜，大温，无毒。主治暴冷，胃中冷逆，霍乱腹痛。”④ 高良姜在西方也通常被用作药物。⑤

（四）柴桂

柴桂为樟科樟属三条筋树（Cinnamomum tamala Nees）的树皮或叶，原产于我国西南地区。虽然中国古代文献对柴桂的介绍并不是很多，但它曾经在距离其原产地千里之外的地方大受欢迎。⑥ 据成书于公元 1 世纪的《厄立特里亚海航行记》（*Periplus of the Erythraean Sea*）记载，柴桂叶在那时已经被运到了印度：“每年都有一种体形佝偻，面庞宽大，但十分聪明的民族前往秦尼国附近的地区。据说，他们自称为贝萨特人（Besatai），

---

① （宋）赵汝适撰，杨博文校释：《诸蕃志校释》卷下《志物》，北京：中华书局，1996 年，第 216 ~ 217 页。

② （明）李时珍著：《本草纲目》，北京：人民卫生出版社，1982 年，第 862 页。

③ J. Innes Miller, *The Spice Trade of the Roman Empire*（*29B. C. to A. D. 641*），Oxford：Clarendon Press，1969，pp. 51 – 53.［英］多尔比著，李蔚红、赵凤军、姜竹青译：《危险的味道：香料的历史》，天津：百花文艺出版社，2004 年，第 121 页。

④ （南朝梁）陶弘景编，尚志钧、尚元胜辑校：《本草经集注》卷四《草木中品·高良姜》，北京：人民卫生出版社，1994 年，第 313 页。

⑤ ［英］多尔比著，李蔚红、赵凤军、姜竹青译：《危险的味道：香料的历史》，天津：百花文艺出版社，2004 年，第 121 页。

⑥ ［英］多尔比著，李蔚红、赵凤军、姜竹青译：《危险的味道：香料的历史》，天津：百花文艺出版社，2004 年，第 57 页。

形貌酷似野人。他们带着妻子儿女，并携带大包小包的商品和绿葡萄叶颜色的大篮子。他们在自己本国与秦尼城之间的边境停留一些时候，用几天来庆祝节日。这段时间，他们就用自己的筐篮作床。然后他们就返回到本土，即那片远在边境的地方。一些土著人就窥视这一时机蜂拥而至这些人居住过的地点，拾捡这些人当作卧床用过的东西，首先拆开芦苇（土著人称之为Petroi），精心地把叶子对折起来，然后扎成大捆，再用芦苇纤维绑好。由此而产生了三种香叶，用大的叶子作成大块香叶，用稍小一点的叶子作成中块香叶，用小叶子作成小块香叶。这三种大小不同的物品一贯是由制造者们从那里向印度出口的。"①

米勒在其书中进一步指出文中的贝萨特人是锡金（Sikkim）的一个部族。② 劳费尔认为这种在古代西方被称作"天竺叶"的柴桂，就是中国的"藿香"，但Wheatley对此说法持怀疑态度。③

据多尔比介绍，柴桂对罗马人来说是一种昂贵的香料，普林尼给柴桂定价为每磅60第纳尔。其用途也很广泛，不但可以浸泡在香水油中，用来描眉、染发，而且经常用于敬神祭祀、疾病治疗和食品制作。阿皮修斯在其食谱中多次提到柴桂叶和油，认为"它还是制作'牡蛎扇贝孜然芹酱'的一种原料"④。

二、汉代岭南输入香料的主要种类

汉代从岭南输入我国的香料，虽然不是岭南进口贸易的大宗，但也可谓初具规模，其种类之多，几乎囊括后世香料贸易的全部品类；其来源之广，不仅有东南亚的东南半岛、马来半岛和印尼以及南亚的印度、克什米尔、斯里兰卡等地，还与阿拉伯半岛、非洲红海沿岸建立了间接的香料贸易联系。下面主要介绍一些在汉代使用比较广泛的异域名香。

---

① ［法］戈岱司编，耿昇译：《希腊拉丁作家远东古文献辑录》，北京：中华书局，1987年，第18~19页。

② J. Innes Miller, *The Spice Trade of the Roman Empire*（*29B. C. to A. D. 641*），Oxford：Clarendon Press，1969，p. 76.

③ J. Innes Miller, *The Spice Trade of the Roman Empire*（*29B. C. to A. D. 641*），Oxford：Clarendon Press，1969，p. 76.

④ ［英］多尔比著，李蔚红、赵凤军、姜竹青译：《危险的味道：香料的历史》，天津：百花文艺出版社，2004年，第57页。

（一）从东南亚输入岭南之香料

1. 丁香

丁香为桃金娘科蒲桃属（Myrtaceae Syzygium）植物丁香的花蕾和果实。花蕾称公丁香或雄丁香，果实称母丁香或雌丁香。我们通常所说的丁香指的就是公丁香，米勒在其书中即持此说法。① 但根据汉文文献的记载，在汉代输入我国的丁香主要是母丁香，因形状酷似鸡舌，故名“鸡舌香”。《齐民要术》云：“鸡舌香，俗人以其似丁子，故呼为丁子香。”②《诸蕃志》卷下“丁香”条曰：“丁香出大食、阇婆诸国，其状似丁字，因以名之。能辟口气，郎官咀以奏事。其大者谓之丁香母。丁香母即鸡舌香也。或曰鸡舌香，千年枣实也。”③《本草拾遗》载：“鸡舌香与丁香同种，花实丛生，其中心最大者为鸡舌，击破有顺理而解为两向如鸡舌，故名。乃是母丁香也。”④

关于丁香的原产地，米勒认为在今天印度尼西亚东部赤道线上的摩鹿加群岛的主要岛屿济罗罗岛西海岸的五个小岛上。⑤ 我国古代文献中的记载也大致在这一范围，如《太平御览》载汉末三国时期吴人康泰的《扶南土俗》曰：“诸薄之东的马五洲，出鸡舌香，树木多，叶少实。”⑥“诸薄”即今天的爪哇，“诸薄”以东的“马五洲”，当在今巴厘岛。⑦《吴时外国传》亦云：“五马洲出鸡舌香。”⑧《南州异物志》载：“鸡舌出在苏州

---

① J. Innes Miller, *The Spice Trade of the Roman Empire*（*29B. C. to A. D. 641*），Oxford：Clarendon Press，1969，p. 47.（The cloves of commerce are the dried，unopened flower-buds of this tree of the myrtle family，which stands about twenty feet high.）

② 转引自（明）周嘉胄撰：《香乘》卷二，上海：上海古籍出版社，1993 年，第 320 页。

③ （宋）赵汝适撰，杨博文校释：《诸蕃志校释》卷下《志物》，北京：中华书局，1996 年，第 180 页。

④ 转引自（明）周嘉胄撰：《香乘》卷二，上海：上海古籍出版社，1993 年，第 319 页。

⑤ J. Innes Miller, *The Spice Trade of the Roman Empire*（*29B. C. to A. D. 641*），Oxford：Clarendon Press，1969，p. 48.（The tree is indigenous soley to the five small islands of Ternate，Tidore，Mutir，Machian，and Bachian，which lie along the west coast of Gilolo，the principal island of the Moluccas on the equators，in eastern Indonesia.）

⑥ （宋）李昉等撰：《太平御览》卷七八七《四夷部》，北京：中华书局，1960 年，第 3485 页。

⑦ 陈连庆：《汉晋之际输入中国的香料》，《史学集刊》1986 年第 2 期。

⑧ （宋）李昉等撰：《太平御览》卷九八一《香部》，北京：中华书局，1960 年，第 4345 页。

(门)，云是草花，可含香口。"[①] 而《广志》云："鸡舌出南海中及剽国，蔓生，实熟贯之。"[②] 剽国，即缅甸。由此进一步说明丁香从马来半岛航经缅甸运抵岭南。

关于丁香的用途，多尔比说："对于丁香的历史，我们可以给出一个相当确切的日期（因为罗马、中国和印度有关丁香的文献是大体相似的）：正好是两千年前的基督时期。从那时起，远方国度的文献中就已经向我们提到过什么是丁香，以及为什么人们需要它。"[③] 由此可知，丁香在公元初年就为多个国家的人民所熟知，并已在社会生活中运用了。《汉官仪》中就记载："桓帝侍中乃存年老口臭，上出鸡舌香与含之。鸡舌颇小，辛螫不敢咀咽，嫌有过赐毒药，归舍辞决，家人哀泣，不知其故。僚友求视其药，出口香，咸嗤笑之。"[④] 可见，当时人们已经懂得用丁香来改善口气。《抱朴子》曰："或以鸡舌、黄连、乳汁煎之注之，诸有百疾之在目，愈而更加精明倍常也。"[⑤] 《唐本草》云："生昆仑及交、爱以南，树有雌雄。皮叶并似栗，其花如梅，结实似枣核者，雌树也。不入香用。无子者，雄树也。采花酿以成香，微温，主心痛、恶疮，疗风毒，去恶气。"[⑥]

2. 沉香

沉香为瑞香科乔木植物，多尔比在其书中为我们介绍了三种沉香产地：[⑦]

一为产于印度东部克什米尔地区的"新地（印度）沉香木"，梵语唤作阿基鲁（akilu）或阿加鲁（agaru），《翻译名义集》云：

---

① （宋）李昉等撰：《太平御览》卷九八一《香部》，北京：中华书局，1960 年，第 4346 页。

② （宋）李昉等撰：《太平御览》卷九八一《香部》，北京：中华书局，1960 年，第 4346 页。

③ ［英］多尔比著，李蔚红、赵凤军、姜竹青译：《危险的味道：香料的历史》，天津：百花文艺出版社，2004 年，第 73 ~ 74 页。

④ （宋）李昉等撰：《太平御览》卷九八一《香部》，北京：中华书局，1960 年，第 4345 页。《香乘》中记载此位侍中名叫"刁存"，详见（明）周嘉胄撰：《香乘》卷二，上海：上海古籍出版社，1993 年，第 319 页。

⑤ （宋）李昉等撰：《太平御览》卷九八一《香部》，北京：中华书局，1960 年，第 4345 ~ 4346 页。

⑥ 转引自（宋）洪刍撰：《香谱》卷上《香之品》，上海：上海古籍出版社，1993 年，第 289 页。

⑦ ［英］多尔比著，李蔚红、赵凤军、姜竹青译：《危险的味道：香料的历史》，天津：百花文艺出版社，2004 年，第 104 ~ 109 页。

阿伽卢，或云恶揭噜，此云沉香。①

又《南越志》言：

交州人称为蜜香，谓其气如蜜脾也。梵书名阿迦卢香。②

一为产于越南中南部的“占婆沉香木”（这是多尔比的说法，汉代时占婆地区称作林邑，其所产沉香称为“蜜香”）。《诸蕃志》云：“沉香所出非一，真腊为上，占城次之，三佛齐、阇婆为下。”③

还有一种即为我国南方所产的“白木香”，又名“土沉香”、“莞香”或“木蜜香”。《南方草木状》云：“交趾有蜜香树，干似柜柳。其花白而繁，其叶如橘。欲取香，伐之经年。其根、干、枝、节，各有别色也。木心与节坚黑，沉水者为沉香；与水面平者，为鸡骨香；其根为黄熟香；其干为栈香；细枝紧实未烂者为青桂香；其根节轻而大者为马蹄香；其花不香，成实乃香，为鸡舌香。珍异之木也。”④《异物志》载：“木蜜名曰香树，生千岁。根木甚大，先伐僵之，四五岁乃往看。岁月久，树材恶者腐败，惟中节竖直芬香者独在耳。”⑤ 万震与杨孚的说法类似：“沉木香出日南，欲取，当先斫坏树，着地积久，外皮朽烂。其心至坚者，置水则沉，名沉香。其次在心白之间，不甚坚精。置之水中，不浮不沉，与水面平者，名曰栈香。其最小粗白者，名曰系香。”⑥ 李时珍在《本草纲目》中则将沉香分为沉香、栈香、黄熟香三等和熟结、生结、脱落、虫漏四品。⑦其等级的分法与万震一样，只是名字有差别而已。

汉代输入我国之沉香，以“占婆沉香木”为主，据嵇含所言：“蜜香纸，以蜜香树皮叶作之，微褐色，有纹如鱼子，极香而坚韧，水渍不溃烂。太康五年（公元 284 年），大秦献三万幅。帝以万幅赐镇南大将军当阳侯杜预，令写所撰《春秋释例》及《经传集解》以进，未至而预卒，诏

① 转引自陈连庆：《汉晋之际输入中国的香料》，《史学集刊》1986 年第 2 期。

② 转引自（明）周嘉胄撰：《香乘》卷二，上海：上海古籍出版社，1993 年，第 309 页。

③ （宋）赵汝适著，杨博文校释：《诸蕃志校释》卷下《志物》，北京：中华书局，1996 年，第 173 页。

④ （晋）嵇含撰，杨伟群校点：《南方草木状》卷中，《南越五主传及其它七种》，广州：广东人民出版社，1982 年，第 64 页。

⑤ （汉）杨孚撰，杨伟群校点：《异物志》卷二，《南越五主传及其它七种》，广州：广东人民出版社，1982 年，第 43 页。

⑥ （宋）李昉等撰：《太平御览》卷九八二《香部》，北京：中华书局，1960 年，第 4349 页。

⑦ （明）李时珍著：《本草纲目》，北京：人民卫生出版社，1982 年，第 1938 页。

赐其家，令藏之。”[①] 当时的罗马不产蜜香，更不懂造纸术，可见，这些蜜香纸为中南半岛所生产，罗马人只是转运商而已。虽然当时占婆沉香木已传入我国，但在国内大量使用的还是我国南方地区所产的“土沉香”。

3. 樟脑

樟脑是从龙脑香（Dryobalanops aromatica）的树脂和挥发油中取得的结晶体物质，或用樟科植物（Cinnamomum camphora）的新鲜枝、叶提取颗粒结晶加工制成。前者原产于婆罗洲、马来半岛和苏门答腊，后者产于日本、中国的中东部、中国台湾地区以及越南北部的东京一带。[②] 前者属龙脑香科，后者属樟科。正如米勒所说：“这两种樟脑虽然闻起来一样，但从化学角度来说是不相同的。[③] 因此中国本土虽然产樟脑，但还是要从马来半岛进口。《史记·货殖列传》提到：“番禺亦其一都会也。”[④]《汉书·地理志》载：“（粤地）近处海，多犀、象、毒冒、珠玑、银、铜、果、布之凑。”[⑤] 经南洋史专家韩槐准考证：“果布”应为马来语龙脑 Kapur 的对音。[⑥]《梁书》亦载：“狼牙修国，在南海中。其界东西三十日行，南北二十日行，去广州二万四千里。土气物产，与扶南略同，偏多篯沉婆律香等。”[⑦]“婆律”为马来语龙脑香下半部 Barus 的音译，“果布” Kapur 为“果布婆律”的上半部，这两种说法其实指的都是龙脑香。唐代段成式的《酉阳杂俎》云：

> 龙脑香树出婆利国，婆利呼为固不婆律。亦出波斯国。树高八丈，大可六七围，叶圆而背白，无花实，其树有肥有瘦，瘦者有婆律膏香。一曰瘦者出龙脑香，肥者出婆律膏也。在木心中，断其树劈取之，膏于树端流

---

① （晋）嵇含撰，杨伟群校点：《南方草木状》卷中，《南越五主传及其它七种》，广州：广东人民出版社，1982 年，第 66 页。

② J. Innes Miller, *The Spice Trade of the Roman Empire*（*29B. C. to A. D. 641*），Oxford：Clarendon Press，1969，p. 40.（The former to Borneo，the Malay Peninsula，and Sumatra，and the latter to Japan，mid-eaast China，Formosa，and Tongking.）

③ J. Innes Miller, *The Spice Trade of the Roman Empire*（*29B. C. to A. D. 641*），Oxford：Clarendon Press，1969，p. 40.（The two kinds of camphor are similar in smell，though chemically distinct.）

④ （汉）司马迁撰，（宋）裴骃集解：《史记》卷一百二十九《货殖列传》，北京：中华书局，1982 年，第 3268 页。

⑤ （汉）班固撰，（唐）颜师古注：《汉书》卷二十八《地理志》，北京：中华书局，1962 年，第 1670 页。

⑥ 韩槐准：《龙脑香考》，（新加坡）《南洋学报》1941 年第 2 卷第 1 辑。

⑦ （唐）姚思廉撰：《梁书》卷五十四《诸夷列传》，北京：中华书局，1973 年，第 795 页。

出，斫树作坎而承之。入药用，别有法。[①]

多尔比亦说："即使在生产樟脑的中国，芭萝樟脑也是较早进口的昂贵香料，通常称作'龙脑香料'。"[②] 谢弗认为，之所以被称作龙脑香，是因为"那些从海外带来的、奇异珍贵的物质，很容易使人们在想象中将它们与主宰大海的龙联系起来"[③]。其实所谓的龙脑香就是婆罗洲（或苏门答腊）的"左旋樟脑"，它是从印度尼西亚和马来亚的一种高大的树木中提取出来的。[④]

（二）从南亚输入岭南之香料

1. 胡椒

胡椒（Piper nigrum L.）为胡椒科（Piperaceae）植物胡椒的果实。未成熟果实干后果皮皱缩而呈黑褐色，称"黑胡椒"（Black Pepper）；成熟果实脱皮后色灰白，称"白胡椒"（White Pepper）。除此之外，还有一种胡椒科的香料称为"荜拔"（Piper longum L.），又名"长椒"。在古代香料贸易史上，荜拔与胡椒经常混淆，故而在这里一起论述。

关于胡椒与荜拔的原产地，《厄立特里亚海航行记》里描述道："这些港口的商船满载优质的胡椒和柴桂叶而来。他们出口的胡椒，主要生长在一个叫考特尼瑞斯（Cottanarice）的地方。他们还出口从上游国家购进的恒河甘松和柴桂。"[⑤]

米勒说："尽管有证据表明，胡椒也生长在泰国南部，并且很早就在马来西亚种植，但由于印度所产胡椒数量巨大，因而这种马来亚胡椒在香料贸易中几乎可以忽略不计。"[⑥]

米勒还进一步指出："长椒生长在印度北部尼泊尔至孟加拉国较炎热

---

① （唐）段成式撰，方南生点校：《酉阳杂俎》，北京：中华书局，1981 年，第 177 页。

② ［英］多尔比著，李蔚红、赵凤军、姜竹青译：《危险的味道：香料的历史》，天津：百花文艺出版社，2004 年，第 89 页。

③ ［美］谢弗著，吴玉贵译：《唐代的外来文明》，西安：陕西师范大学出版社，2005 年，第 167 页。

④ ［美］谢弗著，吴玉贵译：《唐代的外来文明》，西安：陕西师范大学出版社，2005 年，第 167 页。

⑤ ［英］多尔比著，李蔚红、赵凤军、姜竹青译：《危险的味道：香料的历史》，天津：百花文艺出版社，2004 年，第 135 页。

⑥ J. Innes Miller, *The Spice Trade of the Roman Empire*（*29B. C. to A. D. 641*），Oxford：Clarendon Press，1969，p. 80.（Although there is evidence that black pepper grew in southern Thailand，and was cultivated from early times in Malaya，such crops would be superfluous for commerce because of the quantities available in India.）

的地区，以及印度南部山区；而黑胡椒则与属于攀援植物的长椒不同，黑胡椒是其表面未成熟的果实。它主要生长在印度西南部特拉凡科（Travancore）以及马拉巴尔（Malabar）海岸的野生森林中。同时很早的时候就在红海沿岸的考特尼瑞斯地区广泛种植。”①

但汉文文献中的记载比较混乱，占主流的说法有印度物产说和波斯物产说两种。其中支持印度物产说的有司马彪的《续汉书》：

天竺国出石蜜、胡椒、黑盐。②

范晔《后汉书·西域传》：

天竺国一名身毒，在月氏之东南数千里。……土出象、犀、玳瑁、金、银、铜、铁、铅、锡，西与大秦通，有大秦珍物。又有细布、好毾(㲪)、诸香、石蜜、胡椒、姜、黑盐。③

《册府元龟》卷九六一《外臣部·土风第三·天竺国》与《后汉书》所记相同。

段成式《酉阳杂俎》卷一八：

胡椒，出摩伽陀国，呼为昧履支。④

而北朝至隋唐的正史中，多赞同胡椒、荜拨乃波斯国物产，如《魏书·西域传》：

波斯国，都宿利城，在忸密西，古条支国也。去代二万四千二百二十八里。……土地平正，出金、银、瑜石……及薰陆、郁金、苏合、青木等香，胡椒、毕拨、石密……雌黄等物。⑤

---

① J. Innes Miller, *The Spice Trade of the Roman Empire*（*29B. C. to A. D. 641*），Oxford：Clarendon Press，1969，p. 80.（Long pepper is native to the hotter parts of northern India from Nepal to Bengal，and to the hills of southern India. Black pepper，which differs from long pepper in being a climber and in the appearance of its fruit，grew wild in the forests of Travancore and Malabar and was also extensively cultivated along the coast—the Cottonara（Kadattanadu）of the Periplus—from early times.）

② （宋）李昉等撰：《太平御览》卷九五八《木部》，北京：中华书局，1960 年，第 4253 页。

③ （南朝宋）范晔撰，（唐）李贤等注：《后汉书》卷八十八《西域传》，北京：中华书局，1965 年，第 2921 页。

④ （唐）段成式撰，方南生点校：《酉阳杂俎》，北京：中华书局，1981 年，第 179 页。

⑤ （北齐）魏收撰：《魏书》卷一百二《西域传》，北京：中华书局，1974 年，第 2270～2271 页。

《周书·异域列传》(下):

波斯国，大月氏之别种，治苏利城，古条支国也。……土出名马及驼，富室至有数千头者。又出……胡椒、荜拔、石蜜……雌黄等物。①

《北史·西域列传》:

波斯国，都宿利城……土地平正，出金、银、瑜石……胡椒、荜拔……雌黄等物。②

《隋书·西域列传》:

波斯国……土多良马，大驴……胡椒、毕拔……③

《旧唐书·西戎列传》:

波斯国……出胡椒、荜拔、石蜜、千年枣、甘露桃。④

对于后者形成这种错误认识的原因，劳费尔解释为："胡椒必是从印度移植到波斯的，印度是这植物的原产地……其之所以被列入萨珊波斯的物产中，是因为胡椒、檀香和各种药材是从波斯的锡剌甫（Sirof）运到世界各地的。"⑤ 谢弗指出："胡椒属植物最初生长在缅甸和阿萨姆，先是从这些地区传入了印度、印度支那以及印度尼西亚，然后，又由印度传入波斯，再由波斯舶从波斯把檀香木和药材等一起转运到中世纪的亚洲各地。"⑥ 荜拔的情况与胡椒类似。谢弗认为荜拔是在与"波斯舶"的贸易中进口的，⑦ 甚是。因为从北魏到隋唐，波斯人控制了从波斯湾经印度洋到南中国海的航线。正如夏德（Friedrich Hirth）所言："记载公元四世纪末至七世纪初，这一时期的其他正史，提供了这方面的另一些证据。其中，

---

①（唐）令狐德棻等撰：《周书》卷五十《异域列传》，北京：中华书局，1971年，第919～920页。

②（唐）李延寿撰：《北史》卷九十七《西域列传》，北京：中华书局，1974年，第3222页。

③（唐）魏征等撰：《隋书》卷八十三《西域列传》，北京：中华书局，1973年，第1857页。

④（后晋）刘昫等撰：《旧唐书》卷一百九十八《西戎列传》，北京：中华书局，1975年，第5311页。

⑤［美］劳费尔著，林筠因译：《中国伊朗编：中国对古代伊朗文明史的贡献》，北京：商务印书馆，1964年，第199～200页。

⑥［美］谢弗著，吴玉贵译：《唐代的外来文明》，西安：陕西师范大学出版社，2005年，第203～204页。

⑦［美］谢弗著，吴玉贵译：《唐代的外来文明》，西安：陕西师范大学出版社，2005年，第205页。

我们发现印度支那、锡兰、印度、阿拉伯和非洲东海岸的所有物产均被归入‘波斯物产’一类，因为波斯这个国家的大多数商人将这些货物输入中国。”①

真人元开的《唐大和上东征传》记载了万安州（今海南万宁北）大首领冯若芳劫取波斯舶之事：“（冯）若芳每年常劫取波斯舶三二艘，取物为己货……若芳会客，常用乳头香为灯烛，一烧一百余斤。其宅后，苏芳木露积如山。”② 从其所劫获的货物来看，芳香木材和香料是波斯人经营的主要商品。因而原产于印度的胡椒、荜拔由于出现在波斯舶中而被误认为是波斯物产再正常不过了。

关于胡椒与荜拔的用途，主要是作为香辛调料。如嵇含在《南方草木状》中说道：“蒟酱，荜拔也。生于番国者，大而紫，谓之荜拔。……可以调食，故谓之酱焉。”③

2. 郁金

郁金为姜科姜黄属多年生宿根草本植物，其来源为温郁金、黄丝郁金（姜黄）、桂郁金（广西莪术）或蓬莪术（绿丝郁金）的干燥块根。我国古代文献关于“郁金”的记载相当混乱，究其原因是对“郁金”及“郁金香”这两个概念混淆不清。据谢弗的统计，在我国大致有三种不同类型的郁金（或郁金香）：一种是我国西南本土所产的“郁金”，即姜黄。谢弗指出这种土产的普通郁金“是一种微带辛味，多用作颜料的物种”④。第二种也是姜黄属，产于印度、中南半岛、马来西亚、印度尼西亚等地，是“以蓬莪术知名的一种高级的芳香品种”⑤。早期输入我国的郁金，指的主要就是这种姜黄属的蓬莪术。如《周礼》：“郁人掌裸器。凡祭祀、宾客之裸事，和郁鬯以实彝而陈之。”郑司农注曰：“郁，草名，十叶为贯，百二

---

① 王赓武著，姚楠编译：《南海贸易与南洋华人》，香港：中华书局香港分局，1988 年，第 190 页。转引自夏德、柔克义译注：《赵汝适》，圣·彼得堡，1911 年，第 7 ~ 8 页。按：《赵汝适》是由他们详注的《诸蕃志》的英译本。

② ［日］真人元开著，王向荣校注：《唐大和上东征传》，北京：中华书局，2000 年，第 68 页。

③ （晋）嵇含撰，杨伟群校点：《南方草木状》卷上，《南越五主传及其它七种》，广州：广东人民出版社，1982 年，第 58 页。

④ ［美］谢弗著，吴玉贵译：《唐代的外来文明》，西安：陕西师范大学出版社，2005 年，第 186 页。

⑤ ［美］谢弗著，吴玉贵译：《唐代的外来文明》，西安：陕西师范大学出版社，2005 年，第 186 页。

十贯为筑，以煮之鐎中，停于祭前。郁为草，若兰。”[①]《说文解字》亦云：“郁，芳草也。十叶为贯，百廿贯筑以煮之为郁。……一曰郁鬯，百草之华，远方郁人所贡芳草，合酿之以降神。郁，今郁林郡也。”[②] 应劭最先提出“郁金香”之名：“《周礼》：‘郁人掌裸器，凡祭祀、宾客之裸事，和郁鬯，以实彝而陈之。’郁，芳草也。谓用百草之华，煮以合酿黑黍，以降神者也。或说，今郁金香是也。一曰：郁人所贡，因氏郡也。”[③] 饶宗颐先生指出，在殷墟卜辞中就出现了地名——“鬱方”，又有“往鬱”之文。[④] 可见，商周之时，已有远方郁人向我国进贡郁金。

东汉桓帝时任尚书的朱穆作《郁金赋》云：

岁朱明之首月兮，步南园以回眺。览草木之纷葩兮，美斯华之英妙。布绿叶而挺心，吐芳荣而发曜。众华烂以俱发，郁金邈其无双。比光荣于秋菊，齐英茂乎春松。远而望之，粲若罗星出云垂。近而观之，晔若丹桂曜湘涯。……美郁金之纯伟，独弥月而久停。晨露未晞，微风肃清。增妙容之美丽，发朱颜之荧荧。作椒房之珍玩，超众葩之独灵。[⑤]

从诗赋所记可知，最迟于东汉时期，郁金在我国，起码在皇帝禁宫之中已有种植。到西晋时皇室中有关外邦贡奉郁金之记载就更多了，如晋武帝的嫔妃左芬著有《郁金颂》[⑥]，西晋驸马都尉傅玄曾作《郁金赋》[⑦]，都提到郁金乃是异域所贡名贵芳香植物。然而，我国古代文献中关于郁金的产地，一致认为是在罽宾国，即今之克什米尔地区。如三国时期吴国人万震在《南州异物志》里记载得很清楚：“郁金者，出罽宾国。国人种之，先取上佛，积日萎槁，乃载去之。然后取郁金，色正黄细，与芙蓉华里被

---

① 杨天宇：《周礼译注》，《春官宗伯 · 郁人》，上海：上海古籍出版社，2004年，第296页。

② （汉）许慎撰：《说文解字》，北京：中华书局，1963年，第106页。

③ （宋）李昉等撰：《太平御览》卷九八一《香部》，北京：中华书局，1960年，第4345页。

④ 饶宗颐：《论古代香药之路——郁与古薰香器》，《敦煌吐鲁番学研究论集》，北京：书目文献出版社，1996年，第373～377页。

⑤ （唐）欧阳询撰，汪绍楹校：《艺文类聚》卷八十一《药香草部 · 郁金》，上海：上海古籍出版社，1965年，第1394页。

⑥ （唐）欧阳询撰，汪绍楹校：《艺文类聚》卷八十一《药香草部 · 郁金》，上海：上海古籍出版社，1965年，第1394页。

⑦ （唐）欧阳询撰，汪绍楹校：《艺文类聚》卷八十一《药香草部 · 郁金》，上海：上海古籍出版社，1965年，第1394页。

莲者相似。可以香酒。”[①]《梁书·诸夷列传》亦云：“郁金独出罽宾国，华色正黄而细，与芙蓉华里被莲者相似。国人先取以上佛寺，积日香槁，乃粪去之，贾人从寺中征雇，以转卖与佗国也。”[②] 米勒则认为，从印度进口到地中海的郁金不是印度本土所产，而是马来亚的产物，跟中国肉桂以及其他香料一起经印度中转传到欧洲，[③] 也就是说印度半岛的郁金是从马来亚传入的。

此外，还有一种非姜黄属的郁金香，在我国古代文献中又被称作“番红花”。劳费尔从语言学的角度考证，认为此种郁金香是波斯产物，后来传到了克什米尔地区。[④] 多尔比进一步说：“番红花产于古代伊朗，最晚是公元3世纪（可能最早在公元前5世纪）的时候传到了克什米尔。”[⑤] 然而这种郁金香传入我国的时间要晚一些，直至唐代才在社会生活中得以应用。

3. 豆蔻

以“豆蔻”为名的植物有五种，它们分别为肉豆蔻、白豆蔻、草豆蔻、红豆蔻和小豆蔻。虽然都有“豆蔻”二字，但它们在性状、来源以及运用上相差甚远。如肉豆蔻属于肉豆蔻科，而其他四种都为姜科。米勒在其著作《罗马帝国的香料贸易》一书中一一作了论述。[⑥] 就它们的原产地来说，肉豆蔻主要产于马来西亚、印度尼西亚；白豆蔻主要产于南亚的印度和斯里兰卡等地；草豆蔻原产于印度尼西亚，在我国的岭南和西南地区有栽培；红豆蔻又名大高良姜，为我国南方本土所产；而小豆蔻原产于孟加拉以及印度南部的马拉巴尔海岸。这五种豆蔻，除了红豆蔻（即大高良姜）为我国南方土产，草豆蔻在我国南方有栽培外，其余皆为舶来品。在我国古代文献中，对于名称中有“豆蔻”二字的植物分类并不明确，对简称为“豆蔻”植物的所指也很混乱。如晋太学博士环济撰《吴地记》曰：

---

① （宋）李昉等撰：《太平御览》卷九八一《香部》，北京：中华书局，1960年，第4345页。

② （唐）姚思廉撰：《梁书》卷五十四《诸夷列传》，北京：中华书局，1973年，第798页。

③ J. Innes Miller, *The Spice Trade of the Roman Empire*（*29B. C. to A. D. 641*）, Oxford: Clarendon Press, 1969, pp. 63－64.

④ ［美］劳费尔著，林筠因译：《中国伊朗编：中国对古代伊朗文明史的贡献》，北京：商务印书馆，1964年，第146页。

⑤ ［英］多尔比著，李蔚红、赵凤军、姜竹青译：《危险的味道：香料的历史》，天津：百花文艺出版社，2004年，第222页。

⑥ J. Innes Miller, *The Spice Trade of the Roman Empire*（*29B. C. to A. D. 641*）, Oxford: Clarendon Press, 1969, pp. 37－38, 51－53, 58－60, 67－68, 71－73.

“黄初三年，魏来求豆蔻。”[①] 从材料中，我们无法推测出此处的“豆蔻”到底为何种豆蔻。左思则把豆蔻归为草本类，其《吴都赋》曰：“草则藿蒳、豆蔻。”[②] 晋人嵇含的《南方草木状》曰：“漏蔻树，子大如李实，二月华，七月熟。出兴古（今云南弥勒南）。”[③] 其所指之豆蔻当为草豆蔻或红豆蔻。贾思勰曾把豆蔻列入“非中国物产者”[④]，这里的豆蔻可能是指肉豆蔻或白豆蔻（小豆蔻乃唐以后才输入中国）。

在汉代，豆蔻主要用于洁身以及除口臭。《赵飞燕外传》云：“后（赵飞燕）浴五蕴七香汤，踞通香沉水坐，燎降神百蕴香。婕妤（赵合德）浴豆蔻汤，敷露华百英粉。帝尝私语樊嫕曰：‘后虽有异香，不若婕妤体自香也。’”[⑤] 可见，豆蔻汤有自然之香，其香体效果比五蕴七香汤更佳。《本草经集注》载：“豆蔻，味辛，温，无毒。主温中，心腹痛，呕吐，去口臭气。生南海。”[⑥] 据刘欣期《交州记》的记载，豆蔻还能保护牙龈：“豆蔻，似杬树，味辛。堪综合槟榔嚼，治断齿。”[⑦] 《南方草木状》则云：“豆蔻花，其苗如芦，其叶似姜，其花作穗，嫩叶卷之而生。花微红，穗头深色。叶渐舒，花渐出。旧说此花食之，破气消痰，进酒增倍，太康二年（公元281年），交州贡一箧，上试之有验，以赐近臣。”[⑧]

4. 木香

木香为菊科（Compositae）植物。《三国志·魏书》卷三十引三国时魏国人鱼豢《魏略·西戎传》记载的“大秦”物产时，列举了“一微木、二苏合、狄提、迷迷（当为‘迷迭’）、兜纳、白附子、薰陆、郁金、芸

① （宋）李昉等撰：《太平御览》卷九七一《果部》，北京：中华书局，1960年，第4305页。

② （宋）李昉等撰：《太平御览》卷九七一《果部》，北京：中华书局，1960年，第4306页。

③ （宋）李昉等撰：《太平御览》卷九七一《果部》，北京：中华书局，1960年，第4305~4306页。

④ （北魏）贾思勰著，石声汉校释：《齐民要术》卷十《五谷果瓜菜茹非中国物产者》，北京：中华书局，2009年，第1071页。

⑤ （汉）伶玄撰，熊宪光选辑，徐志奇点校：《赵飞燕外传》，《古今逸史精编》，重庆：重庆出版社，2000年，第106页。

⑥ （南朝梁）陶弘景编，尚志钧、尚元胜辑校：《本草经集注》卷七《果部药物上品·豆蔻》，北京：人民卫生出版社，1994年，第459页。

⑦ （宋）李昉等撰：《太平御览》卷九七一《果部》，北京：中华书局，1960年，第4305页。

⑧ （晋）嵇含撰，杨伟群校点：《南方草木状》卷上，《南越五主传及其它七种》，广州：广东人民出版社，1982年，第57页。

胶、薰草木十二种香。”[①] 据陈连庆先生所言，由于“原有木字，历来断归上文，误读为薰草木，实际上薰草是一种，木又为一种，木即木香。香字实蒙下文而省，原书本无错误。标点本《三国志》薰草下未标隔点，错了。”[②] 笔者同意陈先生的说法，认为此处应该是“薰草”和“木香”两种香料。正如米勒所言，在魏和隋的正史中，木香作为从西方进口的商品之一而被提及。[③]

关于木香的产地，除“大秦”说外，文献记载中另有他说。一说是产于我国本土，如《本草经集注》云：“木香，味辛，温，无毒。主治邪气，辟毒疫温鬼，强志，主淋露。治气劣，肌中偏寒，主气不足，消毒，杀鬼精物，温疟，蛊毒，行药之精。久服不梦寤魇寐。轻身致神仙。一名蜜香。生永昌山谷。”[④] 一说是产于印度半岛，如《南州异物志》云：“青木香，出天竺，是草根，状如甘草。”[⑤] 徐衷《南方记》云：“青木香出天竺国，不知其形。”[⑥] 还有一说，如郭义恭《广志》则云：“青木香出交州、天竺。”[⑦] 以上说法皆可解释清楚，“大秦说”在前文已经论述过，是因为经大秦商人输入我国，故言。而后三种说法也没有错，因为木香为青木香和川木香的通称。青木香，又名广木香或云木香，属菊科风毛菊属；川木香属菊科川木香属。青木香乃印度克什米尔所产，而川木香是我国四川、云南、西藏等地的土产香料。《本草经集注》所言木香是指川木香，而《南州异物志》与《南方记》所记为青木香。正如多尔比所说的那样：“远东的中国人知道在云南山区有一种香料叫木香，他们了解到克什米尔有一种香料和木香很相似，所以他们就把这种香料叫广木香。”[⑧] 这里说的

---

① （晋）陈寿撰，（宋）裴松之注：《三国志》卷三十《魏书·乌丸鲜卑东夷传》，北京：中华书局，1982年，第860~861页。

② 陈连庆：《汉晋之际输入中国的香料》，《史学集刊》1986年第2期。

③ J. Innes Miller, *The Spice Trade of the Roman Empire*（*29B. C. to A. D. 641*）, Oxford: Clarendon Press, 1969, p. 84.

④ （南朝梁）陶弘景编，尚志钧、尚元胜辑校：《本草经集注》卷三《草木上品·木香》，北京：人民卫生出版社，1994年，第212页。

⑤ （宋）李昉等撰：《太平御览》卷九八二《香部》，北京：中华书局，1960年，第4347页。

⑥ （宋）李昉等撰：《太平御览》卷九八二《香部》，北京：中华书局，1960年，第4347页。

⑦ （宋）李昉等撰：《太平御览》卷九八二《香部》，北京：中华书局，1960年，第4347页。

⑧ ［英］多尔比著，李蔚红、赵凤军、姜竹青译：《危险的味道：香料的历史》，天津：百花文艺出版社，2004年，第132页。

木香即青木香。

关于木香的功用，《神农本草经》记载："木香，味辛，温。主邪气，辟毒疫温鬼；强志，主淋露。久服不梦寤魇寐。"①

（三）从波斯、阿拉伯半岛、东非输入岭南之香料

从波斯、阿拉伯半岛、东非输入岭南的香料有苏合香、安息香、迷迭香、乳香和没药。

1. 苏合香

苏合香为金缕梅科植物苏合香树（Liquidambar orientalis Mill.）的树干渗出的树脂，因产于阿拉伯南部的苏合国（今也门的席赫尔）而得名。

苏合香是最早输入中国且运用较多的香料之一，但汉文文献对苏合香的记载却充满了疑问。班固的《与弟超书》中提到："窦侍中令载杂彩七百匹，市月氏苏合香。"② 书信的内容至少给我们提供了以下信息：①苏合香是月氏国物产；②当时的苏合香是用丝绸以"以物易物"的方式从月氏人手中购得的；③苏合香是通过驻守在西域的官兵购得并从西域陆道带回中原的。但也有一些文献资料认为苏合香产自大秦，如司马彪的《续汉书》说："大秦国，合诸香煎其汁，谓之苏合。"③《后汉书》载："大秦国一名犁鞬，以在海西，亦云海西国。……土多金银奇宝……合会诸香，煎其汁以为苏合。"④ 郭义恭的《广志》亦云："苏合出大秦。或云：苏合国人采之，笮其汁，以为香膏，卖滓与贾客。或云：合诸香草，煎为苏合，非自然一种也。"⑤ 其实，苏合香并非月氏国产物，也不生长在大秦，月氏人和大秦商人只是陆路与海路两条不同路线上的中转商而已。我们从后来的文献中可以看出一些端倪。西晋傅玄的《傅子》云："西国胡人言：苏

---

① （清）顾观光辑，杨鹏举校注：《神农本草经》卷二《上品》，北京：学苑出版社，2007 年，第 48 页。

② （宋）李昉等撰：《太平御览》卷九八二《香部》，北京：中华书局，1960 年，第 4347 页。关于此书信的内容，《艺文类聚》卷八十五《布帛部》的记载有所不同：班固《与弟超书》曰："今赍白素三（百）匹，欲以市月氏马、苏合香、闟登。"见（唐）欧阳询撰，汪绍楹校：《艺文类聚》卷八十五《布帛部》，上海：上海古籍出版社，1965 年，第 1456 页。

③ （宋）李昉等撰：《太平御览》卷九八二《香部》，北京：中华书局，1960 年，第 4347 页。

④ （南朝宋）范晔撰，（唐）李贤等注：《后汉书》卷八十八《西域传》，北京：中华书局，1965 年，第 2919 页。

⑤ （宋）李昉等撰：《太平御览》卷九八二《香部》，北京：中华书局，1960 年，第 4347 页。

合，香兽便也。中国皆以为怪。”[①] 梁人陶弘景的《名医别录》云：“苏合香俗传是狮子屎，外国说不尔。今皆从西域来，亦不复入药，惟供合好香尔。”[②] 唐代著名的博物学家段成式在《酉阳杂俎》卷十六中仍然重复了这一观点，“旧说苏合香，师子粪也”[③]。虽然这种论述被苏敬和陈藏器驳斥为“胡人诳言”[④]、“胡人将来，欲人贵之，饰其名尔”[⑤]，但我们认为这种混淆并非空穴来风。劳费尔指出“在梵语里 rasamala 的意义是‘粪便’，这个字被爪哇人和马来人采用作为苏合的名称”[⑥]。由此可见，中国关于苏合香是狮子屎的说法可能来自南海诸国，这也印证了苏合香由海路输入的论断。

苏合香在我国除了用作香料外，也用作药物。据《从征记》载，刘表的儿子刘琮就曾把苏合香用于尸体防腐，使其父颜貌如生，致使盗墓者不敢下手。“刘表冢在高平郡。表之子琮，捣四方珍香数十斛，着棺中，苏合消疾之香，莫不毕备。永嘉中，郡人发其墓，表白如生，香闻数十里。”[⑦] 这则史料说明，至少在公元3世纪初，中国已仿效埃及埋葬木乃伊的做法，用苏合随葬，以防止尸体腐烂。另外还告诉我们一个隐含的信息：曾统治过岭南的荆州牧刘表及其后人居然懂得用苏合香来防尸腐，可见当时我国南方对苏合香的使用是较多的，由此也可看出有一部分外国商人是取海道而来进行香料贸易的。据司马彪《魏略》载，带蜀兵的孟达亦曾进献苏合香给诸葛亮，其文曰：“孟达将蜀兵数百降魏。魏文帝以达为新城太守。太和元年，诸葛亮从成都到汉中，达又欲应亮。遗亮玉块、织成、障汗、苏合香。”[⑧] 可见，通过海路与外国联系密切的蜀地亦有苏合香。

---

① （宋）李昉等撰：《太平御览》卷九八二《香部》，北京：中华书局，1960年，第4347页。

② （明）李时珍著：《本草纲目》，北京：人民卫生出版社，1982年，第1962～1963页。

③ （唐）段成式撰，方南生点校：《酉阳杂俎》，中华书局，1981年，第158页。

④ （唐）苏敬等撰，尚志钧辑校：《新修本草》卷十二《木部上品》，合肥：安徽科学技术出版社，2004年，第183～184页。

⑤ （唐）陈藏器撰，尚志钧辑释：《本草拾遗》卷八《解纷》（一），合肥：安徽科学技术出版社，2002年，第381页。

⑥ ［美］劳费尔著，林筠因译：《中国伊朗编：中国对古代伊朗文明史的贡献》，北京：商务印书馆，1964年，第284页。

⑦ （唐）欧阳询撰，汪绍楹校：《艺文类聚》卷四十《礼部》，上海：上海古籍出版社，1965年，第732页。

⑧ （宋）李昉等撰：《太平御览》卷三五九《兵部》，北京：中华书局，1960年，第1651页。

2. 安息香

安息香为安息香科植物白花树［Styrax tonkinensis（Pierre） Craib ex Hart.］的干燥树脂，原产于叙利亚。

《圣经》之《出埃及记》中的一个敬神处方提到乳香、没药等近十种香料，其中就有安息香。多尔比因此将安息香划归为在宗教中使用的香料一类，并说“没有这些香料——乳香、没药、安息香和肉桂等——以色列人就不能敬请他们的天神。”①可见安息香地位之重要。多尔比又说：“（安息香）公元一世纪时传入印度之后进入中国。不过据说‘在进入中国前要经由好几个中间商，因此在这个过程中不可避免地使香味散失了很多’。”②很显然在这里多尔比把苏合香误认为是安息香了，因为据《梁书》卷五十四《诸夷列传》之“海南诸国”条载：“中天竺国，在大月支东南数千里，地方三万里，一名身毒。……其西与大秦、安息交市海中，多大秦珍物，珊瑚、琥珀、金碧珠玑、琅玕、郁金、苏合。苏合是合诸香汁煎之，非自然一物也。又云大秦人采苏合，先笮其汁以为香膏，乃卖其滓与诸国贾人，是以展转来达中国，不大香也。”③ 这里经中天竺国辗转运来的是苏合香，而非安息香。

据汉文文献记载，安息香在西汉武帝时就已经以惊精香或返魂香之名进入长安宫廷：

此香（安息香）出于聚窟洲人鸟山，山上多树，与枫树相似，而香闻数里，名为返魂树。亦能自作声，如群牛吼，闻之者心振神骇。伐其木根，于玉釜中煮取汁，更以微火熟煎之，如黑饴状，令可丸，名为惊精香，或名振灵丸，或名返生香，或名振檀香，或名却死香。一种六名，斯实灵物也。④

又因其由月氏人传入中国，故也被叫作（月氏）神香：

汉延和三年春，武帝幸安定。西胡月支国王，遣使献香四两，大如雀

---

① ［英］多尔比著，李蔚红、赵凤军、姜竹青译：《危险的味道：香料的历史》，天津：百花文艺出版社，2004 年，第 219～220 页。

② ［英］多尔比著，李蔚红、赵凤军、姜竹青译：《危险的味道：香料的历史》，天津：百花文艺出版社，2004 年，第 220 页。

③ （唐）姚思廉撰：《梁书》卷五十四《诸夷列传》，北京：中华书局，1973 年，第 797～798 页。

④ （宋）李昉等撰：《太平广记》卷四《月氏使者》，北京：中华书局，1961 年，第 28 页。

卵，黑如桑椹。帝以香非中国所乏。以付外库。……神香辟夭残之死疾。[①]

李珣在《海药本草》中引徐表《南州记》云：“（没药）是波斯松脂也。状如神香，赤黑色。”[②] 说没药与神香类似。《本草纲目·木部》卷三十四“没药”条引马志《开宝本草》曰：“没药生波斯国。其块大小不定，黑色，似安息香。”[③] 又说没药与安息香类似。所以神香与安息香乃同一物也。

再者，月氏神香在始元元年京城大疫时，曾发挥重要作用：

至始元元年，京城大疫，死者太半。帝取月支神香烧之于城内，其死未三日者皆活。香气经三月不歇。帝信神香，乃秘录余香。一旦，函检如故，而失神香也。[④]

据唐代医药学家们的记载，安息香确有祛鬼除邪之功效。段成式曰：“安息香树……波斯呼为辟邪。……烧之通神明，辟众恶。”[⑤] 萧炳的《四声本草》云：“烧之，去鬼来神。”[⑥]《新修本草》云：“主心腹恶气，鬼挂。”[⑦]《海药本草》曰：“妇人夜梦鬼交，同臭黄合为丸，烧熏丹穴，永断。”[⑧]

3. 迷迭香

迷迭香为唇形目唇形科，属植物迷迭香（Rosmarinus officinalis L.）的全草。

历史文献中关于迷迭香的记载很少，但在文人墨客的著作中，迷迭香却是“宠儿”。汉乐府中有“迷迭艾纳及都梁”[⑨] 的句子，《太平御览》里

---

① （宋）李昉等撰：《太平广记》卷四《月氏使者》，北京：中华书局，1961 年，第 27 ~ 28 页。

② （明）李时珍著：《本草纲目》，北京：人民卫生出版社，1982 年，第 1957 页。

③ （明）李时珍著：《本草纲目》，北京：人民卫生出版社，1982 年，第 1957 页。

④ （宋）李昉等撰：《太平广记》卷四《月氏使者》，北京：中华书局，1961 年，第 28 页。

⑤ （唐）段成式撰，方南生点校：《酉阳杂俎》，中华书局，1981 年，第 177 页。

⑥ （明）李时珍著：《本草纲目》，北京：人民卫生出版社，1982 年，第 1961 页。

⑦ （明）李时珍著：《本草纲目》，北京：人民卫生出版社，1982 年，第 1961 页。

⑧ （明）李时珍著：《本草纲目》，北京：人民卫生出版社，1982 年，第 1962 页。

⑨ （宋）郭茂倩撰：《乐府诗集》卷七十七《杂曲歌辞·乐府》，北京：中华书局，1979 年，第 1187 页。

亦收录了曹丕、曹植、王粲、应玚、陈琳等人的《迷迭香赋》[1]。可见，迷迭香最迟在汉末三国之际已移植中国。

4. 乳香

乳香为橄榄科植物卡氏乳香树（Baswellia carterii Birdw.）的胶树脂，又名薰陆香、乳头香。《梦溪笔谈·药议》载："薰陆，即乳香也。本名薰陆，以其滴下如乳头者，谓之乳头香；镕塌在地上者，谓之塌香。"[2] 原产于阿拉伯半岛南部著名的香料运输港佐法尔（Zafar，Dhufar）和非洲东海岸的索马里（这也可证明部分乳香当是从海路输入我国）。

乳香在西方有文字记载的历史中一开始就是敬神时的必备香料。希罗多德说："在同一巴比伦的神殿下手，还有另外一座圣堂；在这座圣堂里，安设着宙斯的一座巨大的黄金神像。……神殿之外有两座祭坛，其中一个是黄金的……另一个则是普通的较大的祭坛，……迦勒底人还在这个大祭坛上每年奉献一百塔兰特的乳香，用来为这位神举行祝祭。"[3] 布尔努瓦的《丝绸之路》亦载："在巴比伦时代的贝拉，在罗马富翁们所有的殡葬仪式中，在所有的基督教教堂里，在所有的清真寺里，在旧世界一切搞崇拜和宗教信仰的地方，都要点燃乳香，以示吉祥。"[4] 除此之外，西奥夫拉斯特斯则把乳香的功效描述成"属热"（因此常用作解毒剂），止血而且有苦味。[5]

根据目前掌握的史料，乳香最早以沉光香之名载于《汉武帝别国洞冥记》。但在正史中的记载则是在《三国志》裴注所引《魏略·西戎列传》中："大秦国，一号犁靬，在安息、条支西大海之西，……一微木、二苏合、狄提、迷迷、兜纳、白附子、薰陆、郁金、芸胶、薰草木十二种香。"[6] 嵇含《南方草木状》也提到："薰陆香出大秦。在海边，有大树，

---

① （唐）欧阳询撰，汪绍楹校：《艺文类聚》卷八十一《药香草部》，上海：上海古籍出版社，1965 年，第 1394～1395 页。又见（宋）李昉等：《太平御览》卷九八二《香部》，北京：中华书局，1960 年，第 4349～4350 页。

② （宋）沈括著，胡道静校证：《梦溪笔谈校证》卷二十六《药议》，上海：上海古籍出版社，1987 年，第 827 页。

③ ［古希腊］希罗多德著，王以铸译：《历史》（上），北京：商务印书馆，2005 年，第 91 页。

④ ［法］布尔努瓦著，耿昇译：《丝绸之路》，济南：山东画报出版社，2001 年，第 48 页。

⑤ ［英］多尔比著，李蔚红、赵凤军、姜竹青译：《危险的味道：香料的历史》，天津：百花文艺出版社，2004 年，第 184 页。

⑥ （晋）陈寿撰，（宋）裴松之注：《三国志》卷三十《魏书·乌丸鲜卑东夷传》，北京：中华书局，1982 年，第 860～861 页。

枝叶正如古松，生于沙中。盛夏，树胶流出沙上，方采之。”[①] 从考古发掘来看，我国使用乳香的历史似乎要比文字记载的早得多。1984 年在广州发掘属于南越国第二代君王文王赵眛的墓时，在墓的西耳室发掘出一个漆盒，内有树脂状药物，[②] 重 26 克，外形与 1794 年在泉州湾发掘出来的大型宋代沉船内发现的乳香类似，虽然其所含成分已经分解，但说明南越国从海路输入乳香是极有可能的。

5. 没药

没药为橄榄科没药树（Commiphora myrrha Engl.）或其他同属植物皮部渗出的油胶树脂，原产于索马里和阿拉伯西南部地区。

据多尔比所载，没药早在公元前 15 世纪的古埃及就已经赫赫有名了，并在公元前 6 世纪被希腊人所认识（称之为“没哈”或“没那”）。[③] 同时由于亚历山大的阿拉伯探险，西奥夫拉斯特斯知道了没药的原产地并进行了著述，他在讨论酒料时举的第一个例子就是没药。[④] 详细描述没药的还有普林尼的百科全书《自然史》（*Natural History*），里面不但提到了没药的采集时间和采集方法，还告诉我们如何区分没药的质量及其价格。[⑤] 没药在西方享有盛誉，还因它曾是东方三位圣贤送给犹太新生婴儿——耶稣的三件礼物之一。马可·波罗有幸在波斯找到了和这个传奇有关的新线索，据说这三件礼物分别是黄金、乳香和没药。赠送这三件礼物是为了验证这个先知是天神转世，还是国王或者医师。他们认为要是他收下黄金那他将成为国王；要是他收下乳香那他将是天神；如果他收下没药那么他将是一名医师。[⑥] 可见在此乳香是神的象征，黄金是皇权的象征，而没药则是祛邪除病的象征。没药在医学上的重要性，还体现在埃及人将它用于尸体的防腐上。希罗多德就曾记载，在制作木乃伊时，埃及人“用埃西欧匹亚石制成的锐利的刀，在侧腹上切一个口子，把内脏完全取出来，把腹部弄干

---

① （晋）嵇含撰，杨伟群校点：《南方草木状》卷中，《南越五主传及其它七种》，广州：广东人民出版社，1982 年，第 62 页。

② 广州市文物管理委员会、中国社会科学院考古研究所、广东省博物馆编：《西汉南越王墓》，北京：文物出版社，1991 年，第 141 页。

③ ［英］多尔比著，李蔚红、赵凤军、姜竹青译：《危险的味道：香料的历史》，天津：百花文艺出版社，2004 年，第 187 ~ 188 页。

④ ［英］多尔比著，李蔚红、赵凤军、姜竹青译：《危险的味道：香料的历史》，天津：百花文艺出版社，2004 年，第 189 页。

⑤ ［英］多尔比著，李蔚红、赵凤军、姜竹青译：《危险的味道：香料的历史》，天津：百花文艺出版社，2004 年，第 188 页。

⑥ ［英］多尔比著，李蔚红、赵凤军、姜竹青译：《危险的味道：香料的历史》，天津：百花文艺出版社，2004 年，第 186 页。

净，用椰子酒和捣碎的香料加以冲刷，然后再用捣碎的纯粹没药、桂皮以及乳香以外的其他香料填到里面去，再照原来的样子缝好”①。由此可见，在西方没药很早就被广泛应用于敬神祭祀、尸体防腐、制药、酿酒等领域。

没药在中国最早是以“精祇香”作为汉译名而著于汉文文献中的，东汉郭宪《汉武帝别国洞冥记》卷二云：“元封中，起方山像，招诸灵异，召东方朔言其秘奥。乃烧天下异香，有沉光香、精祇香、明庭香、金碑香、涂魂香，外国所供青楂之灯。”② 可见早在汉武帝元封年间（公元前110—公元前105年），没药已列入长安宫廷所收藏的名香之中。公元1世纪后没药被当作药物成批进入中国市场，东汉及三国时也被大量运入。

第三节　汉代岭南香料贸易活动

两汉岭南的土产香料在异国他乡被引进栽培，大量的异域香料也经由岭南输入中原，以至于中国岭南香料出现在西方的烹饪食谱上，而外国名香亦出现在中国的药物著作中。汉代，随着佛教的传入，岭南地区的香料贸易有了较快的发展，东汉时甚至与罗马帝国建立了直接的香料贸易联系。那么，在当时的历史背景和社会条件下，香料贸易的具体状况是怎样的？香料贸易的路线如何？又有哪些人在从事着这样的贸易？它究竟是以怎样的方式进行的呢？这些都是本节关注的主要问题。

一、汉代岭南香料贸易的路线

香料贸易路线的开通不是一蹴而就的，而是在漫长的历史时期内，由不同地区的沿海居民以印度为中心分东西两段进行的。首先开通的是我国岭南至印度的东段航线，接着开通了从罗马至印度的西段航线，从而实现了东西香料贸易的对接。东汉时期，罗马人乘船东来，终于完成了东西香料的直接贸易。

---

① ［古希腊］希罗多德著，王以铸译：《历史》（上），北京：商务印书馆，2005年，第145～146页。

② （汉）郭宪撰，王根林校点：《汉武帝别国洞冥记》卷二，《汉魏六朝笔记小说大观》，上海：上海古籍出版社，1999年，第128页。

（一）香料贸易路线的东段：岭南—中南半岛—印度

班固（公元32—92年）是第一个对汉代岭南对外贸易交通线进行记述和总结的中国学者。其在《汉书》第二十八卷《地理志》中详细记述了汉代岭南对外贸易的交通情况，这段记述也是正史中唯一一次出现的关于汉代岭南对外贸易交通线的记载：

自日南障塞、徐闻、合浦，船行可五月，有都元国；又船行可四月，有邑卢没国；又船行可二十余日，有谌离国；步行可十余日，有夫甘都卢国。自夫甘都卢国船行可二月余，有黄支国，民俗略与珠崖相类。其州广大，户口多，多异物，自武帝以来皆献见。有译长，属黄门，与应募者俱入海市明珠、璧流离、奇石、异物，赍黄金杂缯而往。所至国皆禀食为耦，蛮夷贾船，转送致之。亦利交易，剽杀人。又苦逢风波溺死，不者数年来还。大珠至围二寸以下。平帝元始中，王莽辅政，欲耀威德，厚遗黄支王，令遣使献生犀牛。自黄支船行可八月，到皮宗；船行可二月，到日南、象林界云。黄支之南，有已程不国，汉之译使自此还矣。[①]

史料中出现的地名是考察这段交通线的关键。当时的出海港，日南即今越南岘港，徐闻即今广东徐闻，合浦即今广西合浦。对于域外的地名，中外诸多学者都做过仔细的反复考证，其观点可谓见仁见智。现将主要观点列举如下：

都元国：藤田丰八[②]主张在马来半岛或苏门答腊岛之附近；岑仲勉[③]、周连宽[④]主张在马来半岛东北海岸克拉地峡北部的 Htayan；劳干主张在菲律宾；许云樵[⑤]主张在婆罗洲；韩振华[⑥]、朱杰勤[⑦]主张在越南南圻的东缘

---

① （汉）班固撰，（唐）颜师古注：《汉书》卷二十八《地理志》，北京：中华书局，1962年，第1671页。

② ［日］藤田丰八著，何健民译：《前汉时代西南海上交通之记录》，《中国南海古代交通丛考》，北京：商务印书馆，1936年，第83～117页。

③ 岑仲勉：《西汉对南洋的海道交通》，《中山大学学报》（社会科学版）1959年第4期。

④ 周连宽：《汉使航程问题——评岑韩二氏的论文》，《中山大学学报》（哲学社会科学版）1964年第3期。

⑤ 许云樵：《古代南海航程中的地峡与地极》，（新加坡）《南洋学报》1948年第5卷第2辑。

⑥ 韩振华：《公元前二世纪至公元一世纪间中国与印度东南亚的海上交通——汉书地理志粤地条末段考释》，《厦门大学学报》（社会科学版）1957年第2期。

⑦ 朱杰勤：《汉代中国东南亚和南亚海上交通路线初探》，《海交史研究》1983年第3期。

海滨；章巽[1]主张在苏门答腊岛西北八昔河（Pasei）附近。

邑卢没国：藤田丰八、章巽主张在缅甸南部勃固（Pegu）附近；许云樵、韩振华、朱杰勤主张在泰国华富里（Lophburl）；岑仲勉主张在苏门答腊北端之蓝无里；周连宽主张在爪哇北之 Krabang 岬；张星烺[2]认为邑卢没为色卢之误，因考今印度马拉巴尔（Malabar）沿岸古商港之 Patana；劳干主张在婆罗洲境内，即今之加里曼丹。

谌离国：藤田丰八、章巽主张为唐代之骠国悉利城，今缅甸蒲甘附近之 Sillah；许云樵、朱杰勤主张为梁代称之顿逊，今缅甸南端之地那悉林；岑仲勉主张为今缅甸仰光附近的沙廉；张星烺主张为印度西南海岸的夏离耶威（Shaliyat）；韩振华主张在泰国佛统（Prathom）。

夫甘都卢国：藤田丰八、费琅[3]、章巽等均认为是缅甸的旧蒲甘（Pugan，Pagan）城，其遗址在今伊洛瓦底江左岸；岑仲勉认为是缅甸的蒲甘城；周连宽认为在爪哇岛 Kediri 地区。

黄支国：藤田丰八、费琅、伯希和、冯承钧[4]、张星烺、岑仲勉、许云樵、苏继庼[5]、韩振华等大部分学者都认为是唐时的建志补罗（Kancipuram），即今南印度东海岸的康契普腊姆（Conjervaram）。仅有极少数不同观点，如劳干认为在苏门答腊或爪哇，周连宽认为在苏门答腊岛西北部。

皮宗：藤田丰八、费琅、章巽、岑仲勉、韩振华认为是今马来西南岸的蒲牢皮散岛（Pulau Pisang）；许云樵认为是马来半岛东部的柔佛或甘蔗岛；朱杰勤、周连宽认为是越南南部的平山或小岛 Panjang。

已程不国：藤田丰八考证为印度半岛之科脱伦基哈尔；周连宽认为在 Sipora 群岛；张星烺理解为今之非洲的埃塞俄比亚；苏继庼考证为师子国，即今之斯里兰卡，大部分学者也都倾向于是今斯里兰卡。

综上我们可以清晰地看出：①对于这条路线的终点站——“黄支国”以及位于其南部的“已程不国”究竟相当于今天的什么地方，史学界有比较一致的看法，即“黄支国”就是位于今南印度东海岸的康契普腊姆，

---

① 章巽：《我国古代的海上交通》，北京：商务印书馆，1986 年，第 18 ~ 19 页。

② 张星烺编注，朱杰勤校订：《中西交通史料汇编》（第六册），北京：中华书局，1979 年，第 20 ~ 21 页。

③ ［法］费琅著，冯承钧译：《昆仑及南海古代航行考》，北京：中华书局，1957 年，第 56 ~ 58 页。

④ 冯承钧：《中国南洋交通史》，上海：上海古籍出版社，2005 年，第 2 页。

⑤ 苏继庼：《汉书地理志已程不国即锡兰说》，（新加坡）《南洋学报》1948 年第 5 卷第 2 辑。

“已程不国”就是今斯里兰卡。②当时的船只到底有没有绕道马六甲海峡在史学界还存在比较大的争议。但不管有没有绕道马六甲海峡，在汉代，我国已从岭南出发由海路经东南亚航行到达印度南部是确信无疑的，这即是香料贸易的东段航线。

（二）香料贸易路线的西段：红海—印度洋—印度

香料贸易路线西段的沿海航线经过罗马人、希腊人、埃及人、阿拉伯人、且兰人、安息人、印度人等的分段开辟早就已经贯通。但受各地的地方性贸易保护主义阻挠，这条路线的贸易发展缓慢。直到公元1世纪，一个偶然事件使得由红海出发经印度洋远洋航海至斯里兰卡的直接联系得以建立。据普林尼《自然史》的记载，在克劳狄一世（Tiberius Claudius Drusus Nero Germanicus）在位期间（公元41—54年），有一位叫普洛卡姆斯的收税官负责红海税务，他曾派遣一位名叫布勃里乌斯（Publics）的获得自由的奴隶赴红海负责照料他在该地区的利益，这位代理人在“香料之角”瓜达富伊角（Cape Guardafui）被劲风卷走，在汪洋大海中漂流了十五个昼夜之后，又在斯里兰卡的港口伊布鲁斯（Hippuros）翻船。他在此地滞留了六个月的时间，受到当地国王的殷勤款待，并学会了当地居民的语言。他向这位国王介绍了罗马的情况，致使国王对罗马政府廉洁奉公的作风钦佩不已，① 并决定与罗马结盟。国王派出四位使节出使罗马，首领是拉奇亚斯（Rachias）。在大约与此同时或稍后的公元47年，希腊水手希帕鲁斯（Hippalus）利用海洋季风，渡过印度洋到达印度西海岸。这是欧洲人首次发现印度洋上极有规则的定期西南风（Monsoon），后来人们便称这种季风为“希帕鲁斯风”②。从此，罗马商人开始利用季风大力拓展其与东方的商贸活动。每年八月份，印度洋上刮西风和西南风，船只顺风东行，十月可到达印度。到第二年四月，印度洋面是东北风、东风、东南风，满载东方货物的船只向西返回。“西方商人在红海和印度洋之间来来往往，熙熙攘攘，热闹非凡。”③ 海路贸易迅速增长，一度造成罗马市场上东方丝

---

① 据说是锡兰国王对从沉船中打捞出来的钱币做了鉴定，发现每枚钱币的重量都相等，尽管这些钱币上的图案说明它们是由不同的君主所铸造。见［法］布尔努瓦著，耿昇译：《丝绸之路》，济南：山东画报出版社，2001年，第42页。

② 实际上印度人和阿拉伯海员早已掌握了季风的规律，希帕鲁斯可能是从阿拉伯人那里学习到关于季风的知识，但是经他介绍才对罗马人的海上贸易起到了极大的推动作用。见［印度］R. 塔帕尔著，林太译：《印度古代文明》，杭州：浙江人民出版社，1990年，第104页。

③ ［法］布尔努瓦著，耿昇译：《丝绸之路》，济南：山东画报出版社，2001年，第42页。

绸和香料等物品价格的下跌。

（三）香料贸易路线的初步形成：地中海—印度洋—岭南

罗马商人发现印度洋航道后，继续东进，很快就发现盛产黄金的印度尼西亚。《厄立特里亚海航行记》记载：

经过印度东海岸之后，如果直向东驶，那么右边就是大洋。若再沿着以下地区前进，并让这些地区始终在自己左边，那就可以到达恒河及其附近的一片地区——金洲，这是沿途所经各地中最东部的地方。恒河是印度所有江河中最大的一条，其潮汐涨落的情况与尼罗河相同。恒河之滨也有一个同样称为“恒伽”的市场，香叶、恒河甘松茅、固着丝以及号称为恒河麻布的优良麻织品等，都在那里转口。据说这些地区还有金矿以及一种称为“卡尔蒂斯”（Kallis）的金币。河口附近有一个海岛，这是东部一带有人居住地区的边际，正当旭日升起的地方，名叫金洲。在厄立特里亚海的所有地区中，这里是出产最优质玳瑁的地方。①

戈岱司（George Coedes）在《希腊拉丁作家远东古文献辑录·导论》中指出，文中的“金洲”无疑就是印度文献中的 Suvarnahumi 之意译，它指的至少是孟加拉海湾东部沿岸地区的一部分；鉴于“金洲”的方位，它只能是印度尼西亚群岛中的一个岛屿或马来半岛本身。②

在公元 2 世纪前期，罗马人已经到达位于中南半岛的缅甸，并转乘缅甸的进贡船来到东汉的都城洛阳。据《后汉书·南蛮西南夷列传》记载：“永宁元年（公元 120 年），掸国王雍由调复遣使者诣阙朝贺，献乐及幻人，能变化吐火，自支解，易牛马头，又善跳丸，数乃至千。自言我海西人。海西即大秦也，掸国西南通大秦。”③ 掸国在今缅甸北部，这是文献上所见的最早浮海来到中国的欧洲人。在此基础上，公元 166 年，罗马人终于将过去漫长历史时期内由各地区人民分段航行的海上交通线联结了起来。《后汉书·西域传》记载：“至桓帝延熹九年（公元 166 年），大秦王安敦［即马可·奥勒留·安敦尼（Marcus Aurelius Antoninus），公元 161—

---

① ［法］戈岱司编，耿昇译：《希腊拉丁作家远东古文献辑录》，北京：中华书局，1987 年，第 17 ~ 18 页。

② ［法］戈岱司编，耿昇译：《希腊拉丁作家远东古文献辑录·导论》，北京：中华书局，1987 年，第 17 页。

③ （南朝宋）范晔撰，（唐）李贤等注：《后汉书》卷八十六《南蛮西南夷列传》，北京：中华书局，1965 年，第 2851 页。

180 年在位］遣使自日南徼外献象牙、犀角、玳瑁，始乃一通焉。”① 虽由于“其所表贡，并无珍异”，立刻引起史学家的猜疑是“传者过焉”②，但后来在西方文献中也没有看到与此次出使相关的记载，所以不少学者认为这很可能是在印度或叙利亚的罗马商人冒充帝国使者，寻求与汉的直接贸易。但不管是不是官方的出使，史料证明罗马人的商船的确已经直航至中国。这展示出了中西之间海上交通贸易的广阔前景，也标志着香料贸易东西线路的初步形成。

二、汉代岭南香料贸易的中转站及中转商

“胡行从何方，列国持何来，氍毹毾㲪五木香，迷迭艾纳及都梁。”③这首汉乐府形象地描绘了以康居人、月氏人、大夏人、安息人等为代表的穿行于列国之间从事中转贸易的西域胡商形象。他们的骆驼队驮载着产于异域的毛布（氍毹毾㲪）和各种香料（五木香、迷迭、艾纳、都梁），千里迢迢地奔来中土，为古代中西贸易立下了汗马功劳。那么汉代岭南的对外香料贸易又是怎样一种情况呢？根据《汉书·地理志》“所至国皆禀食为耦”及“蛮夷贾船转送致之”的记载，可知其也是以一种中转贸易为主的方式进行的。究其原因，主要有二：①由于汉代的航海技术和帆船的承载量都存在着很大的局限性，再加上路途遥远，海上对外贸易船只只得沿海岸线不远处航行，这样既不至于迷失方向又可以沿途登岸增加补给。②航海有“剽杀人”及“风波溺死”的巨大风险，这就决定了当时的贸易需要多个国家商人及水手共同努力方能完成。这样，香料贸易沿线就形成了一些供商船停靠的中转站，以及从事中转贸易的中转商。终两汉之世，在南中国海、中南半岛、孟加拉湾、波斯湾、阿拉伯海、红海、地中海等香料贸易沿线和各大商业贸易港口活动着各国各族人民，如越人、昆仑人、印度人、波斯人、阿拉伯人、埃及人、罗马人、希腊人等，他们分段从事近海或远洋的海路中转贸易。

（一）岭南与越人

岭南是汉代香料贸易东段的起点，自然环境优越，濒临南海，是中原

① （南朝宋）范晔撰，（唐）李贤等注：《后汉书》卷八十八《西域传》，北京：中华书局，1965 年，第 2920 页。

② （南朝宋）范晔撰，（唐）李贤等注：《后汉书》卷八十八《西域传》，北京：中华书局，1965 年，第 2920 页。

③ （宋）郭茂倩撰：《乐府诗集》卷七十七《杂曲歌辞·乐府》，北京：中华书局，1979 年，第 1187 页。

通向东南亚的必经之道，且与南亚各国毗邻，所以外贸活动频繁。岭南背靠中原腹地，一方面偏安一隅可以避免战乱，另一方面物产丰富，是中原王朝统治阶级搜罗奇珍异宝的重要对象之一。秦始皇南征百越，目的之一就是“利越之犀角、象齿、翡翠、珠玑”[①]。正如吕思勉先生所评论的：“西域、南海，皆异物之所自来也，而贸迁往来，水便于陆，故南琛之至尤早。《史记·货殖列传》言番禺为珠玑、犀、玳瑁、果、布之凑，此语必非指汉时，可见陆梁之地未开，蛮夷贾船，已有来至交、广者矣。”[②]早在汉代以前，交趾地区的对外贸易就已经发展起来了。汉初，在南越国的统治之下，岭南的民间对外贸易更加频繁。如赵佗曾上书汉文帝，提到一些贡品，“谨北面因使者献白璧一双，翠鸟千，犀角十，紫贝五百，桂蠹一器，生翠四十双，孔雀二双。昧死再拜，以闻皇帝陛下”[③]。其中的玉石、孔雀、犀角等珍物都不是岭南的土产，而是舶来之物。20世纪50年代以来，岭南地区相继发现了一批汉代的遗址、遗物，其中亦有不少舶来品，如南越文帝陵出土的镂孔熏炉、象牙、乳香、圆形银盒和金花泡饰等。[④]随着对外贸易的发展，岭南沿海地区出现了如番禺、徐闻等一些规模较大的城市及对外贸易港口。《史记·货殖列传》写道：“九疑、苍梧以南至儋耳者，与江南大同俗，而杨越多焉。番禺亦其一都会也。”[⑤]《汉书·地理志》亦载：“（粤地）近处海，多犀、象、毒冒、珠玑、银、铜、果、布之凑，中国往商贾者多取富焉。番禺，其一都会也。”[⑥]番禺在当时已是都会城市。《汉书·地理志》还记载：“自合浦徐闻南入海，得大州，东西南北方千里，武帝元封元年略以为儋耳、珠崖郡。民皆服布如单被，穿中央为贯头。男子耕农，种禾稻纻麻，女子桑蚕织绩。”[⑦]《元和郡县图志》

---

① 何宁撰：《淮南子集释》卷十八《人间训》，北京：中华书局，1998年，第1289页。

② 吕思勉：《吕思勉读史札记》（上）《官南方者之贪》，上海：上海古籍出版社，1982年，第525页。

③（汉）班固撰，（唐）颜师古注：《汉书》卷九十五《西南夷两粤朝鲜传》，北京：中华书局，1962年，第3852页。

④ 广州市文化局编：《广州秦汉考古三大发现》，广州：广州出版社，1999年，第118页。

⑤（汉）司马迁撰，（宋）裴骃集解：《史记》卷一百二十九《货殖列传》，北京：中华书局，1982年，第3268页。

⑥（汉）班固撰，（唐）颜师古注：《汉书》卷二十八《地理志》，北京：中华书局，1962年，第1670页。

⑦（汉）班固撰，（唐）颜师古注：《汉书》卷二十八《地理志》，北京：中华书局，1962年，第1670页。

云："徐闻县，本汉旧县，属合浦郡。其县与南崖州澄迈县对岸，相去约一百里。汉置左右候官，在县南七里，积货物于此，备其所求，与交易有利，故谚曰：'欲拔贫，诣徐闻。'"① 意思是你想要摆脱贫困，就来徐闻。可见当时徐闻贸易繁荣之景象。

越人是岭南地区的本土居民，以擅长舟楫著称。《淮南子·原道训》载："九疑之南，陆事寡而水事众。于是民人被发文身，以像鳞虫，短绻不绔，以便涉游，短袂攘卷，以便刺舟，因之也。"② 西汉淮南王刘安上书汉武帝时亦说越人的特长是"习于水斗，便于行舟"③，这些都反映出古越族善于驾舟航行。由于岭南地区负山临海，水陆交通便利，再加上擅长舟楫，岭南越人便担当了最早开发我国南海海上对外贸易的先锋。武帝平定岭南后，招募商人和水手带着黄金和丝绸从中国出发向南求购珍珠、绿玉、宝石以及南海周围的其他奇珍异宝。《汉书·地理志》所载官方对外贸易中的"应募者"，很大一部分应该是当地越人中从事过对外贸易的有丰富经验的商人和水手。汉末三国时期，东吴亦曾多次派庞大船队出海访问。据史料记载，在黄武五年（公元226年）至黄龙三年（公元231年）之间，大将吕岱曾遣中郎康泰、宣化从事朱应统率船队出使，抵达东南亚的扶南、林邑等地，并在扶南及其周围国家游历考察多年。④ 归国后，他们将所见所闻整理成书。史载："及吴孙权时，遣宣化从事朱应、中郎康泰通焉。其所经及传闻，则有百数十国，因立记传。"⑤ 康泰写成《吴时外国传》，朱应写成《扶南异物志》，为历朝正史的"扶南传"提供了资料。康泰、朱应的出使，是我国第一次有文字记载的派遣专使到南海诸国访问，反映了孙吴政权致力于发展海外交通贸易的意图，亦是岭南地区与东南亚海上经济和贸易联络的证明。

（二）中南半岛与昆仑人

中南半岛是汉代岭南沿海路西去贸易的必经之路。《汉书·地理志》

---

① （唐）李吉甫撰，贺次君点校：《元和郡县图志》（下）《元和郡县图志阙卷逸文卷三·岭南道》，北京：中华书局，1983年，第1087页。

② 何宁撰：《淮南子集释》卷一《原道训》，北京：中华书局，1998年，第38～39页。

③ （汉）班固撰，（唐）颜师古注：《汉书》卷六十四《严朱吾丘主父徐严终王贾传》，北京：中华书局，1962年，第2778页。

④ 详见（晋）陈寿撰，（宋）裴松之注：《三国志》卷六十《吴书·贺全吕周钟离传》，北京：中华书局，1982年，第1385页；（唐）姚思廉撰：《梁书》卷五十四《诸夷列传》，北京：中华书局，1973年，第783页。

⑤ （唐）姚思廉撰：《梁书》卷五十四《诸夷列传》，北京：中华书局，1973年，第783页。

里提到的地理名称，虽经多家考证亦无法确定其具体位置，但无疑很多地名都位于中南半岛。而且其中较大的中转贸易港口亦早就为西方人所知，托勒密（Ptolemy）的《地理志》（*Geography*）载："不只有一条路从那里途经石塔前往大夏，而且还有一条从该地取道华氏城而通往印度的路。这些人进一步补充说，从秦奈首都到卡蒂加拉（Kattigara）港口的路是向西南方走的。"[①] 据李希霍芬的考证，引文中的"卡蒂加拉"港口在红河入口处附近，即今河内之城郊。[②] 据史料记载，当时在中南半岛上扶南国兴起，并开始控制湄公河三角洲的贸易。在这些港口，不但有来自印度和中国的商人，而且还有来自萨珊波斯帝国的一些水手。扶南商人运载着来自印度、中东、非洲和地中海的商品，如乳香、没药、树脂以及用以制造香水和薰香的其他材料，前往中国交换丝绸。这在考古发掘中进一步得到了证明。20 世纪 40 年代，在湄公河三角洲南端的奥佑（Oc Eo）地区发现了一座年代大约在 1—4 世纪，属于扶南"印度化"时代的海港城市遗址，即今之所谓"奥佑遗址"[③] 或"沃奥遗址"[④]。经法国远东学院考古学家刘易斯·马尔勒雷（L. Malleret）的大规模考古发掘，发现了许多与罗马东方贸易有关的文物，包括安东尼王朝时的罗马金币、罗马印章和护符（货牌）、罗马多面金珠、罗马玻璃珠及玻璃残片。这些文物是当时商业活动的见证。其中，同样的多面金珠和玻璃珠等在我国岭南的汉墓中也发现不少，这些物品很可能就是经由奥佑运抵我国岭南的。这说明奥佑在当时是中西海上贸易的一个中转站，在罗马、印度、东南亚到中国的海上贸易链条中占有重要地位。[⑤]

昆仑人是东南亚诸岛上的土著居民，善于航海。中国商船尚未进入印度洋时，他们承担了中国与北印度洋诸国及地区以及更远的国家和民族间

---

① ［法］戈岱司编，耿昇译：《希腊拉丁作家远东古文献辑录》，北京：中华书局，1987 年，第 30 页。

② ［法］戈岱司编，耿昇译：《希腊拉丁作家远东古文献辑录·导论》，北京：中华书局，1987 年，第 23 页。

③ ［美］戴尔·布朗主编，王同宽译：《东南亚：重新找回的历史》，南宁：广西人民出版社，2002 年，第 94 ~ 95 页；谢崇安：《雨林中的国度：追踪东南亚古代文明》，重庆：重庆出版社，2001 年，第 145 ~ 154 页；李庆新：《海上丝绸之路》，北京：五洲传播出版社，2006 年，第 24 页；李庆新：《从考古发现看秦汉六朝时期的岭南与南海交通》，《史学月刊》2006 年第 10 期。

④ 林梅村：《丝绸之路考古十五讲》，北京：北京大学出版社，2006 年，第 149 页。

⑤ ［美］戴尔·布朗主编，王同宽译：《东南亚：重新找回的历史》，南宁：广西人民出版社，2002 年，第 94 ~ 95 页；谢崇安：《雨林中的国度：追踪东南亚古代文明》，重庆：重庆出版社，2001 年，第 145 ~ 154 页。

贸易联系的任务。有证据表明，他们还将中国的肉桂传播到了非洲和欧洲。普林尼在反驳希罗多德关于肉桂产于阿拉伯时曾说：

这些古老的故事是阿拉伯人为了抬高他们货物的价格而故意编造的……其实肉桂生长在埃塞俄比亚，他们通过联姻和洞穴人有了联系。这些人从邻居那里购买到肉桂然后用木筏运到海外去出售，这些木筏既没有舵也没有桨而且没有帆——其实根本没有任何动力只靠人和他们的勇气……他们说来回要用五年时间。①

关于文中的“洞穴人”，据多尔比考证：

普林尼的回答和希腊地理学家托勒密一样：居住在印度洋远东海岸的人，也叫“洞穴人”。和托勒密不同的是普林尼为了追求对称性将另一边的内陆人称作“埃塞俄比亚人”，就像非洲内陆人也被称作“埃塞俄比亚人”一样。换句话说，普林尼知道肉桂产自亚洲东南部而后一路越过印度洋传到了西方，但是他把这些地理名字搞混淆了。②

可知，此处普林尼的“洞穴人”也好，托勒密的“埃塞俄比亚人”也好，指的都不是今天非洲东北部的人民，而是亚洲东南部印度尼西亚的土著居民“昆仑人”。公元1世纪的梅拉（P. Mela）在其《地方志》里说：

华氏城（Palibothri）占据着从印度河到恒河之间的地区。从恒河到琐里，除了某些因炎热而无法居住的地区之外，到处都是一些黑人，和埃塞俄比亚人颇为相似。从琐里到塔穆斯（Tamus），海岸线笔直，由一些胆怯的民族所居住，大海为这些民族慷慨地提供了丰富的财宝。③

从梅拉的描述中，我们似乎可以断定普林尼和托勒密之所以会混淆地名是因为印度尼西亚的土著人也是黑人，且“和埃塞俄比亚人颇为相似”。其实，汉文文献早就有了关于马来半岛黑人的记载。杨孚的《异物志》就为我们描述了一种“瓮人”，说他们“齿及目甚鲜白，面体异黑若漆，皆光泽。为奴婢，强劳力”④。在近些年来发掘的广州汉墓中，也出土了一种

① ［英］多尔比著，李蔚红、赵凤军、姜竹青译：《危险的味道：香料的历史》，天津：百花文艺出版社，2004年，第51页。

② ［英］多尔比著，李蔚红、赵凤军、姜竹青译：《危险的味道：香料的历史》，天津：百花文艺出版社，2004年，第52页。

③ ［法］戈岱司编，耿昇译：《希腊拉丁作家远东古文献辑录》，北京：中华书局，1987年，第9页。

④ （汉）杨孚撰，杨伟群校点：《异物志》卷二，《南越五主传及其它七种》，广州：广东人民出版社，1982年，第38页。

托灯的陶塑俑和侍俑。[①] 据考证，这种陶制人俑的“形象有异于汉族人民，亦不同于一般的侍俑，而是黑奴俑”[②]。我们知道，在汉代，我国与非洲并无直接的往来，自然不太可能有很多非洲黑人来中国做奴婢，所以这些黑人很可能就是来自印度尼西亚的土著黑人。由此推测，当时岭南地区昆仑人的数量不在少数，除了从事中转贸易外，还有一些昆仑人被卖为奴隶。

（三）印度与印度人

多尔比说：“（印度海洋交通线）连接着东方香料和西方市场，也连接着阿拉伯香料生产商和他们的东方客户。”[③] 而印度就坐落在这东西海上香料贸易的中心线上。当时，西方各国经海路东来的终点是印度，中国寻海道西去的终点也是印度。印度接待了来自东西方各国的过往商船，《厄立特里亚海航行记》说“塞里斯国”（即中国）的丝绸在印度港口装船，同时装船的还有同是来自中国的皮货、胡椒、桂皮、香料、金属、染料和医药产品。[④]《后汉书·西域传》云：“（天竺国）土出象、犀、玳瑁、金、银、铜、铁、铅、锡，西与大秦通，有大秦珍物。”[⑤] 可见，印度的枢纽地位早就已为人们所知。

20 世纪 30 年代，法国考古学家帕塔比拉明（P. Z. Pattabiramin）在康契普腊姆附近发现了一处属于古罗马时代的海港遗址，即阿里卡梅杜（Ariamedu）遗址。1945 年，英国考古学家惠勒（M. Wheeler）和印度考古学家对该遗址进行大规模发掘，发现了由罗马人、叙利亚人、埃及人等经营的货栈商行和染制木棉的染坑，并从中发掘出 20 件带纪年铭文的陶器，铭文用婆罗谜文拼写的泰米尔语写成，年代约在公元前 2 世纪至公元 1 世纪。其他出土文物有希腊的安佛拉式罐、罗马的阿雷蒂内式陶器、玻璃器、绿釉陶片、钱币、印度中部或南部各地的香料、宝石、珍珠和薄棉轻纱。[⑥] 这些考古发掘进一步证明，在公元前 2 世纪至公元 1 世纪，位于

---

① 广州市文物管理委员会、广州市博物馆编：《广州汉墓》（上），北京：文物出版社，1981 年，第 478 页。

② 胡肇椿、张维持：《广州出土的汉代黑奴俑》，《中山大学学报》（社会科学版）1961 年第 2 期。

③ ［英］多尔比著，李蔚红、赵凤军、姜竹青译：《危险的味道：香料的历史》，天津：百花文艺出版社，2004 年，第 128 页。

④ ［法］布尔努瓦著，耿昇译：《丝绸之路》，济南：山东画报出版社，2001 年，第 45 页。

⑤ （南朝宋）范晔撰，（唐）李贤等注：《后汉书》卷八十八《西域传》，北京：中华书局，1965 年，第 2921 页。

⑥ 林梅村：《丝绸之路考古十五讲》，北京：北京大学出版社，2006 年，第 147 页。

印度东海岸的阿里卡梅杜是罗马在东方贸易的重要中心之一。

印度除了是东西方香料贸易的交通枢纽外，其自身还是生产和出口香料的大户，据《后汉书·西域传》记载："（天竺国）有细布、好毾㲪、诸香、石蜜、胡椒、姜、黑盐。"[①] 据多尔比的考证，印度次大陆上好几座城市既是香料的原产地又是香料贸易的港口，如位于印度西海岸的三大著名港口——马累（Male）出产胡椒，卡里安（Kalliana）生产檀香木，而辛度（Sinda）则盛产桂皮、广木香和甘松。[②]

印度人的商业活动十分活跃，向东与我国的汉朝建立了直接的外交联系。《汉书·平帝纪》载："（元始）二年春，黄支国献犀牛。"[③]《后汉书·西域传》云："和帝时，（天竺国）数遣使贡献，后西域反畔，乃绝。至桓帝延熹二年、四年，频从日南徼外来献。"[④]《洛阳伽蓝记》卷三记曰："白象者，永平二年乾陀罗国胡王所献。背设五彩屏风，七宝坐床，容数人，真是异物。"[⑤]《华阳国志·南中志》记："孝明帝永平二年，哀牢抑狼遣子奉献。明帝乃至郡，以蜀郑纯为太守。……有闽濮、鸠僚、僄越、裸濮、身毒之民。"[⑥] 向西抵达了阿拉伯半岛南部沿海，甚至参与到红海沿岸的贸易中，《丝绸之路》里说道：

> 印度西部与阿拉伯海岸之间的贸易关系，也具有非常悠久的历史。印度航海者把他们的商品一直运到红海海口后，就转到了红海沿岸民族的掮客手里，其中一部分通过陆路，另一部分通过海路而到达终点——地中海地区，如埃及海岸边的亚历山大港，阿拉伯海岸的加沙和皮特拉。[⑦]

谨慎的阿拉伯人不得不采取措施来保护自己与东方贸易的过境权。布

---

① （南朝宋）范晔撰，（唐）李贤等注：《后汉书》卷八十八《西域传》，北京：中华书局，1965年，第2921页。

② ［英］多尔比著，李蔚红、赵凤军、姜竹青译：《危险的味道：香料的历史》，天津：百花文艺出版社，2004年，第128页。

③ （汉）班固撰，（唐）颜师古注：《汉书》卷十二《平帝纪》，北京：中华书局，1962年，第352页。

④ （南朝宋）范晔撰，（唐）李贤等注：《后汉书》卷八十八《西域传》，北京：中华书局，1965年，第2922页。

⑤ （北魏）杨衒之撰，周振甫释译：《洛阳伽蓝记》卷三《城南》，北京：学苑出版社，2001年，第102页。

⑥ （晋）常璩著，任乃强校注：《华阳国志》卷四《南中志》，上海：上海古籍出版社，1987年，第285页。

⑦ ［法］布尔努瓦著，耿昇译：《丝绸之路》，济南：山东画报出版社，2001年，第40页。

尔努瓦在书中说，阿拉伯人为了阻止印度船员越过曼德海峡，不给他们提供食物和水，不让他们上岸补充生活必需品和进行贸易，或者对其商品征收固定的商品过境税。①

(四) 波斯湾与安息人

安息国（公元前248—公元226年）存在的时间大致与我国汉代相当，其特殊的地理位置决定了它较早地参与到中国通往西方的陆上丝绸之路的贸易中。《后汉书·西域传》里记载了公元97年甘英出使罗马帝国的情况：

和帝永元九年，都护班超遣甘英使大秦，抵条支。临大海欲度，而安息西界船人谓英曰："海水广大，往来者逢善风三月乃得度，若遇迟风，亦有二岁者，故入海人皆赍三岁粮。海中善使人思土恋慕，数有死亡者。"英闻之乃止。②

对此段记载，有学者认为是安息人为了垄断沟通中西的中介贸易故意夸大危险，令甘英退缩。安息人对商路的垄断，在汉文文献中有明确记载，如《后汉书》曰："其王常欲通使于汉。而安息欲以汉缯彩与之交市，故遮阂不得自达。"③《三国志》亦载："（大秦国）常欲通使于中国，而安息图其利，不能得过。"④

因此，罗马人在东方珍宝奇货的诱惑下不惜通过发动长期的战争来摆脱安息人的阻挠。由于没有取得效果，罗马人转而开拓与东方的海上贸易。但有证据表明安息国不仅是东西陆上丝绸之路的必经之道，而且自古善贾的安息人在海上咽喉的波斯湾也长期居于优势地位。《后汉书·西域传》说，大秦"与安息、天竺交市于海中，利有十倍"⑤。白佐良（Giuliano Bertuccioli）和马西尼（Federico Masini）就在书中感慨："罗马和中国之间的贸易，虽然使罗马变得日渐贫困，但这并不是说中国就变得富有了，真正富的是中间地区的安息帝国，他们借助地理位置，控制了交

---

① ［法］布尔努瓦著，耿昇译：《丝绸之路》，济南：山东画报出版社，2001年，第40页。

② （南朝宋）范晔撰，（唐）李贤等注：《后汉书》卷八十八《西域传》，北京：中华书局，1965年，第2918页。

③ （南朝宋）范晔撰，（唐）李贤等注：《后汉书》卷八十八《西域传》，北京：中华书局，1965年，第2919~2920页。

④ （晋）陈寿撰，（宋）裴松之注：《三国志》卷三十《魏书·乌丸鲜卑东夷传》，北京：中华书局，1982年，第861页。

⑤ （南朝宋）范晔撰，（唐）李贤等注：《后汉书》卷八十八《西域传》，北京：中华书局，1965年，第2919页。

通要道，对过境的两个帝国的商品征收巨额的关税。”①

（五）阿拉伯海与阿拉伯人

阿拉伯地区盛产香料。希罗多德曾经赞叹：“整个阿拉伯，都散发着极其美妙的芳香。”② 特别是阿拉伯半岛南部，其“香岸”（Shihr Luban）的美称因经由也门和阿曼港口的东方贸易日渐繁荣而远播海外。最早运到中国的阿拉伯香料、香脂，都有一个能体现其奇特性能和国名的专名。《汉武帝别国洞冥记》记载了汉武帝元封年间（公元前110—公元前105年）焚烧天下异香，其中就提到沉光香（乳香）与涂魂香（返魂香、苏合香）。③ 沉光香即乳香，据说出于涂魂国。涂魂国的对音是南阿拉伯著名的香料运输港佐法尔，它是海达拉毛的乳香贸易中心。④《厄立特里亚海航行记》记载说：这个港口船只拥挤不堪，船主和阿拉伯船员等所有的人都忙于做买卖。⑤ 涂魂香则因其被传为起死回生的灵药而得名，后来又知道它的产地在席赫尔（al-Shihr），古译“苏合”，因此也叫苏合香。公元3世纪的《广志》已知苏合香：“出大秦国，或云苏合国。”⑥

阿拉伯人有可能是最早掌握海洋性季风气候特点的民族。希腊拉丁语的“季风”（Monsoon）一词就来自阿拉伯语“季节”（Mauzim），这证明阿拉伯人早就了解了季风。⑦ 当夏季印度洋刮起西南风时，他们的商船就从阿拉伯海和也门沿岸港口起航顺风东行，前往西印度港口和印度南部沿岸，与从东方而来的中国商人会合，从那里获得中国和印度的商品，并向他们出售阿拉伯半岛出产的黄金、香料、乳香、珍珠等。有证据表明，阿拉伯人在公元前3世纪至公元1、2世纪时，在香料贸易西段的红海航海贸易活动中充当着重要的角色。阿里·本·易卜拉欣·哈米德·阿班概括说：

我们发现在阿拉伯半岛南部和沿红海沿岸对岸陆路的北部建立的阿拉

---

① ［意］白佐良、马西尼著，萧晓玲、白玉崑译：《意大利与中国》，北京：商务印书馆，2002年，第13页。

② ［古希腊］希罗多德著，王以铸译：《历史》（上），北京：商务印书馆，2005年，第91页。

③ （汉）郭宪撰，王根林校点：《汉武帝别国洞冥记》卷二，载《汉魏六朝笔记小说大观》，上海：上海古籍出版社，1999年，第128页。

④ 沈福伟：《中国与非洲》，北京：中华书局，1990年，第108、122页。

⑤ 石云涛：《早期中西交通与交流史稿》，北京：学苑出版社，2003年，第227页。

⑥ 沈福伟：《中国与非洲》，北京：中华书局，1990年，第106～107、122页。

⑦ ［印度］R. 塔帕尔著，林太译：《印度古代文明》，杭州：浙江人民出版社，1990年，第104页。

伯王国已控制了进入红海的东方贸易和航海权，这是因为红海多珊瑚礁，通过其深海水道和出入这些港口需要经验，帮了他们大忙，他们热衷于掌握这些资料。有一位也门商人的故事，他叫玛阿尼·宰德，在埃及的吉萨发现了一块上面刻有他的名字的雕刻，雕刻上记载了埃及给他的布匹，要他用船运走。这可能是发生在托勒密二世时期（公元前三世纪）的故事。巴拉米阿拉伯人原是汉志北部沿岸的居民，他们是最早定居在埃及南部沿岸的阿拉伯人，从事与托勒密人的贸易，到达埃及沿岸的红海港口。①

布尔努瓦亦认为，红海沿岸的全部贸易都不同程度地被阿拉伯人所操纵。为了垄断东方贸易，阿拉伯商人不惜使用欺诈手段，隐瞒商品的原产地：

阿拉伯的海员们在沿途各港口一程一程地转运那些神秘的货物，他们把这些商品小心翼翼地装入船舱，但从来也不想泄露商品的原产地。他们远涉重洋，越过紫蓝色的红海，夏天顶着火辣辣的骄阳，冬天饱经海风的袭击，为了运送商货，真可谓历尽了千辛万苦。但他们的盗贼弟兄们却毫不留情地将他们所获利润的大半勒索而去。②

阿拉伯不但盛产香料，而且有着无与伦比的地理区位优势，再加上阿拉伯人参与贸易的积极性极高，因此布尔努瓦曾感叹说："这条通商大道实际上养活了整个阿拉伯半岛的居民。"③

（六）红海与罗马人

古代埃及人早就开辟了从地中海到红海的交通线路。亚历山大港是罗马帝国的海外行省，是地中海、印度洋和远东货物的集散地。在汉文文献的记载中，中国人对亚历山大早就有所了解。公元3世纪的《魏略》记载古罗马："其国在海西，故俗谓之海西。有河出其国，西又有大海。海西有迟散城。"④ 文献中所提到的"海西"即罗马帝国，"河"即尼罗河，"大海"即地中海，而"迟散城"指的就是亚历山大城。

通过大夏和安息人的转口贸易，东方的丝绸和香料很早就被输入罗马。这些东方的货物，让罗马人垂涎不已，因此罗马人很早就有了同东方

---

① 石云涛：《早期中西交通与交流史稿》，北京：学苑出版社，2003年，第225页。

② ［法］布尔努瓦著，耿昇译：《丝绸之路》，济南：山东画报出版社，2001年，第40页。

③ ［法］布尔努瓦著，耿昇译：《丝绸之路》，济南：山东画报出版社，2001年，第41页。

④ （晋）陈寿撰，（宋）裴松之注：《三国志》卷三十《魏书·乌丸鲜卑东夷传》，北京：中华书局，1982年，第860页。

国家直接接触和贸易的愿望。为了打通对东方的陆上交通贸易，罗马人与安息人进行了几个世纪的战争，但非常不幸的是一直未能取得决定性的胜利。此时，罗马人意识到要避开安息人直接与东方国家贸易，唯有通过海路交通这一途径。据罗马地理学家斯特雷波的记载，早期的罗马帝国每年一次派遣一支由约120艘船组成的船队往返印度。船队利用可预测的季风定时穿越阿拉伯海。从印度返航时，船只驶向红海，货物经陆路或尼罗河运河到达尼罗河，船只泊靠在亚历山大，从那里再驶往意大利和罗马。凭借着“希帕鲁斯风”的力量，罗马人终于到达了位于中南半岛的掸国（今缅甸），并转乘掸国的进贡船于公元120年抵达中国。据《后汉书·南蛮西南夷列传》记载：“永宁元年（公元120年），掸国王雍由调复遣使者诣阙朝贺，献乐及幻人，能变化吐火，自支解，易牛马头，又善跳丸，数乃至千。自言我海西人。海西即大秦也，掸国西南通大秦。”[①] 这是在汉文文献中所见最早的一次罗马人浮海东来的记录。其后，正史中又有两次罗马人来华的记录。《后汉书·西域传》：“桓帝延熹九年，大秦王安敦遣使自日南徼外献象牙、犀角、玳瑁，始乃一通焉。”[②]《梁书·诸夷列传》载：“其（中天竺国）……西与大秦、安息交市海中……孙权黄武五年（公元226年）有大秦贾人，字秦论，来到交趾，太守吴邈遣送旨权，权问方土谣俗，论具以事对。……权以男女各十人，差吏会稽刘咸送论，咸于道物故，论乃径还本国。”[③] 又载，大秦“国人行贾，往往至扶南、日南、交趾，其南徼诸国人少有到大秦者”[④]。这是对南朝梁以前南海交通的总结，可见，罗马人对浮海来东方贸易表现出了极高的热情，也为东西香料贸易路线的开辟作出了积极的贡献。

（七）康居人

在香料的中转贸易中，除了海路贸易沿线商人和水手的参与外，还有一些非贸易沿线的内陆居民在巨大利益的诱惑下不远千里加入这种中转贸易之中，康居人就是其中很典型的例子。

康居人是汉朝人对粟特人的称呼，《后汉书·西域传》中的“粟弋”

---

① （南朝宋）范晔撰，（唐）李贤等注：《后汉书》卷八十六《南蛮西南夷列传》，北京：中华书局，1965年，第2851页。

② （南朝宋）范晔撰，（唐）李贤等注：《后汉书》卷八十八《西域传》，北京：中华书局，1965年，第2920页。

③ （唐）姚思廉撰：《梁书》卷五十四《诸夷列传》，北京：中华书局，1973年，第798页。

④ （唐）姚思廉撰：《梁书》卷五十四《诸夷列传》，北京：中华书局，1973年，第798页。

即粟戈、粟特，“粟戈国属康居”[①]。康居人之热衷逐利、善于经商，早就闻名于世。林梅村先生由此认定：“早在西汉成帝年间（公元前32—公元前7年），粟特商队已在中亚撒马尔干至长安的丝绸之路上频繁从事商业活动。”[②] 后来由于中亚地区连年战乱，西域道时通时绝，一部分康居商人就南下印度定居，从事海路中转贸易。《高僧传》中就记载了这样一个事例：“康僧会，其先康居人，世居天竺。其父因商贾移于交趾。”[③] 可知，康僧会在血统上属于中亚人，但其先祖却早就迁居印度，其父因经商又移民交趾。康僧会的事迹，恐怕是当时中亚康居人从事海上中转贸易的典型。姜伯勤先生指出：“粟特人汉时属康居，作为商业民族已移住于波斯—印度—交趾海上丝绸之路沿线。康僧会作为粟特僧侣在三国吴国孙权治下推行佛法，且其时康僧会此一粟特人被有司称为‘胡人’。”[④] 据《三国志·吴书·士燮传》载：“燮兄弟……出入鸣钟磬……胡人夹毂焚烧香者常有数十。”[⑤] 林梅村先生亦说，此处“所谓‘胡人’指的是中亚的月氏人或粟特人”[⑥]。由此可见，当时交州的中亚人不在少数，康居商人在三国时期已活跃于交趾一带的海路商业中了。

三、汉代岭南香料贸易的国际语言

上一节引《厄立特里亚海航行记》里的一段话详细描述了锡金人是如何从中国西南部山区获得桂皮树叶和柴桂叶的。米勒称这种特殊的贸易形式为“沉默交换”（silent trade）[⑦]。或许这种沉默交换的贸易形式在当时并不少见，以至于普林尼对当时的中国人有这样的评价：“中国人……表现

---

① （南朝宋）范晔撰，（唐）李贤等注：《后汉书》卷八十八《西域传》，北京：中华书局，1965年，第2922页。

② 林梅村：《汉唐西域与中国文明》，北京：文物出版社，1998年，第109页。

③ （南朝梁）释慧皎撰，汤用彤校注：《高僧传》卷一《译经·吴建业建初寺康僧会》，北京：中华书局，1992年，第14~15页。

④ 姜伯勤：《广州与海上丝绸之路上的伊兰人：论遂溪的考古新发现》，《广州与海上丝绸之路》，广州：广东省社会科学院，1991年，第24页。

⑤ （晋）陈寿撰，（宋）裴松之注：《三国志》卷四十九《吴书·刘繇太史慈士燮传》，北京：中华书局，1982年，第1192页。

⑥ 林梅村：《丝绸之路考古十五讲》，北京：北京大学出版社，2006年，第155页。

⑦ J. Innes Miller, *The Spice Trade of the Roman Empire* (*29B. C. to A. D. 641*), Oxford: Clarendon Press, 1969, p. 75.

得一如未开化的民族逃避与其他种族的人结识，坐等商贩的到来。”[①] 索利诺（Solino）亦在其著作中写道：“那些国家的生意人越过河卖他们的货物，交易时双方不用语言交流，只对堆放在那里的货物作个估价。”[②] 并说：“（中国人）逃避与其他种族的人结识，甚至拒绝与其他国家从事商业往来。”[③]

其实早在公元前4世纪，香料贸易中这种无声的“物物交换”在南阿拉伯就已经出现了，西奥夫拉斯特斯在描述亚历山大人在南阿拉伯的太阳神殿低价购买薰香和没药时，写道：

各地的乳香和没药都被带到太阳神殿。每人都将自己的乳香、没药堆放好后交给卫兵看管，每一堆上面都标记着重量和价钱。商人们到后，看看标牌，取走自己想要的那一堆，然后将钱放在堆放香料的地方。神职人员会扣下1/3的钱给神灵，其余的就留给其主人，不管主人什么时候来领，那些钱都会平安地，呆在原地没有人会动它。[④]

可见，这种香料贸易的方式似乎遍布整个香料贸易沿线。但事实完全如白佐良和马西尼所说的那样，“交易在静默和示意中进行”[⑤] 吗？我们认为不是。从《汉书·地理志》的那段经典史料中我们读到，当时汉朝政府的黄门机构里有一种专门的“译长”在从事这种对外贸易。所谓译长，其实就是翻译员，虽然我们不能肯定这些翻译员在从事哪一种或哪几种语言的翻译工作，但是有一点我们几乎可以断定：在当时的对外贸易中一定存在着一种或几种较为统一的国际商业语言。考古发现似乎也给我们提供了一些证据：从阿里卡梅杜遗址中发掘出来的20件带纪年铭文的陶器，据考证其铭文是用“婆罗谜文拼写的泰米尔语，年代约在公元前二世纪至公元一世纪”[⑥]。在奥佑古海港遗址中发现的一些锡制印章和疑是商品标签的小

---

① ［意］白佐良、马西尼著，萧晓玲、白玉崑译：《意大利与中国》，北京：商务印书馆，2002年，第11页。

② ［意］白佐良、马西尼著，萧晓玲、白玉崑译：《意大利与中国》，北京：商务印书馆，2002年，第11～12页。

③ ［意］白佐良、马西尼著，萧晓玲、白玉崑译：《意大利与中国》，北京：商务印书馆，2002年，第11页。

④ ［英］多尔比著，李蔚红、赵凤军、姜竹青译：《危险的味道：香料的历史》，天津：百花文艺出版社，2004年，第181页。

⑤ ［意］白佐良、马西尼著，萧晓玲、白玉崑译：《意大利与中国》，北京：商务印书馆，2002年，第12页。

⑥ 林梅村：《丝绸之路考古十五讲》，北京：北京大学出版社，2006年，第147页。

锡片上所刻的铭文，采用的同样是婆罗谜文。[①] 这些信息告诉我们：虽然我们无法判断这种国际性商业语言的流行程度或使用情况，但在印度洋东部的香料贸易中这种较为统一的语言至少是存在的，而且它极有可能就是当时极为流行的印度古泰米尔语。

四、汉代岭南香料贸易的交换媒介

在当时商品经济还较为低下的情况下，部分贸易是“以货易货”的物物交换。当时东非、阿拉伯半岛、印度、东南亚的多种香料和奇珍异物都是中国人所青睐的商品，而中国的大宗贸易并不是香料，而是更为昂贵的丝绸。这样中国人在对外贸易中就显出了异常的优势：香料与丝绸的交换无法促成贸易的平衡，以至于他们不得不使用货币来填补差额，特别是对丝绸需求量极大的罗马帝国。照罗马人的说法：“中国人不急于卖他们的货物，只将货物沿着他们的河岸摊开，等待外国人到那里购买，所支付的是货币，不是其他产品，议价以打手势的方式进行，中国人不爱多讲话，也不讨价还价：买就买，不买就走人，这是他们的方式。”[②] 普林尼说：“每年至少有一亿银币支付给印度、中国和阿拉伯半岛。奢侈和女人让我们付出了昂贵的代价。”[③]《后汉书·西域传》也记载了罗马人用货币贸易的情况：“大秦（即罗马）以金银为钱，银钱十当金钱一。”[④]

除此之外，印度的胡椒等香料也使罗马帝国流失了大量的货币。正如喀劳狄大发牢骚那样：“罗马人用重金购来了一些用以满足女性虚荣心的物品，一些首饰和小奢侈品，这就使帝国的财富大量外流。为了换取这些古董，他们把帝国的金钱拱手奉送给了异族，甚至可以说是自我毁灭性地奉送给了罗马的敌人。”[⑤] 喀劳狄于公元 22 年在元老院发表了这番议论。此后形势每况愈下，越来越糟，简直到了不可收拾的地步。因此，普林尼曾大声疾呼：“印度没有一年不从罗马帝国掠去 5 000 万个古罗马小金币。

---

① 石云涛：《早期中西交通与交流史稿》，北京：学苑出版社，2003 年，第 255 页。

② ［意］白佐良、马西尼著，萧晓玲、白玉崑译：《意大利与中国》，北京：商务印书馆，2002 年，第 11 页。

③ ［意］白佐良、马西尼著，萧晓玲、白玉崑译：《意大利与中国》，北京：商务印书馆，2002 年，第 12 页。

④ （南朝宋）范晔撰，（唐）李贤等注：《后汉书》卷八十八《西域传》，北京：中华书局，1965 年，第 2919 页。

⑤ ［法］布尔努瓦著，耿昇译：《丝绸之路》，济南：山东画报出版社，2001 年，第 50 ~ 51 页。

作为回报，印度给我们运来的商品在罗马则要贵之百倍。”[①] 汤普逊(Thompson，James Westfall) 总结说：“现在印度发掘出并保藏于各大博物馆的各色各样的罗马硬币，数以千计，那可证明普利尼所说的不谬。”[②] 可见，当时以货币为交换媒介的商品贸易形式不在少数，特别是在商品经济较为发达的东南亚、南亚、阿拉伯半岛及地中海地区。

第四节　汉代岭南香料贸易兴起的条件及影响

一、汉代岭南香料贸易兴起的条件

岭南沿海一带，既有鱼盐之利，又便于通舟楫，故很早就形成了较为发达的商业及对外贸易，民间对外贸易尤其频繁。从西汉时起，特别是汉武帝以后，岭南地区被纳入了中央政府的统一管理系统，完成了封建化的演变，其官方对外贸易也得以正式开始。香料是岭南对外贸易中的传统物品，在汉代岭南的对外贸易中占有重要地位。香料贸易在岭南地区的长足发展是在具备多种发展条件的情况下发生的：

（一）汉廷对岭南的经略，为岭南香料贸易的发展奠定了稳定的政治局面

汉朝对岭南的经略是在继承秦朝大一统的基础上进行的。秦灭六国后，乃使尉屠睢，发兵五十万，“一军守镡城之领（岭），一军守九疑之塞，一军处番禺之都，一军守南野之界，一军结余干之水”[③]。于东西五路南下统一岭南。由于越族人的负隅顽抗，秦军经过非常艰苦的作战，付出了惨重代价，才完成了统一岭南的任务。始皇三十三年（公元前214年)，秦朝在岭南地区设桂林、象郡、南海三郡，辖境相当于今之广西、广东、越南北部、中部和海南岛。并“发诸尝逋亡人、赘婿、贾人略取陆梁地，

---

① ［法］布尔努瓦著，耿昇译：《丝绸之路》，济南：山东画报出版社，2001年，第51页。

② ［美］汤普逊著，耿淡如译：《中世纪经济社会史（300—1300年）》（上册），北京：商务印书馆，1997年，第26页。

③ 何宁撰：《淮南子集释》卷十八《人间训》，北京：中华书局，1998年，第1289页。

为桂林、象郡、南海，以适遣戍”[①]。秦朝统一岭南意义重大，虽然秦二世而亡，但秦朝的统一，使岭南开始了封建化的进程，岭南从此逐渐进入了经济发展的新阶段。

秦朝末年，中原战乱，秦将赵佗在岭南划地自守，建立南越国，管辖原有三郡之地。南越国的建立，一方面为岭南的经济发展创造了稳定的社会环境，另一方面为躲避战乱，中原流民纷纷南下，给岭南地区带来了大量的劳动力和中原地区先进的文化、生产技术，这对岭南的开发有着重大意义。再加上赵佗“居南方长治之，甚有文理”[②]，对越人中的各部落一视同仁，并注重发挥中原移民的作用，因此，在其统治下的南越国，社会经济发展，人口数量增多。据吕思勉先生所言：“当时居越中者，中国人虽少，而越人之数，则非寡弱。”[③]

武帝继位以后，汉朝达到了全盛时期，将岭南重新纳入中央的统一管理体系成了必然趋势。元鼎五年（公元前112年），南越丞相吕嘉反，杀南越王赵兴、王太后和汉使，立术阳侯建德为王。于是，汉武帝于元鼎五年秋“令粤人及江淮以南楼船十万师往讨之”[④]。元鼎六年（公元前111年）冬，楼船将军杨仆统率的一路军首先攻破石门，然后会合伏波将军路博德的军队，纵火攻城，“城中皆降伏波”。至此，南越国赵氏政权经历五代93年的时间，终于为汉武帝所灭。随着交州刺史部的建立，郡县制度在岭南地区逐步得以巩固和完善，岭南地区与中原王朝的政治统辖隶属关系也进一步得到加强，岭南社会历史发展进入了一个划时代的新阶段。

东汉末年，军阀割据混战，岭南地区偏安一隅，“中国士人往依避难者以百数”[⑤]，这些士人许多都在吴、蜀官居高位，后来对岭南的开发和治理作出了重要贡献。岭南作为人才的聚集地、物资的供应地、战略的策应地，亦凸显出其地位之重要，引来各派的争夺，但其大部分时间属于东吴的势力范围。作为东吴的战略后方，岭南既是东吴财赋、兵员的供应地，

---

① （汉）司马迁撰，（宋）裴骃集解：《史记》卷五《秦本纪》，北京：中华书局，1982年，第253页。

② （汉）班固撰，（唐）颜师古注：《汉书》卷一《高帝纪》，北京：中华书局，1962年，第73页。

③ 吕思勉：《吕思勉读史札记》（上册）《秦营南方》，上海：上海古籍出版社，1982年，第618页。

④ （汉）班固撰，（唐）颜师古注：《汉书》卷九十五《西南夷两粤朝鲜传》，北京：中华书局，1962年，第3857页。

⑤ （晋）陈寿撰，（宋）裴松之注：《三国志》卷四十九《吴书·刘繇太史慈士燮传》，北京：中华书局，1982年，第1191页。

也是东吴海外贸易的主要基地，故东吴很重视对岭南的治理与开发。黄武五年（公元 226 年），随着岭南诸郡人口的增加，孙权将交州析分为交、广二州，交州辖交趾以南三郡（交趾、九真、日南），广州辖合浦以北的郁林、苍梧、南海、高凉四郡。后因时机不成熟而搁置。① 吴景帝永安七年（公元 264 年），黄武五年建制才得以施行，并且在广州先后增设了临贺、桂林、始安、始兴、高凉、高兴、宁浦、珠崖等八郡。末帝孙皓时，又在交州新设新昌、武平、九德三郡，从而使东吴的统治势力更加深入岭南，密切了岭南与内地的联系。

总之，由于两汉中央王朝对岭南地区实施了有效的行政管理，各项政令的贯彻一如中原，社会比较稳定，岭南地区无论是农业、手工业，还是商业贸易均呈现出欣欣向荣的发展态势，为岭南海上贸易的畅通无阻打下了坚实的政治基础。

（二）对外开放的经济政策，为岭南香料贸易的发展提供了有力的政策支持

西汉立国之初，统治者主张无为而治，在经济上放任自由思想占据主流地位，对外贸易活动渐趋频繁。自高祖，历惠、文、景半个多世纪的经济恢复以后，“汉兴，海内为一，开关梁，弛山泽之禁，是以富商大贾周流天下，交易之物莫不通，得其所欲”②，汉朝的统治由“无为”向“有为”过渡，在经济上也开始了我国古代对外贸易的探索。汉武帝元狩四年（公元前 119 年），为打通与西域各国的贸易商路，张骞第二次出使西域。值得注意的是，当张骞出使到大夏国的时候，惊奇地发现了正在销售的邛竹杖和蜀布。

汉武帝采纳了张骞的建议，试图开辟蜀滇缅至印度的商路，结果未能成功。其实番阳令唐蒙早在建元六年（公元前 135 年）就已经清楚地了解了“南越以财物役属夜郎”的贸易事实。史称：

> 建元六年，大行王恢击东粤，东粤杀王郢以报。恢因兵威而使番阳令唐蒙风晓南越。南粤食蒙蜀枸酱，蒙问所从来，曰：“道西北牂牁江，江广数里，出番禺城下。”蒙归至长安，问蜀贾人，独蜀出枸酱，多持窃出市夜郎。夜郎者，临牂牁江，江广百余步，足以行船。南粤以财物役属夜

---

① （晋）陈寿撰，（宋）裴松之注：《三国志》卷四十七《吴书·吴主传》，北京：中华书局，1982 年，第 1133 页。

② （汉）司马迁撰，（宋）裴骃集解：《史记》卷一百二十九《货殖列传》，北京：中华书局，1982 年，第 3261 页。

郎，西至桐师，然亦不能臣使也。①

四川的枸酱是通过牂牁江经广西的西江运入广东的。汉武帝在听了唐蒙关于蜀货南运出海的陈述后，对开通南海贸易商道产生了极大的兴趣。《汉书·地理志》记载，汉武帝派遣使者和应募商人“俱入海市明珠、璧流离、奇石、异物，赍黄金杂缯而往”。其商业交易远至东南亚与南亚的许多地区，这标志着汉代岭南对外官方贸易的正式形成。

汉政府不但组织官员出海贸易，还对岭南边郡实行“毋赋税”② 的经济政策，即要求当地定期朝贡象征臣服的方物土产来代替赋税。“又大鸿胪食邑九真、交趾、日南者，用犀角长九寸以上若玳瑁甲一，郁林用象牙长三尺以上若翡翠各二十，准以当金。”③ 交趾“田户之租赋，裁取供办，贵致远珍名珠、香药、象牙、犀角、玳瑁、珊瑚、琉璃、鹦鹉、翡翠、孔雀、奇物，充备宝玩，不必仰其赋入，以益中国也”④。这些依俗而治的措施不但适应了岭南地区的地理区位特点、边郡民族特性和经济发展要求，以“方物土产”代替“赋税”，更是直接鼓励民间发展对外贸易的举动。

官方朝贡贸易与民间自由贸易双管齐下，使得岭南地区作为汉代海外贸易基地前沿的地位更加凸显，为汉代岭南香料贸易的发展提供了有力的政策支持。

（三）造船和航海技术的进步，为岭南香料贸易的发展创造了必需的运输条件

由于岭南地区负山临海，水陆交通便利，越族先民很早就锻炼出水上驾舟的能力。《吕氏春秋·贵因篇》说：“如秦者立而至，有车也，适越者坐而至，有舟也。”⑤《越绝书》卷八云：“夫越性脆而愚，水行而山处；以船为车，以楫为马；往若飘风，去则难从；锐兵任死，越之长性也。”⑥

---

① （汉）班固撰，（唐）颜师古注：《汉书》卷九十五《西南夷两粤朝鲜传》，北京：中华书局，1962 年，第 3839 页。

② （汉）司马迁撰，（宋）裴骃集解：《史记》卷三十《平准书》，北京：中华书局，1982 年，第 1440 页。

③ （晋）司马彪撰，（梁）刘昭注补：《后汉书志》第四《礼仪》（上）注引《汉律金布令》，北京：中华书局，1965 年，第 3104 页。

④ （晋）陈寿撰，（宋）裴松之注：《三国志》卷五十三《吴书·张严程阚薛传》，北京：中华书局，1982 年，第 1252 页。

⑤ （战国）吕不韦撰，陈奇猷校释：《吕氏春秋新校释》（下）《八览·慎大览》《七曰贵因》，上海：上海古籍出版社，2002 年，第 933 页。

⑥ 张仲清：《越绝书译注》，《越绝书》第八《越绝外传·记地传》，北京：人民出版社，2009 年，第 164 页。

到秦汉时期，我国岭南地区的造船技术不断发展创新，迎来了古代岭南造船史上的第一个高峰期。1974 年 10 月，在广州市文化局院内发掘出一处秦末汉初的造船工场遗址。[①] 其中有三个并列的造船台，并附有木料加工场地。一号船台滑道间距离宽 1.8 米，长 18 米。据测算，可建造宽 6～8 米、长 30 米、载重 50～60 吨的木船。广州市文物管理处撰写的《广州秦汉造船工场遗址试掘》一文称，该工场的两组滑道不作固定处理，可以随时调节，根据不同需要，灵活运用："两个船台可以分别造大小不同的船，也可以造同一规格的船。"[②] 如果其真为造船遗址，在当时能够造如此规模的船舶，可见秦汉南海造船业之发达。如果其不是造船遗址，我们也可以从汉代画像石及汉墓壁画，特别是广东汉墓内屡次发掘的船舶模型中看出汉代南海先进的造船技术。在广州汉墓出土的文物中，有船模十二件。[③] 从出土的西汉木船模型看来，当时海船已有较大的舱房，盖顶为四回式，前有四人划桨，后有一人以桨作航舵掌握方向。再者，东汉末，孙吴政权割据的江东，历史上就是造船业发达的吴越之地。据吴国丹阳太守万震的《南州异物志》所载："外域人名船曰舶，大者长二十余丈，高去水三、二丈，望之如阁道，载六七百人，物出万斛。"[④]《三国志·吴书》注引晋阳秋曰，吴亡时，共有舟船五千余艘，[⑤] 由此可见其造船业之盛。而其中相当一部分舟船系由广州番禺、交趾龙编等岭南沿海码头所造。郭沫若先生说："孙吴时期的海上交通相当发展。海船北达辽东，南通交广及南亚诸国。""海上的商船大的长达二十余丈。长江中的战船，有的可载战士三千人，有的上下五层，雕镂采画，非常华丽，可见造船技术已经达到很高的水平。"[⑥] 范文澜先生亦说，东吴"孙权是大规模航海的倡导者，几次出航，虽然主要目的在捕捉人口，但当时已有如此宏大的舰队，也足以令人气壮"。"吴以水军立国，有船五千余艘。水军主力在长江，但航海规模也很大。"[⑦]

---

① 广州市文物管理处：《广州秦汉造船工场遗址试掘》，《文物》1977 年第 4 期。

② 广州市文物管理处：《广州秦汉造船工场遗址试掘》，《文物》1977 年第 4 期。

③ 广州市文物管理委员会、广州市博物馆编：《广州汉墓》（上），北京：文物出版社，1981 年，第 475 页。

④ （宋）李昉等撰：《太平御览》卷七六九《舟部》，北京：中华书局，1960 年，第 3412 页。

⑤ （晋）陈寿撰，（宋）裴松之注：《三国志》卷四十八《吴书·三嗣主传》，北京：中华书局，1982 年，第 1177 页。

⑥ 郭沫若：《中国史稿》（第三册），北京：人民出版社，1979 年，第 43 页。

⑦ 范文澜：《中国通史》（第二册），北京：人民出版社，1978 年，第 279 页。

我国古代的南越人精于造船，擅长航海。他们长期生活于南海，不但能够制造技术水平较高的大船，而且还积累了丰富的航海驶船经验。在古代，天文导航又称过洋牵星，它包括观测方向和方位两个方面。人们在还不知道将罗盘针用于航海时，主要是靠观察天象来确定方向的，以星辰为参照系，通过测定某些恒星视角的变化和观测行星运行的位置偏差，来确定自己在地面或海面的地理位置。早在公元前 2 世纪的西汉初期就留下了利用恒星导航的记载。《淮南子》称“夫乘舟而不惑者不知东西，见斗极则悟矣”[①]。乘船的人迷失了方向，只要看到天空中的北极星，就可以判明船只航行的方向。《汉书·艺文志》所录有关航海观星的总结性、指导性书籍就有《海中星占验》、《海中五星经杂事》、《海中五星顺逆》、《海中二十八宿国分》、《海中二十八宿臣分》、《海中日月慧虹杂占》六家共一百三十六卷。[②] 这表明汉人在利用星座导航方面积累了丰富的经验知识。再有就是对季风的利用。季风，又称信风。东亚的海陆位置使该地区成为世界上典型的季风带。冬季，由于北热带气团的压力，高压带移动，形成东北季风，利于使用风帆向南航行。在我国，季风常出现于农历十一、十二月份。而农历五、六月份则盛行西南信风，便于海船向北航行。我国对季风航海的实际应用，很可能早在东汉之前就开始了。要充分利用季风航海就需要使用风帆。风帆的出现要晚于船舶，且是伴随着人们对季风知识的掌握而产生的。虽然文献中没有可信的资料表明风帆在中国的产生时间，但汉代肯定已经有帆。东汉刘熙在《释名》中称：“随风张幔曰帆。帆，汎者，舟疾汎汎然也。”[③] 三国时期风帆技术的使用已经非常成熟，《南州异物志》中详细叙述了南海舶船的风帆：“外徼人随舟大小，或作四帆，前后沓载之。有卢头木，叶如牖，形长丈余，织以为帆。其四帆不正前向，皆使邪移相聚，以取风吹。风后者激而相射，亦并得风力。若急则随宜增减之，邪张相取风气，而无高危之虑。故行不避迅风激波，所以能疾。”[④] 也就是说，这种由卢头木叶编成的帆已经能用于偏风航行。风帆技术的出现与不断改进，必然大大推动我国古代航海业的发展。

---

① 何宁撰：《淮南子集释》卷十八《人间训》，北京：中华书局，1998 年，第 1289 页。

② （汉）班固撰，（唐）颜师古注：《汉书》卷三十《艺文志》，北京：中华书局，1962 年，第 1764 页。

③ （宋）李昉等撰：《太平御览》卷七七一《舟部》，北京：中华书局，1960 年，第 3419 页。

④ （宋）李昉等撰：《太平御览》卷七七一《舟部》，北京：中华书局，1960 年，第 3419 页。

二、汉代岭南香料贸易的影响

汉代岭南香料贸易的发展是以多种条件为前提的，但同时又对当时的政治、经济、文化产生若干影响。其中最直接、最主要的当属对我国香文化及岭南对外贸易的影响。

（一）极大地丰富了我国香文化的内容

1．香方

我国土产的香料以草本芳香植物香料为主。《楚辞》中所见的江离、辟芷、申椒、箘桂、蕙芭、幽兰、留夷、揭车、薜荔等十余种香料都是草本芳香植物香料，长沙马王堆一号汉墓中出土的十余种香料，如花椒、佩兰、茅香、辛夷、杜衡、藁本、桂、高良姜、姜等毫无例外也都是草本植物性香料，以至于有学者认为我国汉代以前没有香料。如《香乘》中所附的《叶氏香录序》里提到："古者无香，燔柴、焫萧，尚气臭而已，故香之字，虽载于经，而非今之所谓香也。至汉以来，外域入贡，香之名始见于百家传记。"① 又附《颜氏香史序》说："焚香之法，不见于三代。汉唐衣冠之儒，稍稍用之。"② 汉代以后，特别是随着岭南地区的平定和海上丝绸之路的贯通，异域香料开始不断输入我国，其最直接的影响就是改变了我国汉代以前以桂、芷、椒、姜等草本芳香植物香料为主的单一的香料结构，出现了诸如苏合、乳香一类的树脂型香料。而面对逐渐增多的香料品类，人们开始研究各种香料的作用和特点，并试着将多种香料搭配在一起，调制出特有的香气。因此，"香方"的概念应运而生。所谓香方，即用多种香料依照一定的规格调和而成的合香。据文献记载，我国最早的一种香方是产生于东汉灵帝时期的"汉建宁宫中香"：

黄熟香四。白附子二两。丁香皮五两。藿香叶四两。零陵香四两。檀香四两。白芷四两。茅香二斤。茴香二两。甘松半斤。乳香一两，另研。生结香四两。枣半斤，焙干。又方入苏合油一两。右为细末，炼蜜和匀，窨月余，作丸或饼焫之。③

---

① 转引自（明）周嘉胄撰：《香乘》卷二十八，上海：上海古籍出版社，1993年，第474页。

② 转引自（明）周嘉胄撰：《香乘》卷二十八，上海：上海古籍出版社，1993年，第474页。

③ 转引自（明）周嘉胄撰：《香乘》卷十四，上海：上海古籍出版社，1993年，第396页。

汉代香方的出现，标志着天然香料到合成香料的演进，这是用香方式的一个重要发展。

2. 香具

汉代以前，我国香料都为植物性的香花、香草，因此最常见的盛香器具就是香囊，如《礼记·内则》："男女未冠笄者，鸡初鸣，咸盥漱、栉、縰、拂髦、总角、衿缨，皆佩容臭。"郑玄注："容臭，香物也。以缨佩之。"[①] 清人厉荃《事物异名录》中称："《礼记》'配容臭'。注'香物也'。助为形容之饰，犹后世香囊也。"[②] 《孔雀东南飞》中甚至已正式出现香囊之名了："红罗复斗帐，四角垂香囊。"[③] 汉代香方的出现，使得熏香方式逐渐发生了改变，熏香器具的制作也变得越来越普及，装饰也越来越精美、繁缛。最主要的香熏器物要数香炉和香球，其中博山炉代表了汉代香熏器具艺术的最高水平。《西京杂记》记载："长安巧工丁缓者……作九层博山香炉，镂为奇禽异兽，穷诸灵异，皆自然运动。"[④] 还记载了赵飞燕的妹妹送给其姊香料和香炉的故事："赵飞燕为皇后，其女弟在昭阳殿，遗飞燕书曰：'今日嘉辰，贵姊懋膺洪册，谨上襚三十五条，以陈踊跃之心：金华紫轮帽，……五层金博山炉，……青木香，沉水香，香螺卮，九真雄麝香，七枝灯。'"[⑤] 此外，河北满城汉中王刘胜墓出土的"错金博山炉"[⑥]、陕西兴平汉武帝茂陵陪葬墓出土的"鎏金银高柄竹节熏炉"[⑦] 等实物，亦使我们目睹了这类熏炉中的极品。从这些普通的陶熏炉到博山炉的变化中我们至少可以发现以下三点：①从时间上来分析，出土的西汉时期的香炉数量较少，且以陶制为主。而东汉以后的香炉不但数量越来越多，而且质地多样，造型精妙，除了陶制香炉外，还有铜制香炉，并且这些香炉制作更加精良。这说明汉代用香的不断普及和对用香器具的讲究。②从空间上来分析，在当时的合浦、徐闻等海路贸易港口附近出土的香炉数量

---

① 杨天宇：《礼记译注》（上）《内则》，上海：上海古籍出版社，2004年，第332页。

② （清）厉荃原辑，（清）关槐增纂，吴潇恒、张春龙点校：《事物异名录》卷十六《服饰部》，长沙：岳麓书社，1991年，第252页。

③ 邬国平：《汉魏六朝诗选》，上海：上海古籍出版社，2005年，第44页。

④ （汉）刘歆撰，（晋）葛洪集，王根林校点：《西京杂记》卷一《常满灯被中香炉》，《汉魏六朝笔记小说大观》，上海：上海古籍出版社，1999年，第84页。

⑤ （汉）刘歆撰，（晋）葛洪集，王根林校点：《西京杂记》卷一《飞燕昭仪赠遗之侈》，《汉魏六朝笔记小说大观》，上海：上海古籍出版社，1999年，第84~85页。

⑥ 卢兆荫：《满城汉墓》，北京：生活·读书·新知三联书店，2005年，第81页。

⑦ 阎崇东：《两汉帝陵》，北京：中国青年出版社，2007年，第280页。

要比其他地方多。我们都知道古代人喜欢把生前的东西放进墓里，因此，从墓的随葬品中可以大致看出人们生前的生活状况。这么多的熏炉在贸易港口被发掘，绝非偶然，这说明当时很多香料是由海路进口而来，因此靠港口越近，焚香越多，香炉的使用量也越大。③从香炉本身的构造上来分析，岭南地区出土的这些香炉跟内地的相比炉身要深些。盖面镂空的气孔都是几何图形或花蕾形，与中原等地汉墓所出土的连峰形盖博山炉有别。如在南越文王墓中还出土了四个方形炉体连在一起的四连体熏炉。[①] 熏炉形如豆，器盖镂孔，是专用于燃熏香料的室内生活用品。熏炉出土时，炉腹内常有灰烬或炭粒状香料残存。这种造型上的差异，不只缘于地域特色，还因为中国的本土香料大多以草本香料为主，草本香料本身就是干的，即使没有助燃物体，也照样可以燃烧，而从外域输入的香料大部分都是树脂香料，树脂香料是固体，不易燃烧。正如孙机先生分析的那样："熏烧树脂类香料之香炉的炉身制作得深一些，以便下部盛炭火，树脂类香料放在炭火顶上，使之徐徐发烟。"[②] 为了防止炭火太旺，碳味太浓，汉代人"已将炉身下部的进气孔缩成很窄的隙缝，甚至往往做成封闭的；同时将炉盖增高，在盖上面镂出稀疏的小孔，透过小孔的气流挟带熏炉上层的香烟飘散；而炉腹下部的炭火由于通风不畅，所以只保持着缓慢的阴燃状态，正适合树脂类香料发烟的需要"[③]。可见，岭南地区的香炉更为复杂和实用，用香也较中原普遍得多。

3．香事

随着汉代岭南香料贸易的发展以及异域香料不断输入中原，汉代宫廷掀起了一股尚香之风。汉代宫室对香料的收集和香熏活动都非常热衷，一些用香、尚香的逸闻趣事也广为流传。

首先，随着香料贸易的发展，香料贸易活动活跃的南方地区出现了专门交易香料的香市和专门从事香料贸易的香户。据《述异记》载："南郡有香市，商人交易诸香处。南海郡有香户。日南郡有千亩香林，名香出其中。香洲在朱崖郡，洲中出诸异香，往往不知其名。千年松香闻十里，亦

---

① 广州市文物管理委员会、中国社会科学院考古研究所、广东省博物馆编：《西汉南越王墓》（上），北京：文物出版社，1991 年，第 82 页。

② 孙机：《汉代物质文化资料图说》，上海：上海古籍出版社，2008 年，第 415 页。

③ 孙机：《汉代物质文化资料图说》，上海：上海古籍出版社，2008 年，第 415 ~ 416 页。

谓之十里香也。”[①]

其次，香蕴含高雅的情趣和意境，因此为许多宫廷贵族和文人墨客所钟爱。在汉代，用香已经进入了宫廷礼制。如《汉官仪》载：“尚书郎含鸡舌香伏奏事，黄门郎对揖跪受，故称尚书郎怀香握兰。”[②] 人们也以拥有香的称谓为荣，《述异记》载：“汉雍仲子进南海香物，拜为涪阳尉，时人谓之香尉。”[③] 此外，汉代的文人墨客写了大量的咏香诗赋，在汉代的文学作品中占有一定的位置，这些文学作品的流传，亦使得香文化从宫廷走向了民间。

凡是种种，皆是香料贸易扩大与香料运用越来越广泛而对汉代香文化所产生的影响。尽管如此，香料在汉代主要还是王公贵族才能享用的奢侈品。据东晋葛洪《抱朴子》所言：“人鼻无不乐香，故流黄、郁金、芝兰、苏合、玄膳、索胶、江蓠、揭车、春蕙、秋兰，价同琼瑶。”[④] 可见，香料特别是上述所列之异域香料是十分昂贵的。所以，一些王公贵族如东汉明德马皇后，就以不佩戴香饰来显示自己的节俭，其文曰：“吾为天下母，而身服大练，食不求甘，左右但着帛布，无香薰之饰者，欲身率下也。”[⑤] 曹操甚至颁布《内戒令》来禁止香熏活动：“昔天下初定，吾便禁家内不得香熏。后诸女配国家为其香，因此得烧香。吾不好烧香，恨不遂所禁，今复禁不得烧香，其以香藏衣著身亦不得。”[⑥] 但陆机在悼念曹操的文章中却说：“余为著作郎，游秘阁，见《魏武令》曰：‘余香可分与诸夫人。诸舍中无所为，学作履组，卖也。’”[⑦] 可见，曹操一边禁香，一边又对香情有独钟。正是由于汉代宫廷香熏成风，到两晋南北朝时期，香熏活动才有了更加广泛的传播，香料也迅速发展成为我国对外贸易的大宗商品。

---

① （宋）李昉等撰：《太平御览》卷九八一《香部》，北京：中华书局，1960 年，第 4344 页。

② 转引自（明）周嘉胄撰：《香乘》卷二，上海：上海古籍出版社，1993 年，第 319 页。

③ （宋）李昉等撰：《太平御览》卷九八一《香部》，北京：中华书局，1960 年，第 4344 页。

④ （宋）李昉等撰：《太平御览》卷九八三《香部》，北京：中华书局，1960 年，第 4351 ~ 4352 页。

⑤ （南朝宋）范晔撰，（唐）李贤等注：《后汉书》卷十《皇后纪》，北京：中华书局，1965 年，第 411 页。

⑥ （宋）李昉等撰：《太平御览》卷九八一《香部》，北京：中华书局，1960 年，第 4344 页。

⑦ （宋）李昉等撰：《太平御览》卷九八一《香部》，北京：中华书局，1960 年，第 4344 页。

（二）汉代岭南香料贸易为后世岭南对外贸易的发展提供了借鉴

汉代岭南香料贸易处在我国岭南官方对外贸易正式形成并初具规模的阶段，因此对后世岭南对外贸易的发展起到了示范作用，其很多成功的做法都为后世所沿用。

从贸易路线来说，这条在汉代开辟的香料贸易路线，可以说基本构建了后世岭南对外贸易路线的框架，无论是西来的路线还是东去的路线都没有很大的改动。《郡国道里志》（大约成书于公元844—848年）、《中国印度见闻录》（公元851年）、《阿巴斯人史》（公元872年）、《黄金草原》（公元943年）以及《新唐书·地理志》所叙述的“贾耽广州通海夷道”等，都对这条海上交通航线进行了记载，内容更加详尽，但大致路线都与汉代的这条香料贸易路线相同。

从政府对岭南对外贸易的管理来说，据《汉书·地理志》的记载，汉代岭南的海上贸易是由黄门的译长来掌管的。黄门是少府的下属机构，[①]而少府“掌山海池泽之税，以给共养”[②]。颜师古注曰：“大司农供军国之用，少府以养天子也。”[③]也就是说少府是皇帝的私人金库。正如王赓武先生所说：“黄门是受皇帝之命去为朝廷采购奢侈品的。”[④]我们再考察一下后世在广州设立的市舶司，就不难发现市舶使的一个很重要的职能，即除了求得“市舶之利”外，还要寻求“南海宝货”，也就是替皇帝采购奢侈品。因此，有学者指出唐代及以后设置的管理岭南地区对外贸易的市舶司就是《汉书·地理志》里黄门机构的延续：“《前汉书》（即《汉书》）接着描写公元前二世纪的贸易组织情况。这一情况是很惊人的，而且正如我们将在下文看到的那样，这种惊人的贸易组织，晚到明朝也许还部分地适用。”[⑤]甚至很多学者认为“此类使职（市舶使）由宦官兼任，源于汉代”[⑥]。如冯承钧先生说：“黄门隶少府，证以唐宋市舶多由宦官兼领一事，

---

① （汉）班固撰，（唐）颜师古注：《汉书》卷十九《百官公卿表》，北京：中华书局，1962年，第731页。

② （汉）班固撰，（唐）颜师古注：《汉书》卷十九《百官公卿表》，北京：中华书局，1962年，第731页。

③ （汉）班固撰，（唐）颜师古注：《汉书》卷十九《百官公卿表》，北京：中华书局，1962年，第732页。

④ 王赓武著，姚楠编译：《南海贸易与南洋华人》，香港：中华书局香港分局，1988年，第22~23页。

⑤ ［荷］戴闻达著，胡国强、覃锦显译：《中国人对非洲的发现》，北京：商务印书馆，1983年，第9页。

⑥ 周加胜：《岭南市舶使研究》，《漯河职业技术学院学报》2010年第6期。

可以推想汉代通南海者亦为中官。”[①] 王川先生也说：“市舶太监之产生，与西汉以来中央差遣宦官市物南海（或主持南海贸易）之传统有关。”[②] 戴闻达（Day Vendak，J. J. L.）先生亦说：“从公元前二世纪汉武帝时起，太监就已被派去从事这样一些海外远航，我们可以看到一个突出的例子，表明中国惯例如此异乎寻常的连续性，以致我们能用某些早于一千年前或晚于一千年后所发生的事，去说明和解释某一特定的历史事实。正如早年那些太监们的际遇一样，郑和之所以受命指挥这几次远征，是因为他必须替朝廷承办奢侈品。”[③] 从唐代有史可考的七位市舶使中有五位是宦官的情况来看，由宦官充当市舶使的比率是非常大的，但目前还没有证据证明汉代派往岭南的黄门侍郎就是宦官。而且唐代文献记载的唐代最早的一位市舶使周庆立也不是宦官，而是朝官（右威武中郎将）。[④] 但无论如何，汉代掌管岭南对外贸易的黄门机构对唐代的市舶制度有一定影响是无疑的。市舶使跟黄门侍郎一样都是直接受皇帝委派去南海搜罗奢侈品的。

通过对汉代岭南香料贸易的研究，笔者发现汉代用香较之先秦时代有了以下特点：首先，香料的用途更广。尤其是王公贵族对香异常爱好，民间用香也得到推广，岭南地区特殊的环境气候决定其对香料的需求量更大。香料的使用遍及社会世俗生活的很多方面，随着道教的产生与佛教的传入，其用途也变得更加广泛。其次，香料的种类更多。先秦时期的用香仅限于我国本土所产的植物性的香花香草，到了汉代，香料的来源已经不限于此。随着汉武帝对岭南的平定及募人出海贸易的推行，岭南地区的官方对外贸易逐步展开，盛产香料的中南半岛及印度半岛诸国的朝贡与民间自由贸易的盛行，使异域香料传入中原，大大地增加了香料使用的种类，也改变了用香的方式。最后，岭南地区的香料贸易初具规模。由于历史地理条件的局限，岭南地区的对外香料贸易联系不可能全部直接实现，而是由多个国家、不同民族的人民共同参与，以中转贸易的方式进行的。但这只是特殊历史时期的特殊情况，随着西汉时期岭南通往印度航线的开通及东汉时期与罗马帝国直接贸易联系的建立，汉代岭南地区的香料贸易有了比较快速的发展，在东汉末年已经成为对外贸易的大宗商品。

---

① 冯承钧：《中国南洋交通史》，上海：上海古籍出版社，2005 年，第 1 页。

② 王川：《论市舶太监在唐代岭南之产生》，《中山大学学报》（社会科学版）2000 年第 2 期。

③ ［荷］戴闻达著，胡国强、覃锦显译：《中国人对非洲的发现》，北京：商务印书馆，1983 年，第 28 页。

④ （后晋）刘昫等撰：《旧唐书》卷八《玄宗纪》，北京：中华书局，1975 年。

汉代岭南香料贸易的发展是多种因素共同作用的结果，亦对我国香文化及后世香料贸易产生了不可忽视的影响，是我国古代对外物质文化交流的一个重要组成部分。

第二章　汉代岭南犀、象贸易考

著名考古学家张光直先生认为世界文明形成的方式主要有两种：其一为西方式，其二为世界式（即非西方式），也称为中国式。在此基础上，张光直先生又提出世界式的贸易活动主要是宝货贸易。[①] 由此，我们知道以犀角、象牙等为内容的宝货贸易具有重要作用。由于其重要性，犀、象贸易自古以来就是一个备受学者关注的话题。随着张骞通西域、武帝平南越，我国的官方对外贸易逐渐展开。犀、象及犀角、象牙作为我国对外贸易中最原始、最基本的贸易物品之一，在汉代的宗教生活和世俗生活中得到广泛应用。作为我国犀、象的重要产地和重要中转站，岭南在犀、象贸易中的作用是不言而喻的。关于汉代岭南的犀、象，学界的研究成果也颇为丰富。这里，我们首先对有关研究情况作简要回顾。

翻阅古代文献，有关犀、象的描述不多，往往都是用简洁的几句话进行概括，篇幅很少，但有些资料还是值得关注的。

西汉司马迁所撰的《史记》中虽有对岭南犀、象的记载，但比较零散和简洁，主要散见于《李斯列传》、《龟策列传》、《货殖列传》等传记中。如《货殖列传》曰："江南出……犀、玳瑁、珠玑、齿革……番禺亦其一都会，珠玑、犀、玳瑁、果、布之凑。"[②]《史记》指出了岭南地区的番禺是犀、象的重要产地，也记载了有关犀、象以及犀角、象牙的贸易往来，为研究汉代的犀、象问题提供了基本的参考史料。

东汉班固所撰的《汉书》中关于犀、象的记载有一定的篇幅，散见于《平帝纪》、《王莽传》、《西域传》、《扬雄传》等篇中。如《汉书·平帝纪》："二年（公元2年）春，黄支国献犀牛。"[③]《汉书》详细地记载了外国遣使向汉廷朝贡的犀、象，以及犀、象在汉代社会生活中的应用等方面

---

① 徐萍芳：《悼念张光直》，《读书》2002年第2期，第59～66页。

② （汉）司马迁撰，（宋）裴骃集解：《史记》卷一百二十九《货殖列传》，北京：中华书局，1982年，第3253～3268页。

③ （汉）班固撰，（唐）颜师古注：《汉书》卷十二《平帝纪》，北京：中华书局，1962年，第352页。

的内容。

西晋陈寿的《三国志》之《孙权传》、《李恢传》等也有关于犀、象的记载。

南朝宋范晔所撰《后汉书》关于犀、象的记载，散见于《章帝纪》、《和帝纪》、《南蛮传》、《贾琮传》等篇之中。《贾琮传》云："旧交趾土多珍珠，明珠、翠羽、犀、象、玳瑁、异香美木之属，莫不自出。"① 阐明了旧交趾多犀、象等物产资源。《后汉书》中还记载了汉代岭南地区犀、象的概况以及汉代犀、象的朝贡贸易等。

唐朝刘恂所著的《岭表录异》（广东人民出版社，1983 年）记述了岭南的异物异事，是了解唐代岭南道物产、民情的重要文献，对研究汉代岭南地区的犀、象有重要意义。

宋朝周去非的《岭外代答》（中华书局，1999 年），内容翔实，保留了很多实用的经济史料，如宋代岭南具体商业财政的统计情况、物产特产资源、河流山川等，书中的"香门"和"宝货门"等章节有对大食、大秦等国的阐述，反映了当时岭南地区与海外诸国的交通和贸易情况，是一部有重要价值的有关岭南历史地理的文献，为研究汉代犀、象提供了丰富的资料来源。

另外，西汉桓宽的《盐铁论》，晋常璩的《华阳国志》，晋张华的《博物志》，北魏郦道元的《水经注》，以及《太平御览》、《太平广记》等古籍中亦有关于两汉犀、象的记载。

20 世纪以来，涉及汉代犀、象问题研究的著作主要如下：

1. 从对外文化交流的角度来考察汉代犀、象的产地和贸易等问题

季羡林先生在《中印文化关系史论文集》（生活·读书·新知三联书店，1982 年）中的《中国蚕丝输入印度问题的初步研究》一文中，认为中国蚕丝输入印度的路线分为南海道、缅甸道、安南道、西域道、西藏道等五道，而在这五道中，除了西域道外，其余四道都与交趾和益州有关系，这也就很好地概括出了汉代岭南对外关系的主要途径，这对研究汉代岭南犀、象贸易路线有借鉴意义。

法国学者伯希和的《郑和下西洋考 交广印度两道考》（冯承钧译，中华书局，2003 年）对安南道、缅甸道、南海道的具体走向和路线作了系统而详细的考证，虽然所考查的以唐代为主，但对研究汉代岭南对外交通同样有很大的指导意义。

---

① （南朝宋）范晔撰，（唐）李贤等注：《后汉书》卷三十一《贾琮传》，北京：中华书局，1965 年，第 1111 页。

陈炎的《海上丝绸之路与中外文化交流》（北京大学出版社，1996年）一书，在《略论海上丝绸之路》、《南海丝绸之路与中外文化交流》等文中阐述了南海航线以及南海丝绸之路上的中外文化交流，为研究汉代时期的犀、象贸易路线问题提供了借鉴。

王赓武的《南海贸易与南洋华人》（中华书局香港分局，1988年），全书分为三大编，其中“南海贸易——对南中国海中国早期贸易史的研究”、“南洋华人简史”两编对于研究汉代南海贸易和犀、象问题有重要意义，尤其是“南海贸易——对南中国海中国早期贸易史的研究”这一编，重点论述了南海地区进行贸易的优势条件以及秦汉时期政府对南越的经略，这为本章论述汉代犀、象贸易发展的原因提供了借鉴。

陈尚胜、陈高华的《中国海外交通史》（文津出版社，1997年）中的第一章“海外交通的萌芽和发展”介绍了隋唐以前海外交通发展的情况，其中阐述的海外交通路线对探究汉代的犀、象贸易路线有重要的借鉴意义。

周永卫的《两汉交趾和益州对外关系研究——以若干物质文化交流为主》（汕头大学出版社，2009年）从汉代犀象的重要产地、犀象在外交活动中的重要角色以及象与佛教的关系等方面，重点阐述了汉代交州与益州犀、象的应用及其重要性的问题。

另外对本章有参考价值的著作还有由藤田丰八著、何健民译的《中国南海古代交通丛考》（商务印书馆，1936年），冯承钧的《西域南海史地考证译丛》（商务印书馆，1995年），于华的《中国航运史话》（中华书局香港分局，1977年）等。

2. 从考古实物的发掘与历史文献相结合的角度来研究汉代岭南地区的犀、象

广州市文物管理委员会、广东省博物馆等编的《西汉南越王墓》（文物出版社，1991年）在“器物登记总表”上详细地记录了南越王墓象牙的出土情况，并提出南越王墓西耳室内发现的原支大象牙有五支是非洲象牙的观点，为南越与海外通商贸易的确定提供了有力的物证。

广州市文物管理委员会、广州市博物馆等编的《广州汉墓》（文物出版社，1981年）一书中收录了四百多座汉墓的资料，采用了对墓型和随葬物分类排比的整理方法，条理清晰，其中有关汉代岭南地区汉墓出土的文物为汉代岭南犀、象的研究提供了可靠的考古依据。

另外对本书有参考价值的著作有黄展岳的《两广汉墓的发掘与研究》（文物出版社，1984年）、广州市文化局编的《广州秦汉考古三大发现》

（广州出版社，1999 年）、骆伟的《广东文献综录》（中山大学出版社，2000 年）等。

关于汉代犀、象的研究论文，数量较多，具有代表性的主要如下。

1. 犀、象的应用和概况研究

黄家芳的《中国犀演变简史》（陕西师范大学硕士学位论文，2009 年）详细地概述了中国犀牛的品种分类和分布地区，并详尽地阐述了犀牛在社会生活中的应用以及犀牛贸易的繁荣等内容，对研究汉代岭南地区的犀牛有重要的借鉴意义。

朱军的《中国犀角史略》（《文物世界》，2000 年第 4 期）一文对犀角进行了全面的概述，阐述了犀角的重要药用价值和艺术价值，同时指出犀角是中外文化交流的历史见证，有利于本章研究异域的犀牛贸易活动。

张洁的《历史时期中国境内亚洲象相关问题研究》（陕西师范大学硕士学位论文，2008 年）一文对历史时期中国亚洲象的分布变迁、历史时期人类对亚洲象的认识、亚洲象的驯化及利用作了详细的论述，对本章有关象的分布以及应用具有重要的借鉴作用。

文焕然、何业恒等的《历史时期中国野象的初步研究》（《思想战线》，1979 年第 6 期）一文详细介绍了历史时期中国野象的分布和变迁情况，特别是有关岭南地区野象分布情况的论述对本章汉代岭南地区大象的研究有重大指导意义。

文焕然、文榕生的《再探历史时期中国野象的变迁》[《西南师范大学学报》（自然科学版），1990 年第 2 期] 一文通过中国野生亚洲象分布地点表、中国野生亚洲象分布与变迁图来生动、详细地说明历史时期中国野象的分布与变迁情况，这对本章有关大象分布情况的研究有很大的帮助。

张荣芳、周永卫的《汉代徐闻与海上交通》[《中山大学学报》（社会科学版），2002 年第 3 期] 提到徐闻贡献的物产，其中包括犀、象，还阐述了当地物产朝贡的路线问题。

于兰的《秦汉时期岭南越人与外界的交往》[《暨南学报》（哲学社会科学版），1994 年第 4 期] 阐述了岭南越人积极借鉴先进的中原文化，扩大与周边地区的经济往来，同时还积极开拓海上贸易的情况。其中对岭南地区的定义值得借鉴。

李庆新的《从考古发现看秦汉六朝时期的岭南与南海交通》（《史学月刊》，2006 年第 10 期）一文以中国两广地区、南海诸岛以及越南等地所发现的秦汉六朝时期的遗址与遗物为切入点，论述了秦汉六朝时期岭南的海上交通情况，其中对象牙与象牙器以及造船模型的论述颇有见地。

另外，陈竺同的《南洋输入生产品史考》（《南洋研究》，1934年第5卷第6期），周连宽、张荣芳的《汉代我国与东南亚国家的海上交通和贸易关系》（《文史》，1980年第9辑），孙机的《古文物中所见之犀牛》（《文物》，1982年第8期），王子今的《秦汉时期的东洋与南洋航海》（《海洋交通史研究》，1992年第2期），李零的《论中国的有翼神兽》（《中国学术》，2001年第1期），严耕望的《汉晋时代滇越通道考》（《香港中文大学中国文化研究所学报》，1976年第8卷第1期）等对研究汉代岭南的犀、象问题也极具启发意义。

2. 大象与佛教之间关系的研究

陈寅恪的《三国志曹冲华佗传与佛教故事》（《寒柳堂集》，上海古籍出版社，1980年）认为《三国志・魏志・曹冲传》中“曹冲称象”的故事属于佛教故事，“杂糅附益于其间，特迹象隐晦，不易发觉其为外国输入者耳”①。这对于研究象与佛教之间的密切关系有借鉴意义。

贾峨的《说汉唐间百戏中的“象舞”——兼谈“象舞”与佛教“行像”活动及海上丝路的关系》（《文物》1982年第9期）阐述了汉唐间百戏中的“象舞”，以及“象舞”与佛教的关系，有利于本章研究象在佛教活动中的重要性问题。

此类论文还有俞伟超的《东汉佛教图像考》（《文物》，1980年第5期），夏超雄的《汉墓壁画、画象石题材内容试探》［《北京大学学报》（哲学社会科学版），1984年第1期］，阮荣春的《早期佛教造像的南传系统》（《东南文化》，1990年第1、2、3期），郑红莉的《汉代画像石所见“象图”再考》（《中国汉画学会第十三届年会论文集》，2011年），李洪甫的《从中外交通、佛事遗迹看孔望山造象产生的背景》［《1981年江苏省考古学会第二次年会暨吴文化学术讨论会论文集》（第三册），1981年］等。

3. 汉代岭南犀、象考古发掘研究

王子今的《西汉南越的犀象——以广州南越王墓出土资料为中心》（《广东社会科学》，2004年第5期）以西汉南越王墓出土的动物遗骸为资料探讨西汉南越的犀、象问题，提出了西汉南越王墓出土的犀、象遗骸出自岭南当地的可能性。

广州市文管会、广州象岗汉墓发掘队的《西汉南越王墓发掘初步报

---

① 陈寅恪：《三国志曹冲华佗传与佛教故事》，《寒柳堂集》，上海：上海古籍出版社，1980年，第157页。

告》（《考古》，1984年第3期）一文对广州象岗山南越王墓的发掘作了初步报告，对出土的象牙及象牙器等作了详细的介绍，为汉代大象的研究提供了考古依据。

类似的论文还有王学理的《汉南陵从葬坑的初步清理——兼谈大熊猫头骨及犀牛骨骼出土的有关问题》（《文物》，1981年第11期），何纪生、吴振华的《广东徐闻东汉墓——兼论汉代徐闻的地理位置和海上交通》（《考古》，1977年第4期），崔勇的《广东徐闻县五里镇汉代遗址》（《文物》，2000年第9期）等。

总的来看，有关汉代犀、象研究的成果还是较为丰富的，但也有一些问题并未解决，如系统探索汉代岭南地区的犀、象贸易往来及其对外文化交流的影响等，还有进一步商榷的余地。本章也希望能够就这些问题作出些许有益的探索。

第一节　古代中国对犀、象的认知

早在远古时代，犀牛和大象在我国的分布就已经十分广泛。在我国的浙江余姚河姆渡、河南淅川下王岗和广西南宁等多处新石器时代遗址中都曾发现犀牛的骨骼。[①] 而在安阳殷墟中不但发现了犀牛的骨骼，还出土了许多记载有捕获犀牛等内容的甲骨文刻辞。[②] 在我国的长江、淮河流域，则有野象群出没。西周以后，由于自然环境等原因，犀牛在北方逐渐绝迹。到了两汉时期，犀牛的活动区域和生存范围进一步缩小，由江南缩至岭南地区。大象的栖息地也与犀牛一样，在两汉时期逐渐缩小至岭南和西南地区。可见历史时期犀牛、大象曾广泛地分布于中国大陆的大部分地区，人们对它们的认识自然也随着历史的发展而不断变化，并逐步走向完善。

---

① 王学理：《汉南陵从葬坑的初步清理——兼谈大熊猫头骨及犀牛骨骼出土的有关问题》，《文物》1981年第11期。

② 孙机：《古文物中所见之犀牛》，《文物》1982年第8期。

一、古代中国对犀牛的认知

犀牛作为人类广泛利用的资源，人们对它的认识和了解一开始主要体现在种类、犀皮、犀角、犀牛生活习惯等浅层次方面，但其中也包含着犀牛的多种信息，如古代中国存在的犀牛品种、犀牛的应用以及犀牛的生活习惯。由此，人们开始了解犀牛，对犀牛有了一个较为系统和整体的认识。

（一）古代对犀牛的认知

1. 犀牛的种类

根据自己的亲眼所见或者查看他人的文字记载，古人开始对犀牛进行描述和记载，由此出现了很多有关犀牛的文字记载和书籍，如《尔雅·释地》曰："南方之美者，有梁山之犀象焉。"① 这里的"犀"专指犀角，"象"则专指象牙，全句意为南方的精美之物有梁山的犀角和象牙。《墨子·公输篇》曰："荆有云梦，犀兕麋鹿满之。"② 意思是楚国有云梦大泽，而犀、兕、麋鹿充满其中。可见楚国犀牛资源之丰富。《山海经》卷十曰："犀牛，其状如牛而黑。"③ 指出犀牛形状与牛相似，全身上下都是黑色的。《说文解字》卷二云："犀，南徼外牛，一角在鼻，一角在顶，似豕。"④ 在许慎看来，犀牛出产于东南亚地区，形状似猪，是一种双角犀。⑤ 由上可以看出，一开始，历史文献中描述犀牛的文字简洁，但随着人们认识的逐步加深，文献中对犀牛的描述越来越详细。如《尔雅注疏》卷十："犀似豕，今出交趾。形似水牛，猪头。三角，一在顶上，一在额上，一在鼻上，鼻子者即食角也，小而不椭。好食棘，亦有一角者。"⑥ 郭璞认为"犀似豕"，其实是以一种动物和另一种动物作比较来说明（但是这种比较往

① （晋）郭璞注：《尔雅》卷上《释地》，北京：中华书局，1985 年，第 80 页。

② 王焕镳撰：《墨子集诂》卷十，上海：上海古籍出版社，2005 年，第 1185 ~ 1186 页。

③ 袁珂校译：《山海经校译》卷十《海内南经》，上海：上海古籍出版社，1985 年，第 220 页。

④ （汉）许慎撰：《说文解字》卷二上，北京：中华书局，1963 年，第 30 页。

⑤ 在现代，亚洲还生存着三种犀牛，其中苏门答腊犀是双角犀，另外两种是印度犀和爪哇犀，都是独角犀。苏门答腊犀的体形较后两种小。详见孙机的《古文物中所见之犀牛》。

⑥ （晋）郭璞注：《尔雅注疏》卷十，上海：上海古籍出版社，2010 年，第 329 页。

往只是比较身体的某一部分，而并不是两种动物真的相似），指亚洲犀牛的头部很像猪的头部，而犀牛的形状像水牛。这两个有关犀牛的头部和体形的比较说明是与事实相符合的，但是文献中所谓的“三角”则有悖于事实。明代方以智认为郭璞所说的犀有三角，一角在鼻子上是讹传，并解释犀牛有鼻角，即胡帽角（鼻端骨）。由此，我们可以从以上信息中得出当时中国境内的犀牛有独角犀和双角犀两种，这与后来生物学所认识到的犀牛种类相同。《交州记》载：“犀出九德县，其毛如豕，蹄有三甲，头如马，有二角，鼻上角长，额上角短。”① 刘欣期在《交州记》中详细地记载了犀牛出自九德县（治所在今越南荣市境内），犀牛毛如猪毛一样，非常多；有两角，一只角在鼻子上，比较长，另一只角在额上，较短。这些特征较之前又更为具体和详细，其有两角的特点和苏门答腊犀的两角特征一致。

由此可以总结出，古代中国存在着苏门答腊犀和独角犀，但亚洲的独角犀又分为大独角犀（即印度犀）和小独角犀（即爪哇犀）两种。《尔雅翼》卷十八：“今徼外所送有山犀，有水犀。水犀之皮则有珠甲，山犀无之。”② 这里说水犀的皮有珠甲，而珠甲是印度犀才具有的特点（因为印度犀身上有许多瘤状凸起），所以水犀应为印度犀；山犀则应为爪哇犀（因为爪哇犀身上无瘤状凸起）。由此可知，古代中国存在着苏门答腊犀、印度犀、爪哇犀三种犀牛。

2. 犀皮

犀牛的重要性，主要体现在犀皮和犀角的应用上。在铁铠甲未出现之前，古人常以兽皮为甲，而犀皮作为兽皮之一，有着皮厚耐用的特点，深得武士钟爱。《周礼·考工记》云：“函人为甲。犀甲七属，兕甲六属，合甲五属。犀甲寿百年，兕甲寿二百年。”③ 由此可以看出当时负责生产制造犀甲的“函人”对犀牛皮的大小很熟悉，能够将一张犀牛皮准确地分成七块做出犀甲，体现了古人对犀皮的充分认识。但后来铁铠甲出现，加上犀牛数量锐减，犀甲渐渐退出了历史舞台。

3. 犀角

与犀甲相比，我国对犀角的利用不仅历史悠久，而且随着时间的推移

---

① 陈建华、曹淳亮主编：《广州大典》第四辑《岭南遗书》（第五册），广州：广州出版社，2008 年，第 13 页。

② （宋）罗愿撰，（元）洪焱祖释：《尔雅翼》卷十八，北京：中华书局，1985 年，第 199 页。

③ （汉）郑玄注，（唐）贾公彦疏，彭林整理：《周礼注疏》卷四十七，上海：上海古籍出版社，2010 年，第 1596 页。

愈发受到珍视和重视。《新唐书》卷二十四载："宴会之服，一品、二品服玉及通犀，三品服花犀、斑犀。"① 反映了唐朝对犀角的优劣划分，按照犀角的不同档次，划分为"通犀"、"花犀"、"斑犀"等，还阐明了各等级犀角所对应的使用等级。黄家芳的《中国犀演变简史》说："一般来说，犀牛角的中心到角尖，基本上都是黑色的。若'通犀'最中心黑色处有一缕从犀角的底部直通角尖的细细的白丝，便是'通天犀'，这种犀角是犀牛角中的上上品。因为古人认为这种犀角能够出气通天、通神。'心有灵犀一点通'便是引用了通天犀的这一特征。而'花犀'则是一种犀角中心黑色有如撒在地上的豆子般的花点的犀角。'斑犀'则是一种角的直切面布满黑色斑条的犀角。这后面两者的价值均低于通天犀。"②

犀角雕刻技术的日益发展，使得人们对犀牛角的种类、划分及特点的认识也在逐步加深。如曹昭《格古要论》卷六曰："犀角出南蕃、西蕃，云南亦有。成株肥大花儿者好，及正透者价高；成株瘦小分量轻花儿者不好，但可以入药用。其纹如鱼子相似，谓之粟纹。粟纹中有眼，谓之粟眼，此谓之山犀。凡器皿要滋润，粟纹绽花儿者好，其色黑如漆，黄如粟，上下相透，云头两脚分明者为佳。有通天花纹犀备万物之形者，最贵，有重透纹者，黑中有黄花，黄中有黑花，或黄中有黄，黑中有黑。有正透纹者，黑中有黄花，古云通犀，此二等亦贵。有侧透者，黄中有黑花，此等次之。有斑散而花淡者，又次之。有黑犀无花而纯黑者，但可车象棋，不甚值钱。"③《格古要论》对犀牛角的研究很是透彻，有关犀角的产地明确到具体的地方如南蕃、西蕃、云南，犀角的分类也很细致，还对犀角的价值作了不同说明，这些都说明当时人们对犀角的认识逐步走向完善。

众所周知，犀牛角可以作药用，因此古人对犀角在药用方面的研究很多。如《游宦纪闻旧闻证误》中的《游宦纪闻》卷一曰："诸药中，犀最难细捣。必先镑屑，乃入众药中捣之，已而众药筛尽，犀屑犹存。偶见一医僧元达者，解犀为小块子，方一寸半许，以极薄纸裹置怀中近肉，以人气蒸之，候气熏蒸浃洽，乘热投臼中急捣，应手如粉，因知人气之能粉犀

---

① （宋）欧阳修、宋祁撰：《新唐书》卷二十四，北京：中华书局，1975年，第531页。

② 黄家芳：《中国犀演变简史》，陕西师范大学硕士学位论文，2009年，第12页。

③ （明）曹昭撰：《格古要论》卷六，影印文津阁《四库全书》，北京：商务印书馆，2005年，第406页。

也。今医工皆莫有知者。”[①] 犀角是由一种毛发类物质衍生出来的，由角质和碳酸钙、磷酸钙、酪氨酸等成分组成，很难弄碎。但是经过不断探索，人们发现可以先把犀角碎成小片，大小为一寸半许，接着用很薄的纸包好，放在怀里，利用人的体温让犀角碎片升温，升温后立即放入臼中捣，这样就可以把犀角捣碎。这一发现体现了古人对犀牛角药用价值的不断探索。

4. *犀牛的生活习惯*

我们知道，亚洲犀好独居，往往以乱撒尿液和踢散粪便的方式来宣示自己的生活范围，其他犀牛不得进犯这个生活领地。一般来说，两头犀牛待在一起的场景，只有在发情期或者母犀喂养小犀牛时才会出现。除此之外，犀牛的脾气很暴躁。《埤雅》卷三曰：“犀性绝躁。”[②] 当另外一头犀牛侵犯其所划定的个人领地时，它们就会以战斗的形式来解决问题。

除了独居的习惯外，犀牛还好待在泥潭里。《游宦纪闻旧闻证误》中的《游宦纪闻》卷二记载了犀牛的这一生活习惯：“自恶其影，常饮浊水，不欲照见也。”[③] 认为犀牛待在泥潭里的原因是害怕在清水里看见自己的影子。事实并非如此，而是犀牛的厚皮里常有蚌虫，避免蚌虫叮咬的方法就是待在泥潭里。除了待在泥潭这一方法外，还有一种方法可防止犀牛被蚌虫叮咬，那就是利用犀牛鸟的帮忙。犀牛鸟以食犀牛皮里的蚌虫为生且视力特别好，可以弥补犀牛视力差的缺陷，因此两者互补。古人一般看到犀牛鸟就会看到犀牛，所以就有了《太平御览》卷九百五十“南中山川有鸩鸟之地，必有犀牛”[④] 的文字记载。

古人对犀牛的食物也有记载，如《游宦纪闻旧闻证误》中的《游宦纪闻》卷二引《五溪记》云：“山犀者，食竹木，小便竟日不尽。”[⑤] 认识到了亚洲犀牛喜食的食物是竹子及一些小树的嫩叶。因为犀牛一天的需水量很大（在50公斤左右），这就造成了犀牛每天需要排泄很多的尿液，因此有“小便竟日不尽”这一说法。

---

① （宋）张世南、李心传撰：《游宦纪闻旧闻证误》卷一，北京：中华书局，1981年，第6页。

② （宋）陆佃撰：《埤雅》卷三，北京：中华书局，1985年，第55页。

③ （宋）张世南、李心传撰：《游宦纪闻旧闻证误》卷二，北京：中华书局，1981年，第13页。

④ （宋）李昉等撰：《太平御览》卷九百五十，影印文渊阁《四库全书》，北京：中华书局，1960年，第4219页。

⑤ （宋）张世南、李心传撰：《游宦纪闻旧闻证误》卷二，北京：中华书局，1981年，第14页。

（二）现代对犀牛的认知

通过古人对犀牛的认识，我们可以得出中国古代存在苏门答腊犀、印度犀、爪哇犀三种犀牛的结论，同时也对犀牛的分类、犀皮、犀角、生活习惯有了初步的认识，下文从生物学方面的体态特征、地理分布、生活特点、食物特点来进一步认识这三种犀牛。

1. 苏门答腊犀

苏门答腊犀是犀类中体型最小的，肩高 1.1 ~ 1.36 米，身长 2.5 ~ 2.8 米。苏门答腊犀还有个最显著的特点是全身有粗毛，毛为褐色或黑色。皮肤皱裂处只有肩部外方一处，无任何瘤状凸起。雌雄均有二角，雌性者前角约为 150 毫米，后角为 50 毫米；雄性的角约为雌性的三倍。苏门答腊犀数量稀少，主要栖居于印度的阿萨姆、缅甸、柬埔寨、泰国、中南半岛的其他国家、马来西亚及印度尼西亚的苏门答腊和加里曼丹等地。苏门答腊犀生活在雨林、沼泽和云林中，是独居动物，会挖泥土排便，或把树苗弯成独特的样式来标示它们的地盘。它们通常在清晨和黄昏觅食，白天待在泥潭里休息。苏门答腊犀会季节性迁徙，它们在雨季时会迁徙到海拔较高的地区，在较寒冷的季节再迁回山谷。它们主要以小嫩叶、树苗、细枝和水果为食，每天可吃掉 50 公斤。苏门答腊犀有舔盐的习惯，盐泽地是它们经常光顾的地方。盐田对它们而言也存在着社交目的，雄性以巡视盐田的方式来寻找雌性。有些犀牛生存的地区没有盐田，只能靠吃含有许多矿物质的植物来获得必需的营养。

2. 印度犀

印度犀又称大独角犀，是亚洲犀牛中体型最大的，肩宽 1.5 ~ 1.75 米，身长约 3.15 米，体重在 2 吨以上。雌、雄性犀牛鼻骨部都有一个大角，呈圆锥形，长 30 ~ 40 厘米。皮肤上有许多瘤状凸起，头、肩、腰、腿等部位皮肤皱裂显著，体色黑灰。印度犀栖息于印度的阿萨姆、尼泊尔和不丹等地，其虽为濒危珍稀类保护动物（世界上现存印度犀约 3 000 只），但仍是亚洲数量最多的犀牛。

印度犀喜欢栖息在高草地、芦苇地和沼泽草原地区。印度犀一般在清晨、傍晚觅食，好独居（除非是哺育小犀牛的时候，才有可能看到两头犀牛在一起）。当一只成年犀牛侵犯另一只成年犀牛时，它们就会用战斗的方式来解决问题，而这场战斗往往以你死我活结束。印度犀是亚洲三种犀牛中食量最大的。印度犀有尖尖的上嘴唇，嘴的尖端可以折叠，所以可以灵活地抓获食物。它们的主要食物是草，还有农作物、果子、树叶、树枝、灌木、蕨类植物及水中的植物等。印度犀也有舔盐的习惯，它们经常光顾盐泽地。

3. 爪哇犀

爪哇犀又称为小独角犀，体型比印度犀小，角较短，雌者多缺。皮肤无毛，无瘤状凸起，无显著皱裂。体色为暗灰色，看起来像青色或苍色。爪哇犀主要栖居于锡金、印度的阿萨姆、孟加拉、缅甸、泰国、中南半岛的其他国家、马来西亚以及印度尼西亚的苏门答腊、爪哇和加里曼丹等地，现仅残存于爪哇岛，数量较少。

爪哇犀喜欢独居，幼仔很早就开始单独生活。它们喜欢栖息在低地雨林的水塘边，视力不佳，但有敏锐的嗅觉和听觉。爪哇犀几乎从不主动攻击人，除非是近距离受到惊吓或正在抚养幼崽。爪哇犀的食量也很大，以嫩芽、树枝、果子、竹类等为食。爪哇犀也会经常光顾含盐量较高的地方。

4. 古代中国犀牛的比较

依据以上有关亚洲犀牛的描述，下面总结一下古代中国存在的苏门答腊犀、印度犀、爪哇犀三种犀牛的异同。相同之处：①生活区域相同，都生活在热带地区和亚热带地区；②皮肤厚；③视力差；④听觉灵敏；⑤需水量、食量大；⑥喜欢舔盐；⑦好待在泥潭里；⑧会游泳；⑨独居；⑩怕热又怕冷。它们的不同之处如表2－1所示。

表2－1　三种犀牛的特征及习性

种名	不同特征				生活区域
苏门答腊犀	雌雄均有两角，雄性的角约比雌性的长三倍	全身的毛较密，特别是长在耳朵、尾巴上的毛	只有肩部有褶皱	无任何瘤状凸起	雨林、沼泽和云林
印度犀（大独角犀）	雌雄均有一只角，且角较大	耳朵、尾巴上有少量毛，其他地方无毛	头、肩、腰、腿处有明显褶皱	有许多瘤状凸起	高草地、芦苇地和沼泽草原地区
爪哇犀（小独角犀）	角较小，雄性有一只角，而雌性多缺	皮肤无毛	颈、肩、腰、腿处有褶皱，但不显著	无瘤状凸起，但皮肤上有鱼鳞状的凸起	热带雨林、低地的高大草丛和芦苇丛

现代生物学有关犀牛的体态特征、地理分布、生活特点、食物特点等方面的知识很好地补充了古代对犀牛认识的不足，人们对犀牛的认知由最

初的简单认识走向了系统、完善的认知。

二、古代中国对大象的认知

唐宋以前，我国的长江、淮河流域都有野象群出没。有关大象的认识也随着历史的发展而不断深化，从最初简单的“象耳、牙、鼻、足之形”[①]到后来动物生物学对大象的系统认识。

（一）古代对大象的认知

在古代，大象[②]是人类广泛利用的资源，古人对它们的认识主要体现在形态特征、生活习性和应用等方面。

1. 大象的形态特征及生活习性

中国古代的中原地区，曾经是大象出没的地方。甲骨文和早期金文的“象”字其实是大象的侧视图形，凸显了大象长鼻、大的特点，很是生动。《说文解字》卷九《象部》云：“象，长鼻牙，南越大兽，三季一乳，象耳、牙、鼻、足之形。”[③] 这可能是历史时期对亚洲象的最早认识，即象具有“耳”、“牙”、“鼻”、“足”之形，对大象的基本形状特点作了描述。

《尔雅翼》卷十八《释兽》云：“孤象是象中的败群者，众所不容无所发其怒，故尤可畏。”[④] 从这则材料中我们可以看出古人对大象的习性已经有所了解，认识到孤象是脱离象群独自活动的，而且脾气暴躁，容易发怒。

《本草纲目》卷五十一《象部》云：“象出交、广、云南及西域诸国。野象多至成群。番人皆畜以服重，酋长则饬而乘之。有灰、白二色，形体拥肿，面目丑陋。大者身长丈余，高称之，大六尺许。肉倍数牛，目才若豕。四足如柱，无指而有爪甲。行则先移左足，卧则以臂着地。其头不能俯，其颈不能回，其耳下亸。其鼻大如臂，下垂至地。鼻端甚深，可以开合。中有小肉爪，能拾针芥。食物饮水皆以鼻卷入口，一身之力皆在于鼻，故伤之则死耳。后有穴，薄如鼓皮，刺之亦死。口内有食齿，两吻出

---

① （汉）许慎撰：《说文解字》卷九《象部》，北京：中华书局，1963 年，第 198 页。

② 大象分为三种：亚洲象、非洲象和非洲森林象。亚洲象主要分布于南亚次大陆和中国云南南部及西部，非洲象和非洲森林象则广泛分布于整个撒哈拉以南的非洲大陆。

③ （汉）许慎撰：《说文解字》卷九《象部》，北京：中华书局，1963 年，第 198 页。

④ （宋）罗愿撰，（元）洪焱祖释：《尔雅翼》卷十八，北京：中华书局，1985 年，第 202 页。

两牙夹鼻，雄者长六七尺，雌者才尺余耳，交牝则在水中，以胸相贴，与诸兽不同。”[①] 可见，在古代人们对大象的了解已经达到了很高的水平，对大象的形态以及习性都有深刻的描述。《本草纲目》描述了大象的颜色有灰色和白色两种，体态臃肿，身躯巨大，头部和颈部不是很灵活，四肢像柱子一样，行走时往往先抬起左脚，饮食都是用长鼻卷入口中等具体特征。

2. 大象的应用

大象的牙即象牙，是古人所喜爱的珍贵物品，常常与犀角齐名为“犀象之器”[②]。象牙的使用历史悠久，《史记·宋微子世家》曰：“纣始为象箸，箕子叹曰：‘彼为象箸，必为玉杯；为杯，则必思远方珍怪之物而御之矣。’”[③] 象牙在汉代用途也很广泛，如《西京杂记》卷五记载汉武帝曾“以象牙为簟，赐李夫人”[④]，这里的簟就是由象牙劈丝编织而成的席子。

又如《桂海虞衡志》云：“象，出交趾山谷，惟雄者则两牙。佛书云四牙，又云六牙，今无有……象，出交趾象山。一躯之力皆在象鼻，二广亦有野象，盗酒害稼，目细，畏火。钦州人以械捕之，皮可为甲，或条截为杖，甚坚。”[⑤] 由这段历史文献可以看出，古人对象的出产地、象鼻、象皮的用途以及猎捕方法，都记载得很详细。《桂海虞衡志》认识到大象在交趾和两广地区都有，害怕火，会偷食庄稼，还具体说明了古人用械抓捕大象的方法等。

（二）现代对大象的认知

大象为长鼻哺乳类，有亚洲象和非洲象两种，它们分别生活在亚洲和非洲的热带地区。

1. 亚洲象

亚洲象，有巨大的身躯、伸缩自如的长鼻和特殊的牙齿构造。现今主要分布于印度、斯里兰卡、缅甸、泰国、老挝、越南、印度尼西亚的苏门答腊等国家和地区。亚洲象为群居动物，由大小不等的个体组成象群一起

---

① （明）李时珍编撰，刘衡如、刘山水校注：《本草纲目》，北京：华夏出版社，2002 年，第 1851～1852 页。

② （汉）司马迁撰，（宋）裴骃集解：《史记》卷八十七《李斯列传》，北京：中华书局，1982 年，第 2543 页。李斯上书中“犀象之器不为玩好”之句。

③ （汉）司马迁撰，（宋）裴骃集解：《史记》卷三十八《宋微子世家》，北京：中华书局，1982 年，第 1609 页。

④ （汉）刘歆撰，（晋）葛洪集，向新阳、刘克任校注：《西京杂记校注》卷五，上海：上海古籍出版社，1991 年，第 248 页。

⑤ （宋）范成大撰，孔凡礼点校：《桂海虞衡志·志兽》，《范成大笔记六种》，北京：中华书局，2002 年，第 106～108 页。

活动，象群一般由一雄多雌组成，领头的往往是雄象，雄象带领一群雌象和幼象，但一般由雌象负责领路。雄象的职责是警戒和保护象群。亚洲象视觉较差，但嗅觉和听觉很灵敏。晨昏觅食，以植物的嫩叶、茎秆等为食。另外，亚洲象还喜欢熟透的农作物等，并且能够记住农作物熟透的季节。为了获取盐分和有机物，它们会在林中寻找含盐分较高的水塘喝水。

2. 非洲象

非洲象为现存最大的陆生哺乳动物，耳朵大，体型较亚洲象大。非洲象分布于非洲西部、中部、东部和南部，也为群居动物，由一只雌象率领，没有定居的习惯，以草、植物的树叶、树皮、嫩枝等为食。

三、秦汉岭南的犀、象分布

前面提到犀牛和大象在我国的分布十分广泛。我国浙江余姚河姆渡、广西南宁和河南淅川下王岗等多处新石器时代遗址中都曾经发现过犀牛的骨骼。[①] 大批的野象则在我国的长江、淮河流域出没。但西周以后，由于种种原因，犀牛、大象的生活区域在两汉时期逐渐缩小至岭南和西南地区。由此可见，岭南地区是犀牛、大象的重要分布区域。

（一）岭南地区是犀牛的重要产地

岭南地区自古犀牛资源丰富，在该地区的多处旧石器时代遗址中都曾经发现犀牛的骨骼。翻阅有关中国出土的犀牛[②]遗骨材料，我们可以发现，岭南地区曾多次出土过旧石器时代的犀牛骨骼，详见表2-2：

表2-2 岭南地区犀牛遗骨

地区		遗址	时代	参考文献
广东	曲江区	马坝人遗址	旧石器时代	《中国考古学年鉴 1985》，文物出版社，第201页
	韶关市	骑马石遗址	旧石器时代	《中国考古学年鉴 1987》，文物出版社，第224页

① 王学理：《汉南陵从葬坑的初步清理——兼谈大熊猫头骨及犀牛骨骼出土的有关问题》，《文物》1981年第11期。

② 在中国境内存在的犀牛种类有披毛犀、巨犀、苏门答腊犀、爪哇犀、印度犀等，但其中的披毛犀、巨犀生活于小冰期，也灭绝于小冰期，所以生活于古代中国的犀牛就只有后三种，这里分析的是生活在古代中国的三类犀牛。

（续上表）

地区		遗址	时代	参考文献
广东	封开县	黄岩洞遗址	旧石器时代	《中国考古学年鉴 1993》，文物出版社，第 7 页
	封开县	渔涝垌中岩动物化石地点	旧石器时代	《中国考古学年鉴 1994》，文物出版社，第 250 页
广西	隆林县	那来洞遗址	旧石器时代	《中国考古学年鉴 1985》，文物出版社，第 205 页
	隆林县	龙洞遗址	旧石器时代	《中国考古学年鉴 1990》，文物出版社，第 291 页
	田东县	定模洞遗址	旧石器时代	《中国考古学年鉴 1986》，文物出版社，第 8 页

《尔雅·释地》云："南方之美者，有梁山之犀象焉。"①《墨子·公输篇》云："荆有云梦，犀兕麋鹿满之。"②《山海经·中山经》曰："岷山，其兽多犀、象。"③ 可见春秋战国时期的文献所提到的犀牛都产于江南和西南地区。

至两汉时期，由于气候变化和人为原因，犀牛的生存范围和活动区域进一步缩小。《史记·货殖列传》云："江南出……犀、玳瑁、珠玑、齿革……番禺亦其一都会也，珠玑、犀、玳瑁、果、布之凑。"④《盐铁论·力耕篇》曰："珠玑犀象出于桂林，此距汉万有余里。"⑤ 又如《汉书》卷二十八曰："处近海，多犀、象、毒冒、珠玑、银、铜、果、布之凑，中国往商贾者多取富焉。番禺，其一都会也。"⑥ 在利益的驱动下，很多商人来到岭南收购犀角。而汉武帝征服南越的一个重要原因也在于要获取南越

① （晋）郭璞注：《尔雅》卷下《释地》，北京：中华书局，1985 年，第 80 页。

② 王焕镳撰：《墨子集诂》卷十，上海：上海古籍出版社，2005 年，第 1185 ~ 1186 页。

③ 袁珂校译：《山海经校译》卷五，上海：上海古籍出版社，1985 年，第 132 页。

④ （汉）司马迁撰，（宋）裴骃集解：《史记》卷一百二十九《货殖列传》，北京：中华书局，1982 年，第 3268 页。

⑤ （汉）桓宽著，王利器校注：《盐铁论》卷一，北京：中华书局，1992 年，第 19 页。

⑥ （汉）班固撰，（唐）颜师古注：《汉书》卷二十八《地理志》，北京：中华书局，1962 年，第 1670 页。

的珍贵禽兽。《汉书·西域传》曰："孝武之世……遭值文景玄默，养民五世，天下殷富，财力有余，士马强盛。故能睹犀布、玳瑁则建珠崖七郡……自是之后，明珠、文甲、通犀、翠羽之珍盈于后宫……殊方异物，四面而至。"[①]《说文解字》卷二云："犀，南徼外牛，一角在鼻子，一角在顶，似豕。"[②] 许慎认为，犀牛是一种产于东南亚地区的野生动物，是一种双角犀。从西汉到东汉，犀牛的活动范围逐渐南移并缩小，由江南到岭南，再到"徼外"的趋势越来越明显。

至隋、唐、宋时期，岭南地区的犀牛仍然很多，《隋书》卷三十一曰："自岭以南二十余郡，大率土地下湿，皆多瘴病，人尤夭折。南海、交趾各一都会也，并所处近海，多犀、象、玳瑁、珠玑，奇异珍玮，故商贾至者，多取富焉。"[③] 岭南地区虽然多瘴病之气，气候条件不好，很多人因此而死亡，但是商人还是禁不住岭南地区富饶物资的诱惑而到岭南地区发家致富。《新唐书》卷四十三曰："岭南道，厥贡：金、银、孔翠、犀、象、彩藤、竹布。"[④] 唐刘恂还对岭南所产的犀牛进行了详细的描述，《岭表录异》卷下载："岭表（指岭南）所产犀牛，大约似牛而猪头，脚似象，蹄有三甲，首有二角。"[⑤] 可见岭南在唐时产犀牛是毋庸置疑的。宋代岭南地区仍然产犀牛，如宋王象之《舆地纪胜·广南西路》称郁林州所产之犀"有角在额上，其鼻上又有一角"[⑥]。可见王象之笔下的郁林州所产之犀有两角，应为苏门答腊犀。但到后来南宋、明、清时期，有关岭南地区产犀的记载相对较少，该地区的土贡犀也逐渐减少了。

（二）岭南地区是大象的重要产地

与犀牛一样，远古时代大象在我国的分布十分广泛。但到了两汉时期，大象的栖息地也与犀牛一样，逐渐缩小至岭南和西南地区的部分区域。如《淮南子·人间训》记载了秦始皇经略岭南的一个重要原因在于"利越之犀角、象齿、翡翠、珠玑"[⑦]。《盐铁论·力耕篇》亦云："珠玑、

---

① （汉）班固撰，（唐）颜师古注：《汉书》卷九十六《西域传》，北京：中华书局，1962年，第3928页。

② （汉）许慎撰：《说文解字》卷二上，北京：中华书局，1963年，第30页。

③ （唐）魏征、令狐德棻撰：《隋书》卷三十一《地理志》，北京：中华书局，1973年，第887页。

④ （宋）欧阳修、宋祁撰：《新唐书》卷四十三《地理志》，北京：中华书局，1975年，第1069页。

⑤ （唐）刘恂撰：《岭表录异》卷下，广州：广东人民出版社，1983年，第15页。

⑥ （宋）王象之撰：《舆地纪胜》卷一百二十一，影印本续修《四库全书》，上海：上海古籍出版社，2002年，第120页。

⑦ 何宁撰：《淮南子集释》卷十八《人间训》，北京：中华书局，1998年，第1289页。

犀象出于桂林。”[①]《说文解字》云：“长鼻牙，南越大兽，三季一乳，象耳牙四足之形。凡象之属皆从象。徐两切。”[②]《吴录·地理经》曰：“九真郡庞县多象，象生山中，郡内及日南饶之。”[③] 至唐宋时期，大象在岭南地区还有很多。《宋史》卷六十六《五行志》载：“乾道七年（公元1171年），潮州野象数百食稼，农设弈田间，象不得食，率其群围行道车马，敛谷食之，乃去。”[④] 可见，当时岭南地区的野象很多。

第二节　犀、象在汉代社会生活中的应用

犀、象的重要性和独特性，引起了人们的广泛注意，并开始对犀、象进行了多方面的应用。随着时间的推移，应用的方式也越来越多。在汉代，犀牛的应用主要体现在进贡、犀皮和犀角上，而大象的应用则多体现在朝贡和象牙上。下文从世俗生活、宗教活动两个方面来具体讨论犀、象在汉代社会生活中的应用，以此对犀、象在汉代社会生活中的应用作简单阐述。

一、犀、象在汉代世俗生活中的应用

（一）犀牛在汉代世俗生活中的应用

犀牛的应用随着时间的推移而越来越多样。翻看史料，不难发现人们早期对犀牛的应用主要是贡犀，用犀角做酒器，用犀皮做铠甲等，后来又用于医药以及制作角雕、犀簟、犀梳等方面。下面就汉代犀牛在世俗生活中的应用情况逐一说明。

1. 贡犀

古代有地方向中央进贡的惯例，所进贡的物品多为地方土产，而犀牛作为岭南的重要物产，自然是要作为贡品进贡的。战国时期外交活动中就有赠

---

① （汉）桓宽著，王利器校注：《盐铁论》卷一，北京：中华书局，1992年，第19页。

② （汉）许慎撰：《说文解字》卷九下，北京：中华书局，1963年，第198页。

③ （宋）李昉等撰：《太平御览》卷八百九十《兽部》，北京：中华书局，1960年，第3955页。

④ （元）脱脱等撰：《宋史》卷六十六《五行志》，北京：中华书局，1977年，第1452页。

送犀牛或犀角的行为。《战国策》云："张仪为秦破纵连横……楚王谴车百乘，献骇鸡之犀，夜光之璧于秦王。"① 从汉代开始就已有关于南方进贡犀牛的记载，如南越王赵佗献给汉文帝的礼物中就有"犀角十"②。下面就两汉时期，国内外向汉廷贡献犀牛或犀角的情况做一统计列表，如表 2－3 所示：

表 2－3 汉代国内外进贡犀牛和犀角的情况

朝代	年号	公元纪年	上贡方		数量	备注
汉代	前元元年	前 179	南粤	（广州一带）	10	活犀牛
	元始二年	2	黄支国	（越南境内）	不详	活犀牛
	元和元年	84	究不事	（越南境内或老挝境内）	不详	活犀牛
	永元六年	94	永昌郡	（云南和缅甸交界处）	不详	活犀牛
	延熹九年	166	大秦	（古罗马帝国）	不详	犀角
	建安十五年	210	交趾、日南	（越南北部）	不详	活犀牛
	建安二十五年	220	交趾、日南	（越南中、北部）	不详	活犀牛

注：表中资料主要来源于《汉书》和《后汉书》。

2. 犀牛驯养

人类对犀牛的驯养，历史悠久，早在商代就有将驯养的犀牛养于皇家园林的记载。后来由于环境等原因，犀牛在汉代的北方和关中地区已经绝迹，所谓物以稀为贵，在北方已经绝迹的犀牛在汉代备受青睐和钟爱，成为皇家园林里的宠儿。在西安市东郊西汉薄太后南陵从葬坑第 20 号坑中，发掘了犀牛骨骼。后经考证，此犀牛是驯养的中国犀牛。③ 在西汉，犀牛不仅为皇家园林所豢养，在富商的私人园林中也有。而到了新莽时期，王莽甚至用犀牛来吓唬刘秀的义军，"驱诸猛兽，虎豹犀象之属，以助威武。自秦汉出师之盛，未尝有也"④。可见，犀牛的驯养在汉代很是常见，而驯

① 缪文远、缪伟、罗永莲译注：《战国策》卷十四《楚策》，北京：中华书局，2012 年，第 409～415 页。

② （汉）班固撰，（唐）颜师古注：《汉书》卷九十五《南粤传》，北京：中华书局，1962 年，第 3852 页。

③ 王学理：《汉南陵从葬坑的初步清理——兼谈大熊猫头骨及犀牛骨骼出土的有关问题》，《文物》1981 年第 11 期。

④ （南朝宋）范晔撰，（唐）李贤等注：《后汉书》卷一《光武帝纪》，北京：中华书局，1965 年，第 5 页。

养后的犀牛在汉代的生活中也得到了广泛的应用，如用于观赏和战争等。

3. 犀皮的应用

犀牛是目前陆地上皮最厚的动物，因犀牛皮厚，又由坚硬的角质组成，所以古人主要用犀皮来制作犀甲、犀轩等。

（1）犀甲。

犀甲的应用早在周代就开始了。《周礼·考工记》云："函人为甲。犀甲七属，兕甲六属，合甲五属。犀甲寿百年，兕甲寿二百年。"① 周代，由"函人"负责监管兕甲和犀甲的生产。"函人"将兽皮分割为长方形，然后分别串接成甲片单元，与胸、背、肩部的宽度对应，称为"一属"。最后"函人"将这些甲片单元排放好，串连成犀甲。由此可知，犀甲是用犀牛皮制造的，犀甲七属是指甲衣的长度。到春秋战国时期，犀牛的活动范围已经缩至江南和西南一带，犀牛数量锐减，变得稀缺。而在江南的楚、越等国的犀牛资源仍旧很丰富，楚、越等国所生产的犀甲赫赫有名，在战争中发挥着重要作用。如《荀子·议兵》云："楚人鲛革，犀兕以为甲，坚如金石。"②《吴越春秋·勾践伐吴外传》云："今夫差衣水犀甲者十有三万人。"③ 可见当时在楚、越等国，犀牛并不是十分稀有的动物。但由于战争不断，对犀甲的需求量越来越大，大大加剧了犀牛的锐减速度。随着犀牛的锐减以及后来铁制铠甲的出现，犀甲也就慢慢地退出了历史舞台。

（2）犀轩。

所谓犀轩，是指古代公卿贵族所乘的用犀皮装饰的车，在春秋战国时期很流行。如《左传·定公九年》："齐侯谓夷人曰：'得敝无存者，以五家免。'乃得其尸。公三襚之，与之犀轩与直盖，而先归之。坐引者，以师哭之，亲推之三。"④ 孔颖达疏曰："……下与之犀轩，犀轩是卿车，明三襚终以卿服。"又曰："指言卿车者，言以贵者赏之也，鱼轩以鱼皮为饰，犀轩当以犀皮为饰也。"

4. 犀角的应用

与犀甲相反，我国对犀角的利用随着时间的推移反而愈来愈受到重

---

① （汉）郑玄注，（唐）贾公彦疏，彭林整理：《周礼注疏》卷四十七，上海：上海古籍出版社，2010 年，第 1596 页。

② （周）荀子撰，（唐）杨倞注，（清）卢文弨、谢墉校：《荀子》卷十，北京：中华书局，1985 年，第 316 页。

③ （汉）赵晔撰：《吴越春秋》卷六《勾践伐吴外传》，北京：中华书局，1985 年，第 205 页。

④ （春秋）左丘明原著，陈戍国撰：《春秋左传校注》，长沙：岳麓书社，2006 年，第 1188 ~ 1190 页。

视。随着犀角雕刻技术的发展，人们对犀牛角的种类、特征及划分的认识也逐步加深。不同品种的犀角，其用途也不尽相同。在汉代，犀角主要用于医疗祛病、制造工艺、贡赋贡品等方面。

（1）医疗祛病。

早在春秋战国时期，用犀角做觥（觥为当时的饮酒器，当时的人们认为犀角有壮阳的功能），认为以此饮酒对身体有益。犀角在汉代还被当成药材，是《神农本草经》中的365种药物之一，在上、中、下三类药物中属于“中药”，“中药一百二十种，为臣，主养性，以应人，无毒有毒斟酌其宜。欲遏病补羸者，本中经”①。

（2）制造工艺。

在汉代，“犀玉”并称、“犀象”并称的现象非常多，如《史记》中所记载的“犀玉之器”和“犀象之器”都是贵族们喜好的奢侈品。

犀角被制成导发的工具，称为犀簪导。古人一般以犀簪导来引发入冠帻内，这种用法后来逐渐成为国家的舆服制度而长期存在。《南齐书》卷十七中云：“旧用驳犀簪导，东昏改用玉。”② 可见魏晋南北朝时有过一段时期没有使用犀簪导，但自隋朝开始，使用犀簪导的范围逐渐扩大，而且明文规定只有皇室才享有这项权利。

犀角也用于制作印玺，用犀角做的印玺地位在象牙之上，白玉之下。在汉代，犀角也用于装饰剑。东汉时皇帝将用犀角装饰过的剑赏赐给宠臣。《后汉书·冯鲂传》云：“（冯鲂孙冯石）为安帝所宠。帝尝幸其府，留饮十许日，赐驳犀具剑、佩刀。”③ 关于这一点，李贤注曰：“以班犀饰剑也。”恒帝延熹年间，应奉因平定武陵蛮乱有功，而“赐奉钱十万，驳犀方具剑、金错把刀剑、革带各一”。犀角还被用来装饰墙壁，在扬雄的赋中有“壁马犀之瞵王扁”之句，《汉书·扬雄传》注曰：“马犀者，玛瑙及犀角也。以此二种饰殿之壁。”

（3）贡赋贡品。

正因为犀角有上述如此之多的用途，所以备受欢迎，在汉代已经成为岭南和西南地区的重要贡赋之一，甚至替代酎金、黄金充赋。汉文帝时颁布《酎金律》，“酎”本是三酿之醇酒，用于祭祀宗庙，律文规定各诸侯王列侯每年都要按封国人口献黄金助祭，每千口奉金四两，余数超过五百口

① 孙星衍等辑：《神农本草经》卷二，北京：中华书局，1985年，第57～58页。

② （南朝梁）萧子显撰：《南齐书》卷十七，北京：中华书局，1972年，第341页。

③ （南朝宋）范晔撰，（唐）李贤等注：《后汉书》志第三十三，北京：中华书局，1965年，第1149页。

也出四两，称为酎金。元鼎五年（公元前112年）时，武帝曾借口列侯所献酎金数量和成色不足，一下子褫夺了106人的爵位。《后汉书·章帝纪》注曰："武帝时因八月尝酎，令诸侯出金助祭。所谓酎金也。丁孚《汉仪式》曰：'九真、交趾、日南者用犀角二，长九寸，若玳瑁甲一；郁林（治所在今广西桂平）等郡用象牙一，长三尺以上，若翠羽各二十，准以当金。'"[①] 可见当时汉代准许九真、交趾、日南、郁林等郡用犀角、象牙、玳瑁、翠羽等充当黄金以入赋。

到汉末，犀角被魏、蜀、吴三个政权当作重要资源，他们都高度重视犀角的应用。在魏文帝黄初二年（公元221年），"魏文帝遣使（至吴）求……象牙、犀角、玳瑁、孔雀、翡翠、斗鸭、长鸣鸡。群臣奏曰：'荆、杨二州，贡有常典，魏所求玩珍之物非礼也，宜勿与。'权曰：'……彼所求者，于我瓦石耳，孤何惜焉？彼在谅暗之中，而所求若此，宁可与言礼哉！'皆具以与之。"[②] 可见吴国因犀牛、犀角资源丰富，才会满足魏国的要求。同年，蜀国的李恢出任交州刺史，当时"南夷复叛，杀害守将。恢身往扑讨，钼尽恶类，徙其豪率于成都，赋出叟、濮耕牛战马金银犀革，充继军资，于时费用不乏"[③]。吴国的薛综上书孙权，强调岭南地区犀角、象牙等特产的重要性，向孙权建议派遣交州刺史时要用人得当，要求交州刺史的人选能够做到"县官羁縻，示令威服，田户之租赋，裁取供办，贵致远珍名珠、香药、象牙、犀角、玳瑁、珊瑚、琉璃、鹦鹉、翡翠、孔雀、奇物，充备宝玩，不必仰其赋入，以益中国也"[④]。

由上述可知，犀角作为朝廷上下喜爱的贡品，与金银、珠玉、象牙、玳瑁一起，在汉代已经成为财富的象征，成为贵族身份和地位的一种标志。因此，许多官员为了获取犀角，甚至不惜贪赃枉法。宣帝五凤四年（公元前54年），湘成侯居翁之子益昌，"坐为九真太守盗使人出买犀、奴婢，赃百万以上，不道，诛杀"[⑤]。到了东汉，统治阶级追求犀、象之珍的

---

① （南朝宋）范晔撰，（唐）李贤等注：《后汉书》卷三《肃宗孝章帝纪》，北京：中华书局，1965年，第142页。

② （晋）陈寿撰，（宋）裴松之注：《三国志》卷四十七《吴书·孙权传》注引《江表传》，北京：中华书局，1982年，第1124页。

③ （晋）陈寿撰，（宋）裴松之注：《三国志》卷四十一《蜀书·李恢传》，北京：中华书局，1982年，第1046页。

④ （晋）陈寿撰，（宋）裴松之注：《三国志》卷五十三《吴书·薛综传》，北京：中华书局，1982年，第1252页。

⑤ （汉）班固撰，（唐）颜师古注：《汉书》卷十七《景武昭宣元成功臣表》，北京：中华书局，1962年，第656页。

风气更为盛行。东汉后期著名思想家王符（约公元85—162年）在《潜夫论·俘侈篇》中描述道："今京师贵戚，衣服、饮食、车舆、文饰、庐舍，皆过王制……犀象珠玉，虎魄玳瑁，石山隐饰，金银错镂……骄奢僭主，转相夸诧。"① 邓绥（号称"皇后之冠"，公元81—121年）在其临朝听政期间，力倡反对奢华，并做到身体力行，"金银、珠玉、犀象、玳瑁、雕镂玩弄之物，皆绝不作"②，但是收效不大，可见当时犀角受人喜爱的程度。《后汉书·贾琮传》记载："旧交趾土多珍产，明珠、翠羽、犀、象、玳瑁、异香美木之属，莫不自出。前后刺史率多无清行，上承权贵，下积私赂，财计盈给，辄复求见迁代，故吏民怨叛。"③ 所以，汉代在南方形成了一种"官南方者多贪"的现象。吕思勉《官南方者之贪》总结云："宦于南方者，遂多贪墨之徒。"④ 三国吴的交州刺史陆胤因"内无粉黛附珠之妾，家无文甲犀、象之珍"而被誉为"方今之臣，实难多得"⑤。

犀角作为珍贵的礼品，在外交活动中也扮演着十分重要的角色。在外交活动中，赠送犀角的行为至少可以追溯到战国时代。《战国策》中曰："张仪为秦破纵连横，说楚王，楚王谴车百乘，献骇鸡之犀，夜光之璧于秦王。"⑥ 南越王赵佗献给汉文帝的礼物中就有"犀角十"⑦。又如《后汉书·西域传》所载："延熹九年（公元166年）大秦国王安敦谴使自日南徼外献象牙、犀角、玳瑁，始乃一通焉。"⑧

（二）大象在汉代世俗生活中的应用

大象在汉代世俗生活中的应用主要是象贡、大象驯养、象牙以及其他象产品。下面就汉代大象在世俗生活中的应用情况逐一说明。

---

① （汉）王符著，（清）汪继培笺，彭铎校正：《潜夫论笺校正》，北京：中华书局，1985年，第130页。

② （南朝宋）范晔撰，（唐）李贤等注：《后汉书》卷十《皇后纪》，北京：中华书局，1965年，第422页。

③ （南朝宋）范晔撰，（唐）李贤等注：《后汉书》卷三十一《郭杜孔张廉王苏羊贾陆列传》，北京：中华书局，1965年，第1111页。

④ 吕思勉：《吕思勉读史札记》（上）《官南方者之贪》，上海：上海古籍出版社，2005年，第578～580页。

⑤ （晋）陈寿撰，（宋）裴松之注：《三国志》卷六十一《吴书·陆凯传》，北京：中华书局，1982年，第1410页。

⑥ 缪文远、缪伟、罗永莲译注：《战国策》卷十四《楚策》，北京：中华书局，2012年，第409～415页。

⑦ （汉）班固撰，（唐）颜师古注：《汉书》卷九十五《南粤传》，北京：中华书局，1965年，第3852页。

⑧ （南朝宋）范晔撰，（唐）李贤等注：《后汉书》卷八十八《西域传》，北京：中华书局，1965年，第2920页。

1．象贡

古代中国进贡的贡品以“土贡”为主，而“土贡”所贡即地方特产，而且期限多为“一岁一贡”，也有“三年一贡”、“五年一小贡，九年一大贡”，周期不定。在汉代，象和象产品特别是象牙时常出现在贡品中，如表2－4所示：

表2－4　汉代象贡和象牙进贡情况

朝代	年号	公元纪年	所贡物品的来源地（古地）	今地范围	进贡原因
西汉	元狩二年	前121	南越国	五岭以南至今越南中部	例贡
东汉	永元六年	94	永昌郡	今云南境内	土贡
	永初元年	107	永昌郡	今云南境内	内附
	延熹九年	166	大秦	今意大利	通好
	延熹十年	167	大秦	今意大利	通好
	建安七年	202	于阗国	今新疆和田一带	例贡
	建安十五年	210	交趾	今越南北部	例贡
	建安二十五年	220	日南国	今越南中部	例贡

2．驱用大象

大象是自古以来长期为人类所用的动物。要使大象为人所用，就必须先对其猎捕，然后进行驯化。人们对大象驱用的形式多样，有“役象代劳”、“象戏”、“象战”、“象耕”、“象骑”等多方面。下面主要以“象戏”和“象战”为例来阐述大象在汉代的驱用情况。

（1）象戏。

象戏在中国历史悠久，可能早在战国时期就已经存在了。《汉书·礼乐志》云：“楚鼓员六人，常从倡三十人，常从象人四人……秦倡象人员三人……朝贺置酒为乐。”[①] 这里所说的“象人”，在古代有两种不同的意

① （汉）班固撰，（唐）颜师古注：《汉书》卷二十二《礼乐志》，北京：中华书局，1965年，第1073～1074页。

见。孟康和颜师古均认为:“象人,若今戏虾鱼师子者也。”而韦昭则认为“象人”乃“著假面者也”[①]。这种象人助兴的现象,应该是战国时期遗留下来的。元狩二年(公元前121年)夏,“南越献驯象,能言鸟”[②],可见西汉武帝时,就已经有南越所贡的驯象了。同一时期,武帝“巡狩海上,乃悉从外国客……大角氐(抵)……及加其眩者之工,而角氐奇戏岁增变,其愈兴,自此始”[③]。由于环境变化等原因,此时在北方的黄河流域,象已经成为罕见之物了。但在最高统治者的倡导下,以象为主角的象戏仍是此时汉朝社会兴起的所谓“百戏”中的一个重要内容。如山东济宁汉代百戏图中有猴戏、熊戏、象戏等内容,其中象戏图中画有六人共坐于象背、一人坐于挺起的象鼻之上。这说明,在汉代大象已经成为“百戏”的主角开始表演节目了。张衡《西京赋》云:“大驾幸于平乐……临回望之广场,程角牴之妙戏……怪兽陆梁,大雀踆踆,白象行孕,垂鼻辚囷。”[④]描述了西汉长安平乐观前百戏演出的盛况。另外李尤《平乐观赋》曰:“方曲既设,秘戏连叙……禽鹿六驳,白象朱首。”[⑤]则描述了东汉洛阳平乐观前百戏演出的盛况。

汉代以后,进贡驯象到中原王朝的记载开始屡见于史籍。当时中原地区象戏的主角,大多是从外国进贡而来的。三国时期的“舞象”活动仍旧盛行。为表彰新都郡郡守贺齐的战功,东吴孙权在贺齐凯旋之时,“出祖道,作乐舞象”[⑥]。而《吴书》中有权谓齐曰:“今定天下,都中国,使殊俗贡珍,狡兽卒舞,非君谁与?”[⑦]由此可见,孙权将“作乐舞象”视为“殊俗贡珍”,可知舞象是极其高雅和光荣的乐舞。直到西晋,江左仍然流行“巨象行孕”等节目。隋代,象戏已经成为百戏舞台中的重要节目之

① 周永卫:《两汉交趾和益州对外关系研究——以若干物质文化交流为主》,汕头:汕头大学出版社,2009年,第78页。

② (汉)司马迁:《史记》卷六《武帝纪》,北京:中华书局,1959年,第176页。

③ (汉)班固撰,(唐)颜师古注:《汉书》卷六十一《张骞传》,北京:中华书局,1962年,第2697页。

④ (清)严可均辑,许振生审订:《全后汉文》下册卷五十二,北京:商务印书馆,1999年,第541~542页。

⑤ (清)严可均辑,许振生审订:《全后汉文》下册卷五十,北京:商务印书馆,1999年,第507页。

⑥ (晋)陈寿撰,(宋)裴松之注:《三国志》卷六十《贺齐传》,北京:中华书局,1982年,第1397页。

⑦ (晋)陈寿撰,(宋)裴松之注:《三国志》卷六十《吴书·贺全吕周钟离传》,北京:中华书局,1982年,第1397页。

一。到了唐代，象戏艺术达到新的高峰，“巨象行孕”等节目仍旧常出现于街头或寺庙中。

反映汉代“象舞”活动的考古材料不胜枚举。据贾峨先生的研究整理，洛阳东汉汉墓出土的陶骑象俑，年代在光武、明帝时期（公元25—76年）；河南新安县古路沟东汉墓出土的陶骑象俑，年代在东汉中期，象首涂有朱色（正好与李尤《平乐观赋》中的“白象朱首”相互印证）；在河南正阳杨庄发现了东汉铜骑象俑。此外，还有许多与象舞有关的画像石，如河北定县汉墓出土的夫人错金银铜车饰上的四幅画像中，最上面那一幅的主纹就是象舞的场面，年代是公元前1世纪后半叶；河南唐河汉墓画像石上刻有象舞，年代是天凤五年（公元18年）；河南登封少阕东阕和启母阙上所刻的象舞，年代在安帝时期，约为公元118—123年；徐州茅村东汉画像石墓二室北壁的画面上也有“象舞”的场面；东汉南阳汉画像石和江苏铜山洪楼汉画像石上也有“象舞”的画面。[①] 就俞伟超等搜集到的有关驯象图案的汉代画像石就达9例之多，[②] 其中大都与“象舞”有关。

（2）象战。

亚洲象能否直接驯化为军事所用，我们不得而知，但从古代文献中可知大象时常被运用于战争。《仪礼集传集注》卷二十七《王朝礼四之上》曰：“武成王立，殷民反，王命周公践伐之，商人服象（象，兽名也）。为虐于东夷，周公遂以狮逐之，至于江南乃为三象。”[③] 由此可知，早在周初人们就已经开始利用大象作战了，“象战”的历史可谓久远。春秋时期，楚国也曾运用过“象战”。《春秋左传》记载：“定公四年，刘文公合诸侯谋伐楚……王（楚昭王）使至燧象，以奔吴师［杜］烧火燧系象尾，使赴吴师，惊却之。”[④] 可以看出，最初象战的方法很简单，只需“火燧”即可，并没有精细的布阵。

汉代大象较之前代数量有所下降，不像前代那样用于战争，而只是作助威之用。正如《后汉书》卷一《光武帝纪》所载：“初，王莽征天下能

---

① 转引自周永卫：《两汉交趾和益州对外关系研究——以若干物质文化交流为主》，汕头：汕头大学出版社，2009年，第79页。

② 俞伟超、信立祥：《孔望山摩崖造像的年代考察》，《文物》1981年第7期。这9例驯象图是山东孝堂山画像、南武阳皇圣卿阙画像、南武阳功曹阙画像、河南登封少室石阙画像、山东滕县宏道院画像石、滕县画像石、嘉祥吕村画像、南阳所处画像石、徐州洪楼画像石。

③ （宋）朱熹撰：《仪礼集传集注》卷二十七《王朝礼四之上》，影印文渊阁《四库全书》，台北：台湾商务印书馆，1983年。

④ 杨伯峻编著：《春秋左传注》，北京：中华书局，1981年，第1545页。

为兵法者六十三家数百人，并以为军吏。选练武卫，招募猛士，旌旗辎重，千里不绝。时有长人巨无霸，长一丈，大十围，以为垒尉。又驱诸猛兽，虎豹犀象之属，以助威武。自秦汉出师之盛，未尝有也。”① 这说明，在汉代大象很是珍贵，已经成为军队威仪的象征，而不再直接应用于作战。西汉时，皇帝出行的仪仗队中已经有“象车”。《西京杂记》卷五记载：“汉朝舆驾祠甘泉汾阴，备千乘万骑，太仆执辔，大将军陪乘，名为大驾。……象车鼓吹十三人，中道。”②《太平御览》卷八百九十曰：“晋时南越致驯象，于皋泽中养之。为作车，黄门鼓吹数十人，令越人骑之。每正朝大会，皆入充庭。帝行则以象车导引。以试桥梁。后象以鼻击害人。有司视之而杀象。垂鼻泣，血留地不敢动。自后朝议以象无益于事，悉送还越。”③

人类驱用亚洲象的形式多样，除了上述详细阐述的“象戏”、“象战”外，还有“象礼仪”（如“今朝廷午门立仗及乘舆卤薄皆用象”④）、“象耕”（如“茫蛮部落……象大如水牛，土俗养象以耕田，仍烧其粪”⑤）等方面。大象的驱用涉及人类世俗生活的方方面面，无论官方还是民间，处处可见人类驱用大象的痕迹，大象对汉代世俗生活可谓影响深远。

3. 象牙的应用

象的应用应首推象牙，象牙因其质地优越而成为上好的手工业原材料，又因其独特、珍贵而历来被民间及官府推崇，自古以来就与人类的世俗生活密不可分。象牙在汉代世俗生活中的应用，主要体现在舆服、制造工艺、贡赋贡品等方面。

(1) 舆服。

车舆之制在《周礼》中有明确记载。车舆制度中天子有“五辂”，“象辂”是其中重要的一种，《尚书全解·顾命》曰：“周礼有五辂：一曰玉辂，以玉饰也；二曰金辂，以金饰也；三曰象辂，以象饰也；四曰革

① （南朝宋）范晔撰，（唐）李贤注：《后汉书》卷一《光武帝纪》，北京：中华书局，1965 年，第 5 页。

② （汉）刘歆撰，（晋）葛洪集，向新阳、刘克任校注：《西京杂记校注》卷五，上海：上海古籍出版社，1991 年，第 218 页。

③ （宋）李昉等撰：《太平御览》卷八百九十引《晋诸公赞》，北京：中华书局，1960 年，第 3956 页。

④ （清）于敏中等编纂：《日下旧闻考》卷四十九《城市》，北京：北京古籍出版社，1985 年，第 785 页。

⑤ （清）王崧纂：《云南备征志》卷二《蛮书·名类第四》，据清宣统二年铅印本影印，台北：成文出版社有限公司，1967 年，第 125 页。

辂，鞔之以革而漆之无他饰；五曰水辂，不鞔以革漆之而已。"[①] 这里的"以象饰之"即以象牙饰之。

（2）制造工艺。

象牙作为服饰中的饰品古来有之，早在商朝时期，象牙笄就已经出现，春秋战国时期，象牙装饰也可见一斑。《礼记·玉藻》云："孔子佩象环。"[②] 说明象牙作为饰物已经受到了士大夫们的青睐。《后汉书·舆服志》记载："佩双印，长寸二分，方六分。乘舆、诸侯王、公、列侯以白玉，中二千石以下至四百石皆以黑犀，二百石以至私学弟子皆以象牙。"[③] 说明了当时以佩戴象牙制品来代表身份等级，且佩戴象牙制品的人相当多。由此观之，当时社会对象牙的需求量相当大。此外，象牙器如"象牙印"、"象简"、"象牙棋"、"象牙镇纸"、"象牙笔"等也都成了人们喜爱的生活用品。汉代的考古发现可以与之相互佐证，如南越王墓出土的象牙印、象牙棋子、象牙耳钉等，[④] 河北满城 2 号汉墓出土的象牙勺、象牙碗、象牙器柄等。[⑤]

（3）贡赋贡品。

象牙和犀角一样，在汉代仍然是南方和异域蛮夷朝贡的重要物品。如公元 166 年，"大秦国王安敦遣使自日南徼外献象牙、犀角、玳瑁"[⑥]。此外，汉武帝时经常举行祭祀活动，常令诸侯出金助祭，即前文所说的"酎金"。而郁林郡（今广西）就多以象牙替代"酎金"，《后汉书·章帝纪》记载："秋八月，饮酎高庙，禘祭光武皇帝、孝明皇帝。……丁孚《汉仪式》曰：'九真、交趾、日南者用犀角二，长九寸，若玳瑁甲一；郁林等郡用象牙一，长三尺以上，若翠羽各二十，准以当金。'"[⑦]

---

① （宋）林之奇撰：《尚书全解》卷三十七《顾命》，影印文渊阁《四库全书》。

② （汉）郑玄注，（唐）孔颖达正义，吕友仁整理：《礼记正义》卷四十《玉藻》第十三，上海：上海古籍出版社，2008 年，第 1230 页。

③ （南朝宋）范晔撰，（唐）李贤注：《后汉书》卷一百一十九《舆服志》，北京：中华书局，1965 年，第 3672 页。

④ 广州市文物管理委员会、中国社会科学院考古研究所、广东省博物馆编：《西汉南越王墓》（上册），北京：文物出版社，1991 年，第 252 页。

⑤ 中国社会科学院考古研究所、河北文物管理处编：《满城汉墓发掘报告》，北京：文物出版社，1980 年，第 333 页。

⑥ （南朝宋）范晔撰，（唐）李贤注：《后汉书》卷八十八《西域传》，北京：中华书局，1965 年，第 2920 页。

⑦ （南朝宋）范晔撰，（唐）李贤注：《后汉书》卷三《肃宗孝章皇帝纪》，北京：中华书局，1965 年，第 142 页。

二、犀、象在汉代宗教活动中的应用

犀、象在汉代的应用很广泛，不仅仅在汉代世俗生活中充当贡品，用于制作工艺、祛病等，在宗教方面也具有十分重要的作用。汉代犀、象在宗教活动中往往用于祭祀、陪葬等方面，其与佛教的密切联系也值得探讨。

（一）祭祀

祭祀在中国封建社会是一项重要的政府行为，历史上中国水患不断，用象牙祭祀水神以镇杀水中精怪，自古有之。《周礼·秋官·壶涿氏》云："壶涿氏掌除水虫，以炮土之鼓欧之，以焚石投之。如欲杀其神，则以牡橭午贯象齿而沉之，则其神死，渊为陵。"① 可见，在先秦时代象牙被赋予驱除水患的寓意，随着朝代的更迭，用象牙祭祀的风俗也被历代传承和延续。

（二）陪葬

犀角、象牙等珍品在汉代已经成为财富的象征，统治阶级在活着的时候享用犀角、象牙，也想死后在阴间继续享用，于是就用犀角、象牙等来陪葬。如在长沙马王堆1号汉墓中曾经出土过一件木犀角。在广州西汉前期的墓葬中有两座汉墓出土了陶犀角，其中一座出土了4件，另一座出土了15件。在广州西汉后期的墓葬中有一座汉墓出土了2件陶犀角。② 在其他考古发现中也有不少象牙，前文已有阐述。

（三）佛教

佛教是世界三大宗教之一，起源于印度，于两汉之际分别从陆、海两道传入中国。象与佛教有着密切的联系。陈寅恪先生很早就发现《三国志·魏志·曹冲传》中所记载的"曹冲称象"故事属于佛教故事，"杂糅附益于期间，特迹象隐晦，不易发觉其为外国输入者耳"③。

山东滕县曾出土过一幅汉画像石，这个画像上的大象有六支牙齿，劳干先生认为这是早期佛教对中国艺术影响的产物，推测其年代大概为东汉

---

① （汉）郑玄撰，（唐）贾公彦疏，彭林整理：《周礼注疏》卷三十六《秋官司寇下》，南昌学府，清嘉庆二十年。

② 广州市文物管理委员会、广州市博物馆等编：《广州汉墓》（上册），北京：文物出版社，1981年，第128、281页。

③ 陈寅恪：《三国志曹冲华佗传与佛教故事》，《寒柳堂集》，上海：上海古籍出版社，1980年，第157页。

章帝建初年间（公元76—84年）。在地理位置上，山东滕县与楚国都城徐州距离不远。而据记载，楚王英正是在章帝时期开始信奉佛教的。劳干先生把佛教传统中的六齿象划分为三类：第一类为释迦牟尼的前生；第二类为天神Indra的坐骑；第三类为普贤菩萨的坐骑。滕县画像石上的六齿象应属于第二类。中国艺术中的六齿象应该是从印度传来的，但在造型上有所改造，因为印度艺术中六齿象的六齿是每边各三齿，且这三齿都是平行的，而滕县六齿象每边的三齿只有两齿是平行的。[①] 另外，孙机先生发现，徐州市博物馆收藏的铜山洪楼汉画像石上也有六牙象，除此之外还有河伯、雷神等中国传统的神仙，反映了当时佛教依附于道教，即佛道杂糅的现象。[②]

贾峨先生认为，“六牙白象”的形象是在汉唐期间传入我国佛教“行像”活动中的。所谓的“行像”是指佛教徒于每年四月举行盛会，庆祝释迦牟尼的诞辰日（四月八日）。大象驮着佛像或佛牙沿街串庙，表演百戏，展示佛像。而前文所提到的“象舞”也是“行像”活动中的一个重要节目。杨衒之在《洛阳伽蓝记》中记述北魏洛阳的“行像”活动时，提到“六牙白象负释迦在虚空中”[③]。根据俞伟超先生的考证，内蒙古和林格尔东汉墓（年代约为公元145—200年）中的壁画上有“仙人骑白象”图，也属于佛教题材。由此可以得出佛教最初在中国传播时依附于道教，处于道教的附庸地位，所以佛教徒往往借用道教的用语，自称为“仙人”。[④]

第三节　汉代岭南犀、象贸易路线

由于社会对犀、象的大量需求，犀、象贸易得以发展。然而在我国两汉时期岭南真正意义上的犀、象贸易比较少，多为朝贡。本节关注的内容主要如下：在当时的历史背景和社会条件下，犀、象的朝贡或贸易具体情

---

① Lao Kan, “Six-Tusked Elephants on a Han Bas-Relief”, *Harvard Journal of Asiatic Studies*, 1954, Vol. 17, pp. 366 – 369. 又见于《劳干学术论文集》（甲编），台北：艺文印书馆，1976年，第1391 ~ 1395页。

② 孙机：《汉代物质文化资料图说》，上海：上海古籍出版社，2008年，第524页。

③ （北魏）杨衒之著，杨勇校笺：《洛阳伽蓝记校笺》卷一，北京：中华书局，2006年，第44页。

④ 俞伟超：《东汉佛教图像考》，《文物》1980年第5期。

况是怎样的？朝贡或贸易的路线有哪些？有哪些人在哪些地区从事着这样的朝贡或贸易？它们究竟是以怎样的方式和媒介来进行贸易的？

汉代岭南犀、象贸易的路线，可以分为本土犀、象贸易路线和异域犀、象贸易路线。由于异域犀、象贸易路线与前述异域香料贸易路线一致，这里不再赘述。以下重点讨论本土犀、象的贸易路线。

本土犀、象的贸易路线主要有两条，其一为岭南向中原地区的朝贡贸易路线，其二为岭南与西南的贸易路线。

一、岭南犀、象朝贡贸易路线

汉代，交趾—徐闻—番禺之间的水上交通十分繁忙，被称为“黄金水道”，官船、战船、商船等络绎不绝，官员、商人、僧人、将士、逃难者、罪犯家属等熙来攘往。《初学记》卷六引谢承《后汉书》云：“交趾七郡贡献，皆从涨海（即南海）出入。”提到交趾七郡朝贡都是从南海出入的。具体来说，交趾七郡中，郁林、苍梧两郡的贡物顺着西江而下，再经过南海郡的番禺，最后沿海东上。而其他四郡（交趾、合浦、九真、日南）的贡物，不是经过徐闻，就是从徐闻出发。古代的船只沿海航行时，要不断靠岸，以补充淡水和食物。统治者喜爱珍禽异兽等，所以珍禽异兽历来是各地向皇帝进献的重要物品，汉朝也不例外。这些郡县贡献的主要物品中就有犀、象以及犀角、象牙等。《汉书·南粤传》记载赵佗献给汉文帝的礼物有“白璧一双，翠鸟千，犀角十，紫贝五百，桂蠹一器，生翠四十双，孔雀二双”。武帝“元狩二年（公元前121年）……南越献驯象，能言鸟”。宣帝“元康四年（公元前62年）……九真献奇兽”[①]。古人也没有具体解释这里所记载的“奇兽”到底为何物，有的说是白象，有的只说是“驹形［麟］色，牛角”[②]。“旧交趾土多珍产，明珠、翠羽、犀、象、玳瑁、异香美木之属，莫不自出。”[③]岭南的犀角、象牙等珍宝特产，备受汉代朝廷的喜爱，因此岭南向中原朝贡的路线也是岭南犀、象的贸易路线。

---

① （汉）班固撰，（唐）颜师古注：《汉书》卷八《宣帝纪》第八，北京：中华书局，1962年，第259页。

② （汉）班固撰，（唐）颜师古注：《汉书》卷八《宣帝纪》第八，北京：中华书局，1962年，第260页。

③ （南朝宋）范晔撰，（唐）李贤等注：《后汉书》卷三十一《贾琮传》，北京：中华书局，1965年，第1111页。

到东汉末年，士燮家族控制交趾，“燮每遣使诣（孙）权，致杂香细葛，辄以千数，明珠、大贝、流离、翡翠、玳瑁、犀、象之珍，奇物异果，蕉、邪、龙眼之属，无岁不至”[①]。这段材料阐述了岭南向朝廷贡献的物品中有犀、象等。《后汉书·郑弘传》云：“建初八年（公元83年），（郑弘）代郑众为大司农。旧交趾七郡贡献转运，皆从东冶，泛海而至，风波艰阻，沉溺相系。弘奏开零陵、桂阳峤道，于是夷通，至今遂为常路。”[②]文献中记载七郡所贡献的贡物泛海而至，但遭遇风波，后沉溺。为此，一些学者认为公元83年后岭南与北方的交通不是原来开发的海路，而主要是经零陵、桂阳沿陆路北上，因为陆路要比海路安全得多。[③]但事实并非如此，郑弘所奏开的零陵、桂阳峤道在公元83年以后并不像有些学者所认为的那样安全，如《后汉书·和帝纪》注引谢承书所曰：“和帝时期（公元89—106年），唐羌字伯游，辟公府，补（桂阳郡）临武长。县接交州，旧献龙眼、荔枝及生鲜，献之，驿马昼夜传送之，至有遭虎狼毒害，顿仆死亡不绝。道经临武，羌乃上书谏曰：‘……伏见交趾七郡献生龙眼等，鸟惊风发。南州土地，恶虫猛兽不绝于路，至于触犯死亡之害。死者不可复生，来者犹可救也。此二物升殿，未必延年益寿。’[④]（和）帝从之。”正如吕思勉先生所言：“即峤道开后，海运亦未必能废，此不过盛夸郑弘之功耳。”[⑤]郑弘奏开零陵、桂阳峤道以后，岭南交趾、徐闻、番禺至北方的近海交通并没有被废弃，仍然占据着非常重要的地位。到了东汉灵帝以后，又因为大批中原士人来往交趾，以及东吴政权的兴起，这条朝贡航线不但没有衰落，反而在原来的基础上更加繁荣了。

二、岭南与西南的贸易路线

岭南与西南的关系自古就十分密切。李绪柏在《两汉时期的巴蜀文化与岭南文化》中对两汉时期的巴蜀文化与岭南文化进行了比较，认为巴蜀

---

① （晋）陈寿撰，（宋）裴松之注：《三国志》卷四十九《吴书·刘繇太史慈士燮传》，北京：中华书局，1982年，第1192～1193页。

② （南朝宋）范晔撰，（唐）李贤等注：《后汉书》卷三十三《郑弘传》，北京：中华书局，1965年，第1156页。

③ 吴焯：《佛教东传与中国佛教艺术》，杭州：浙江人民出版社，1991年，第124～128页；阮荣春：《佛教南传之路》，长沙：湖南美术出版社，2000年，第60～61页。

④ （南朝宋）范晔撰，（唐）李贤等注：《后汉书》卷四《和帝纪》，北京：中华书局，1965年，第194～195页。

⑤ 吕思勉：《秦汉史》（下册），台北：开明书店，1969年，第602页。

与岭南有如下三个相同点：①地理环境上，都有崇山峻岭与中原地区隔绝，交通方面十分困难；②均属于边远蛮荒之地，开发较其他地区晚；③两地的少数民族众多。[①] 正是因为以上三个相同点，岭南与西南的关系密不可分。两地虽然都交通不便，导致与中原地区的联系不畅，但是岭南与西南之间的联系却很密切。从地理上说，西江的上游南盘江和北盘江都发源于云南，而珠江水系又很好地将云贵两广地区联系起来。

再加上岭南与西南地区大部分都处于亚热带与热带地区，因此在物产方面很相似。两地都盛产金、银等贵重金属，还是犀、象、犀角、象牙等珍禽异兽和奢侈品的重要产地。如《后汉书·朱晖传》曰：

元和中（公元84—87年）……是时谷贵，县官经用不足，朝廷忧之。尚书张林上言："谷所以贵，由钱贱故也。可尽封钱，一取布帛为租，以通天下之用。又盐，食之急者，虽贵，人不得不须，官可自鬻。又宜因交趾、益州上计吏往来，市珍宝，收采其利，武帝时所谓均输者也。"于是诏诸尚书通议。晖奏据林言不可施行，事遂寝。后陈事者复重述林前议，以为于国诚便，帝然之，有诏施行。[②]

童恩正在《略谈秦汉时代成都地区的对外贸易》一文中指出，早在秦汉时代，成都古城及其邻近地区就已经与中亚、东南亚、东北亚发生了直接或间接的经济和文化交往。[③] 而巴蜀地区的巴蜀商人集团则充当了西汉前期西南地区甚至是岭南地区对外交往的主力和先锋。[④] 西汉时期巴蜀商人的活动范围十分广泛，他们的足迹不仅遍布国内的长安、番禺等大都市，而且把蜀地的商品远销至西域、中亚、印度、东南亚、东北亚等地区。《史记·货殖列传》中共记载了西汉时期的12位货殖高手，其中第一位和第二位是蜀地的蜀卓氏与程郑，而程郑就是因为"冶铸，贾椎髻之民"而"富埒卓氏"，司马贞《索隐》注释说"贾椎髻之民"就是"通贾南越也"。由此可知，汉代岭南与西南地区有着颇为密切的贸易往来。

通过对汉代岭南犀、象贸易的研究，我们对汉代岭南犀、象贸易有了以下新认识。其一，犀、象的应用更为广泛。由于犀、象的重要性和独特性，犀、象的应用普及社会世俗生活的各个方面，后随着佛教的传入，大

---

① 李绪柏：《两汉时期的巴蜀文化与岭南文化》，《学术研究》1997年第3期。

② （南朝宋）范晔撰，（唐）李贤等注：《后汉书》卷四十三《朱晖传》，北京：中华书局，1965年，第1460页。

③ 徐中舒主编：《巴蜀考古论文集》，北京：文物出版社，1987年，第153～158页。

④ 周永卫：《两汉交趾和益州对外关系研究——以若干物质文化交流为主》，汕头：汕头大学出版社，2009年，第104页。

象的应用也变得更加广泛。其二，犀、象的种类较之以前更多。先秦时期的犀、象仅限于我国本土的犀、象，到了汉代，犀、象的来源已经不限于此。随着汉武帝对岭南的平定及募人出海贸易政策的推行，岭南地区的官方对外贸易逐步展开，黄支国和大秦等来朝进贡及民间自由贸易，使异域犀、象传入中原，大大增加了犀、象的种类。其三，岭南地区的犀象贸易初具规模。由于历史地理条件和航海技术的限制，岭南地区的犀、象贸易，是多个国家、不同民族人民共同参与，以中转贸易的方式进行的。岭南地区不仅有朝贡贸易，还有与犀、象的重要产地如东南亚地区的域外贸易。

汉代岭南犀、象贸易的发展是多种因素共同作用的结果，亦对我国佛教的发展及后世贸易产生了不可忽视的影响，是我国古代对外物质文化交流的一个重要组成部分。

第三章　汉魏时期佛教在岭南地区的传播及其影响

汉魏时期佛教在中国的输入和传播一直是学术研究的重要课题。史学界普遍认为佛教是在两汉之际传入我国的，但是，对于佛教是如何传入我国的，最初是先通过西北丝绸之路传入我国北方，还是通过西南丝绸之路或海上丝绸之路先传入南方，甚至佛教传入我国后的发展状况等问题，史学界都没有明确的结论。目前主流的观点是我国佛教是从西域通过丝绸之路传入中国的北方地区，然后再扩散到中国的其他区域。但近些年来，随着一批考古遗址的不断发掘，特别是南方的四川、长江中下游和岭南一带汉魏时期佛像文物的出土，论述佛教从南方输入的学者和著作也不断增多。由于历史久远和史料有限，加之出土的文物还有待进一步研究，所以学者们对于这一领域的讨论仍然十分激烈。

古代学者对汉魏佛教在南方传播的直接叙述相对较少，但有很多关于对外交通线路和对外交流情况的记载。

“佛教”二字，《史记》中没有出现，但记载了汉武帝试图开通蜀身毒国道路的情况。对岭南地区则有汉武帝征讨并灭亡南越国后积极发展海上交往的记录。

《汉书》中关于南方对外交通线路的最重要的记载出自《地理志》，证明早在武帝时期就已经开通了一条从岭南通往印度的海上交通线路，从而为佛教从海上输入提供了可能。

《后汉书》中记载了大量东汉时期特别是永昌道开通后中国与其他国家的交往，包括身毒、掸国甚至是更远的大秦国，如《后汉书·顺帝纪》所载的“永建六年十二月，日南徼外叶调、掸国遣使贡献”。

由于三国时期佛教已经在中国有所发展，因此在《三国志》中能够发现较多有关佛教传播的史料。

其他史书，如《梁书》、《水经注》、《华阳国志》、《洛阳伽蓝记》等都有关于汉魏佛教传播的记载。在一些佛教的史籍，如《牟子理惑论》、《弘明集》、《高僧传》、《法显传》中也能窥见汉魏时期佛教在中国内地的传播状况。

佛教在中国的传播问题，一直是学术界研究关注的重要问题。涉及汉魏佛教传播问题研究的代表性著作主要如下：

梁启超先生的《佛学研究十八篇》（上海古籍出版社，2001 年）是较早指明佛教是最早由南方海上丝绸之路而不是通过西域输入中国的著作。梁启超先生认为两汉之际西域对外交通断绝，而海上交通早在汉武帝时就已开通，西南丝绸之路也于东汉初便已畅通，西南丝绸之路和海上丝绸之路在永昌郡发生交汇，所以佛教由南方传入的可能性应该更大。此书是研究佛教输入路线的重要著作。

汤用彤先生的《汉魏两晋南北朝佛教史》（中华书局，1983 年）一书在第一部分中详细论述了汉代佛教的发展状况。汤先生不仅对有关佛教传入史上的一些传说、史籍的记载一一作出科学的分析和论证，还提出佛教最早是由西域通过丝绸之路传入我国北方的。此书由于有深厚的论证功底，影响十分巨大，得到了很多学者的认同，于是史学界普遍接受佛教“北传说”的观点。

任继愈先生主编的《中国佛教史》（第一卷）（中国社会科学出版社，1981 年），对佛教传入中国的历史进行了系统深入的研究，对本章的探讨具有重要的指导作用和参考价值。

吴焯先生在其《佛教东传与中国佛教艺术》（浙江人民出版社，1991 年）一书中，并没有就南方佛教是从海上丝绸之路或西南丝绸之路输入还是受北方佛教南下影响而来这个问题给出明确的结论，但他明确地认为北方佛教的存在早于南方，却又提出南方海上丝绸之路的终点是交趾或后来的广州，然后再登陆北上的观点。

阮荣春先生的《佛教南传之路》（湖南美术出版社，2000 年）根据史料和近些年来对四川地区及长江中下游地区佛教艺术遗物的研究，提出了四川地区佛教是通过西南丝绸之路输入并沿长江影响长江中下游地区的观点。

另外，对本章有较重要参考价值的著作还有陈炎的《海上丝绸之路与中外文化交流》（北京大学出版社，1996 年）、章巽的《我国古代的海上交通》（商务印书馆，1986 年）、严耕望的《魏晋南北朝佛教地理稿》（上海古籍出版社，2007 年）、丘进的《中国与罗马——汉代中西关系研究》（广东人民出版社，1990 年）、季羡林的《中印文化交流史》（中国社会科学出版社，2008 年）、陈文英的《中国古代汉传佛教传播史论》（天津古籍出版社，2007 年）、周永卫的《两汉交趾和益州对外关系研究——以若干物质文化交流为主》（汕头大学出版社，2009 年）等。

关于汉魏时期佛教在中国南方地区传播的研究论文数量较多，具有代表性的主要如下：

荣新江的《海路还是陆路？——佛教传入汉代中国的途径与流行区域研究述评》（《北大史学》，2003 年第 9 辑）是研究佛教在中国传播的一篇重要学术综述。荣先生的文章倾向于支持佛教最早是由丝绸之路传入我国北方的，认为佛教由海上丝绸之路传入的证据不足，没有过硬的材料予以支持，不便下结论。

何志国的《“仙佛模式”和“西王母 + 佛教图像模式”说商榷——再论佛教初传中国南方之路》（《民族艺术》，2005 年第 4 期），通过对汉魏时期西南地区大量佛教艺术实物的研究，并根据洛阳地区无佛教艺术实物的事实，得出西南地区的佛教并不是由北方传入的结论。同时何先生鲜明地指出早期佛教在中国的传播可能存在两个系统，即中原的官方佛教传播系统和南方民间佛教传播系统。这个分类可以帮助我们更好地去理解和区分南北方佛教发展的异同，从而找出南方佛教发展的独特性。何志国的《论早期佛像在长江流域的传播——以汉晋考古材料为中心》（《东南文化》，2004 年第 3 期）一文认为长江上游的钱树佛像出土于湖北的长江中游一带，就从事实上证明了早期佛像是顺流而下传播的，同时指明南方下层人民接受佛教是由于苦难的社会生活使他们对佛教的出现抱有了幻想，从而证明了中国佛教传播存在中原的官方佛教传播系统和南方民间佛教传播系统的观点。

阮荣春的《“早期佛教造像南传系统”研究概说》（《东南文化》，1991 年第 3、4 期合刊）就早期佛教在南方的传播进行了研究，指明佛像传入中国的途径是多元的，除有滇缅道入长江流域和交趾或广州入长江的秣菟罗造像系统外，或间有犍陀罗系统的渗入，因此就南方佛像的艺术特点和其传播路线的考虑应该做到具体问题具体分析，不能一概而定。

吴廷璆、郑彭年的《佛教海上传入中国之研究》（《历史研究》，1995 年第 2 期）通过对佛教传播过程中一些现象和出土文物的研究论述了佛教从海上输入的可能性。

总的来看，关于研究佛教南方传播的著作和论文数量较为可观，成果也十分显著。但仍有一些问题未解决，如南方佛教的传播路线、佛教传入过程中在西南和岭南两个方向的关系及互动等，都还有进一步商讨的余地。本章试图在充分吸收国内外研究成果的基础上，对汉魏时期佛教在岭南地区传播的特点、传播的形式、传播媒介、历史影响等作进一步的探究。

第一节　佛教传入岭南的社会历史条件

佛教传入中国是佛教史、中外文化交流史上的一件大事。关于佛教初传中国的时间，从目前来看，只有“汉哀帝元寿元年（公元前2年）博士弟子景卢受大月氏王使伊存口授浮屠经说”和“东汉明帝求法二说（东汉明帝年间）”具有较大的可信度，为学术界和佛教界所承认。因此本章把佛教传入中国的时间设定在西汉末东汉初，即两汉交替之际。

佛教作为一种外来的宗教，要想在中国站稳脚跟并有所发展，并不是一件容易的事情，这其中不仅有着佛教教义与中国传统主流思想的融合问题，同时也有着如何才能被中国上层社会和广大的下层百姓所接受的难题。既然佛教最终传入了中国并得到了发展，就有其存在的必然性，说明它具备在中国传播的历史条件。在这里，有必要先对佛教传入中国岭南地区的社会历史条件作一番探讨。

汉魏时期是佛教最初传入并逐渐在中国流行的时期，这一时期国内的经济环境、政治环境、思想环境对佛教在中国的传播极为有利，使佛教有了在中国生长的极佳土壤，这些对佛教在中国岭南地区的传播有着同样的影响。

一、西南及海上丝绸之路的开辟

亚洲古代史上东西经济文化交流的主要通道，即现在人们通常说的古代“丝绸之路”有三条：第一，从中国西安出发经中亚内陆干燥地区而抵达西亚、地中海的著名的“北方丝绸之路”；第二，从中国成都出发经云南、缅甸而抵达印度以及中亚的“西南丝绸之路”；第三，从中国东南沿海出发经由南中国海、马六甲海峡向西抵达亚洲的印度洋沿岸地区的“海上丝绸之路”。现在学术界倾向于认为中原地区的佛教是通过北方丝绸之路传入的，而对于中国南方的佛教究竟是通过哪条线路传入的，学术界争议颇多，分歧较大，并没有一致的意见。

佛教要传入中国南方，首先需要解决的就是佛教传入的路径问题，而西南丝绸之路和东南方向海上丝绸之路的开辟则为它提供了可能。

（一）两汉时期对外经济联系扩大，中外交流日益紧密

公元前206年，西汉王朝建立。汉代的经济是在秦末连年战火所致的一片废墟之上建立起来的，因此，汉初统治者特别注意总结秦王朝短命的历史教训，积极鼓励农耕，轻徭薄赋，抑制土地兼并，实行与民休息的政策。这种与民休息的政策在西汉建立六七十年后终于产生了积极的效果，到汉武帝时，汉王朝的经济力量已十分雄厚，“非遇水旱之灾，民则人给家足，都鄙廪庾皆满，而库府余货财，京师之钱累巨万，贯朽而不可校，太仓之粟陈陈相因，充满露积于外，至腐败不可食”①。从文景时期开始，随着农村生产力的发展，剩余产品不断增多，商业交换不可避免，集中进行这种交换行为的商业很快便再度勃兴。晁错曾对汉代的商业及商人势力的发展作过一番评论：

> 商贾大者积贮倍息，小者坐列贩卖，操其奇赢，日游都市，乘上之急所卖必倍。故其男不耕耘，女不蚕织，衣必文采，食必梁肉，亡农夫之苦，有阡陌之得，因其富厚，交通王侯，力过吏势，以利相倾。②

工商业的发展，促进了对外经济的活跃和繁荣，为中西交通的开通提供了强大的经济实力。当时的四川“沃野千里，土壤膏腴，果实所生，无谷而饱。女工之业，覆衣天下，名材竹干，器械之饶，不可胜用，又有鱼盐铜银之利，浮水转漕之便”③，这里是长江上游开发最早的区域，蜀郡成都更是西南经济和文化圈的中心。以户口为例，西汉时成都的户数已达七万六千二百五十六户，仅次于八万八百户数的首都长安，到了东汉顺帝永和年间，四川的户数已占全国的百分之十二。《华阳国志·蜀志》在形容成都的繁荣景象时说：

> 工商致结驷连骑，豪族服王侯美衣，娶嫁设太牢之厨膳，归女有百两之徒车……④

《史记·货殖列传》中也说：

---

① （汉）司马迁：《史记》卷三十《平准书》，北京：中华书局，1959年，第1420页。

② （汉）司马迁：《史记》卷二十二《汉兴以来将相名臣年表》，北京：中华书局，1959年，第1132页。

③ （南朝宋）范晔撰，（唐）李贤等注：《后汉书》卷十三《隗嚣公孙述列传》，北京：中华书局，1965年，第535页。

④ （晋）常璩撰，顾广圻校正：《华阳国志》卷三《蜀志》，北京：商务印书馆，1958年，第33页。

蜀卓氏居临邛，铁山鼓铸，运筹策，倾滇蜀之民，富至僮千人，田池射猎之乐，拟于人君；程郑亦冶铸，贾椎髻之民，富埒卓氏俱居临邛。①

四川经济的繁荣也带来了蜀地商人对外商业活动的活跃，大批的巴蜀商人纷纷走出四川，与中原地区、岭南地区以及境外的缅甸、印度等国建立起日益密切的联系。

（二）汉武帝时期的积极准备和西南丝绸之路、海上丝绸之路的开通

西汉经过几十年的休养生息以后，到了汉武帝时期国力已经变得强大起来，但同时国内又出现土地兼并日益严重、诸侯王国的势力逐渐威胁到中央统治等一系列问题。在这种情况下，汉武帝决定放弃汉初的“无为”政策，开始采取一系列改革措施，逐步实现其“大一统”的政治理念。中央王朝在与北方的匈奴和南方的南越国的交往中，不断加深了对外界的认识，由于当时北方强大的匈奴控制了通往西域的道路，于是另辟蹊径开通西南和东南方向与外界的交往显得十分迫切。

西南丝绸之路的开通源于汉武帝派张骞出使西域的努力。当时，汉武帝出于联合月氏和西域各国抵御匈奴的考虑，前后两次派遣张骞出使西域，历时几十年，虽然因种种原因并未达到其政治目的，却对西域有了十分深入的了解，获得了大量前所未有的西域资料，还从西域各国获得了一些关于南亚身毒国的信息。张骞出使西域归国后，向汉武帝报告了存在一条从汉帝国的蜀地通往印度和中亚的道路的重要信息。《史记·大宛列传》记载：

（张）骞曰：“臣在大夏时，见邛竹杖、蜀布。问曰：‘安得此？’大夏国人曰：‘吾贾人往市之身毒。身毒在大夏东南可数千里。其俗土著，大与大夏同，而卑湿暑热云。其人民乘象以战，其国临大水焉。’以骞度之，大夏去汉万二千里，居汉西南。今身毒国又居大夏东南数千里，有蜀物，此其去蜀不远矣。今使大夏，从羌中，险，羌人恶之；少北，则为匈奴所得；从蜀宜径，又无寇。”……天子欣然，以骞言为然，乃令骞因蜀、犍为发间使，四道并出：出駹，出冉，出徙，出邛、僰，皆各行一二千里。其北方闭氐、筰，南方闭嶲、昆明。昆明之属无君长，善寇盗，辄杀略汉使，终莫得通。然闻其西可千余里有乘象国，名曰滇越，而蜀贾奸出

---

① （汉）司马迁：《史记》卷六十九《货殖列传》，北京：中华书局，1959年，第3277页。

物者或至焉，于是汉以求大夏道始通滇国。[1]

大夏国，在中亚阿姆河流域，即今阿富汗北部一带。身毒即中国对印度的古称，蜀、犍为即以今成都地区为中心的四川西部一带。从这一段记载可知，在张骞出使西域以前，当时的四川已与印度存在着民间的商业交往。对这些物产的来源，法国学者伯希和也得出了“则此种中国西南之出产，似只有缅甸一道可以输出”[2] 的结论，季羡林先生对四川所产的丝织品和铜器等物品远销海外的事实也有过评论，“古代西南，特别是成都，丝业的茂盛，这一带与缅甸接壤，一向有交通，中国输入缅甸，通过缅甸又输入印度的丝的来源不是别的地方，就正是这一带”[3]。但由于西汉前期对西南夷（汉代对四川盆地以西、以南居民的统称，其所在地区大体相当于今天四川的西部、南部以及贵州、云南等幅员辽阔的少数民族聚居地区）实行闭关政策，民间的商业活动均带有走私的性质，而这些走私活动主要就是以巴蜀商人集团组织进行的，朝廷当时并不知道民间的商业活动通道，因此汉王朝才派遣使者四处寻找经身毒去大夏的路线。

从四川至印度，存在三种可能的途径：

（1）北路，是一条大迂回的路线，要先到甘肃南部，再取道河西走廊、塔里木盆地边缘，越帕米尔高原至大夏，即“北方丝绸之路”的路线。此道既远，又是张骞出使时所行路线，当然不会再派人由此道寻找通过身毒去大夏的捷径了。

（2）西路，从四川往西行，穿过青藏高原东部至印度这条路虽近，但在当时条件下通行似乎不太可能。汉武帝在当时也曾将其作为重点并遣使寻找，以蜀和犍为两郡作为遣使的始发地，则冉、駹在其西北，徙在其西边，此即所谓“四道并出”中的“出駹，出冉，出徙”之三道，可以说都是朝这一方向，但都未成功。这其中除了有氐人、筰人从中挡道之外，可能最重要的原因还是地形恶劣，当时无路可通。从四川盆地西行，必经青藏高原东南部的横断山脉。这里的山脉均是南北走向，其间大渡河、雅砻江、金沙江、澜沧江、怒江等数条大江从北南下，形成著名的高山峡谷地带，其河面至山顶落差可达数千米，通行极为艰难。四川与西藏在这条路

---

① （汉）司马迁：《史记》卷一百二十三《大宛列传》，北京：中华书局，1959年，第3166页。

② ［法］伯希和著，冯承钧译：《郑和下西洋考　交广印度两道考》，北京：中华书局，2003年，第190页。

③ 季羡林：《中国蚕丝输入印度问题的初步研究》，《中印文化关系史论文集》，北京：生活·读书·新知三联书店，1982年，第75页。

上的贸易等交往，也是到了唐代才开始兴盛的。

（3）南路，从四川盆地向西南行，经云南、缅甸北部至印度到大夏。蜀布、邛竹杖取道此路，可能性应该是最大的。而汉武帝遣使“四道并出”中的“出邛、僰”也正是这一方向，可见汉武帝政治眼光的高远。虽然汉使者最终被阻隔于嶲、昆明，但他们却带回了另一个重要的信息，即蜀地商人的足迹已到达昆明以西千里之遥的滇越了。于是，汉王朝开始了在西南夷地区的大规模经营。

公元前134年和公元前130年汉武帝两次派唐蒙征发巴蜀的兵卒治理南夷（夜郎的别称）道，开通了一条从僰（今四川宜宾）直通牂牁江的道路。南夷道与秦朝修建的五尺道的路线是一致的，也是在原有五尺道的基础上进行扩建的。紧接着唐蒙治南夷道的另一件事就是司马相如治西夷道。

《史记·司马相如列传》记载：

天子问相如，相如曰：“邛、筰、冉、駹者近蜀，道亦易通，秦时尝通为郡县，至汉兴而罢。今诚复通，为置郡县，愈于南夷。”天子以为然，乃拜相如为中郎将，建节往使。副使王然于、壶充国、吕越人驰四乘之传，因巴蜀吏币物以赂西夷。至蜀，蜀太守以下郊迎，县令负弩矢先驱，蜀人以为宠。于是卓王孙、临邛诸公皆因门下献牛酒以交欢。……司马长卿便略定西夷，邛、筰、冉、駹、斯榆之君皆请为内臣。除边关，关益斥，西至沫、若水，南至牂牁为徼，通零关道，桥孙水以通邛都，还报天子，天子大说。①

汉武帝经略西南第一阶段的事迹，就是恢复和整治了“五尺道”和“牦牛道”两条交通干线，其中司马相如在开通西南丝路上的贡献颇大，加上司马相如本身就是四川人，并且与卓文君有过一段十分有名的爱情故事，这些都引起了学术界对司马相如与四川关系进行研究的浓厚兴趣。美国学者Steven F. 塞基对司马相如就有一段比较高的评价，他认为：“司马相如是第一位以完美而可信赖的人格进入史书记载的四川人，是一位杰出的诗人、边境外交家、汉代的官员和绅士。以前所有关于四川的文献资料，不是像末代开明王那样的半野史，就是作为征服者和毁灭者被派到四川的外来者的故事，在四川历史中只扮演点缀的角色或是其他文献章节的次要部分。相反，在汉代宫廷史官司马迁撰写的《史记》中，却包纳了司

① （汉）司马迁：《史记》卷一百一十七《司马相如列传》，北京：中华书局，1959年，第3046~3047页。

马相如作为四川人及中国人的重要性的测量尺度。”①

在公元前111年武帝灭掉南越国后，开通通往身毒道路的进程便加快了。《史记·大宛列传》记载：

是时汉既灭越，而蜀、西南夷皆震，请吏入朝。于是置益州、越巂、牂牁、沈黎、汶山郡，欲地接以前通大夏。乃遣使柏始昌、吕越人等岁十余辈，出此初郡抵大夏，皆复闭昆明，为所杀，夺币财，终莫能通至大夏焉。于是汉发三辅罪人，因巴蜀士数万人，遣两将军郭昌、卫广等往击昆明之遮汉使者，斩首虏数万人而去。其后遣使，昆明复为寇，竟莫能得通。②

从史料可以看到，虽然汉时数次征战昆明人，但昆明人仍继续阻道，西汉一代，汉使者始终未能到达印度。直到东汉初年，“永平十二年（公元69年），哀牢王柳貌遣子率种人内属，其称邑王者七十七人，户五万一千八百九十，口五十五万三千七百一十一。西南区洛阳七千里，显宗以其地置哀牢、博南二县，割益州郡西部都尉所领六县，合为永昌郡。始通博南山，度兰仓水，行者苦之。歌曰：‘汉德广，开不宾。度博南，越兰津。度兰仓，为它人。’”③ 至此，这一通道才开始畅通。总的来说，西南丝绸之路最早是由民间开发，特别是“蜀商充当了南方走私贸易的主角”④，后由官方经略而成的。

汉魏时期从四川出发至云南主要有两条道路：西面是西夷道、牦牛道或青衣道，东面就是五尺道或南夷道。我们通常所说的西南丝绸之路，主要是指西面这条道。这条道路的大体路线是：从四川的成都地区出发经过临邛（今邛崃县）到严道（今荥经县境），再翻越邛崃山（今大相岭），经牦牛夷地（今汉源一带）过灵关（今甘洛县境）至孙水（今安宁河）边，然后顺水而下抵邛都（今西昌市），再沿孙水南行出越嶲郡后经今洱海达博南山，翻山后渡兰仓水（今澜沧江），经永昌郡治不韦（今保山市境）再穿过永昌郡西境（今缅甸国北部一带）抵滇越（盘越，今印度阿萨

① ［美］Steven F. 塞基著，胡光伟译：《司马相如与汉代四川的局限》，《中华文化论坛》1998年第4期，第111页。

② （汉）司马迁：《史记》卷一百二十三《大宛列传》，北京：中华书局，1959年，第3170～3171页。

③ （南朝宋）范晔撰，（唐）李贤等注：《后汉书》卷八十六《南蛮西南夷列传》，北京：中华书局，1965年，第2849页。

④ 周永卫：《两汉交趾和益州对外关系研究——以若干物质文化交流为主》，汕头：汕头大学出版社，2009年，第110页。

姆地区），而最终到达身毒（印度）以至大夏（今中亚阿富汗国北部）。此外，从永昌郡西境还可顺伊洛瓦底江到掸国（今缅甸北境）并与西亚水路沟通。

图 3－1　汉魏时期的西南丝绸之路线路图①

《后汉书·和帝纪》记载：

（永元）九年（公元 97 年）春正月，永昌徼激外蛮夷及掸国重译奉贡。②

《后汉书·安帝纪》记载：

永宁元年（公元120 年）十二月永昌徼外掸国遣使贡献。③

---

① 罗二虎：《汉晋时期的中国“西南丝绸之路”》，《四川大学学报》（哲学社会科学版）2000 年第 1 期，第 95 页。

② （南朝宋）范晔撰，（唐）李贤等注：《后汉书》卷四《和帝纪》，北京：中华书局，1965 年，第 183 页。

③ （南朝宋）范晔撰，（唐）李贤等注：《后汉书》卷五《安帝纪》，北京：中华书局，1965 年，第231 页。

《后汉书·南蛮西南夷列传》中的记载更加详细：

永宁元年，掸国王雍由调复遣使者诣阙朝贺，献乐及幻人……自言我海西人。海西即大秦也，掸国西南通大秦。[①]

《三国志·魏书》卷三十裴注引鱼豢《魏略·西戎传》曰：

大秦道既从海北陆通，又循海而南，与交趾七郡外夷比，又有水道通益州、永昌，故永昌出异物。[②]

大秦就是当时位于欧洲东部的东罗马帝国，史书称掸国在永昌郡外，那么当距永昌郡不远，他们来贡献，自然是取道永昌郡。一般认为掸国是讲泰语的掸族，建立于今缅甸东北部的古国。这条由水路从西亚至伊洛瓦底江再到永昌，然后经西南丝绸之路转中国内地的路线，至少在公元1世纪80年代就已经开通了。

早在秦代，东南方向的海上航路就已经有所发展。岭南是汉代对外经济贸易东段的起点，自然条件优越。章巽先生就曾说过："秦代造船工场遗址的出现，正是秦帝国统一南越后，积极在南方进一步发展海上交通的证明。秦帝国南收百越，是含有经济动机的……广州这个建立在秦代的造船工场，汉代初年仍继续使用，秦代在南海方面的航海活动，汉代也将继续发展下去。"[③]

到了西汉武帝时期，凭借着强大的国力，通往印度的海上航路终于开通。早在汉武帝平定七国之乱后，吴王刘濞的儿子因不甘心失败而逃窜至临近的闽越国，不久就挑起闽越与东瓯的战争。东瓯实力不济，便向汉中央政府求救。汉武帝采纳了庄助的意见，派楼船将军发兵会稽（治在今苏州市），从海上援助东瓯。闽越在汉军未到之际，即已先行撤军，从而使西汉王朝取得了对东瓯的宗主权。公元前119年，汉朝北部边疆的战争告一段落，汉武帝开始着手解决南部的割据政权。元鼎五年（公元前112年），汉武帝派五路大军进攻南越。楼船将军率先攻入并占领了番禺，南越终被平定。这样南部海疆又归中央政权控制，形成了番禺、徐闻、合浦、日南等重要的城市及贸易港口。《元和郡县图志》云：

徐闻县，本汉旧县，属合浦郡。其县与南崖州澄迈县对岸，相去约一

① （南朝宋）范晔撰，（唐）李贤等注：《后汉书》卷八十六《南蛮西南夷列传》，北京：中华书局，1965年，第2851页。

② （晋）陈寿撰：《三国志》卷三十《魏书》，北京：中华书局，1959年，第861页。

③ 章巽：《我国古代的海上交通》，北京：商务印书馆，1986年，第14页。

百里。汉置左右候官，在县南七里，积货物于此，备其所求，与交易有利，故谚曰："欲拔贫，诣徐闻。"①

从这段史料中可见当时徐闻的贸易繁荣之景象，再加上以汉武帝为首的汉朝上层统治者对来自海外的奇珍异宝等奢侈品的需求量不断增加，使得海外贸易进一步扩大。"上世纪五十年代以来，岭南地区相继发现了一批汉代的遗址、遗物，其中亦有不少舶来品。如南越文帝陵出土的镂孔熏炉、象牙、乳香、圆形银盒和金花泡饰等"②，可谓是当时对外贸易繁荣的最好例证。

早在汉武帝时，中国船舶就从日南或徐闻、合浦出发，途经中南半岛、马来半岛，然后绕孟加拉湾近海航行，可抵达印度海岸的黄支，这便是除西南丝绸之路之外又一条与远在千里之外的身毒国保持联系的道路。

到了东汉以后，中国与南海的交通依然十分繁荣，特别是西北方向的丝绸之路在东汉中期被阻断以后，南海交通线更是成为中国对外交往的重要通道。《后汉书·南蛮西南夷列传》及《西域传》里就有数次关于南海通道上中国与域外国家交往的记载：①"逮王莽辅政，元始二年（公元2年），日南之南黄支国来献犀牛。"③ ②"顺帝永建六年（公元131年），日南徼外叶调王便遣使贡献。"④ ③"天竺国一名身毒，……和帝时，数遣使贡献，后西域反畔，乃绝。桓帝延熹二年（公元159年）、四年（公元161年），频从日南徼外来献。"⑤ ④"至桓帝延熹九年（公元166年），大秦王安敦遣使自日南徼外献象牙、犀角、玳瑁，始乃一通焉。"⑥

以上的掸国即今缅甸，叶调即爪哇，身毒即印度。至于黄支国，藤田

---

① （唐）李吉甫撰，贺次君点校：《元和郡县图志》，北京：中华书局，1983年，第1087页。

② 广州市文化局编：《广州秦汉考古三大发现》，广州：广州出版社，1999年，第118页。

③ （南朝宋）范晔撰，（唐）李贤等注：《后汉书》卷八十六《南蛮西南夷列传》，北京：中华书局，1965年，第2836页。

④ （南朝宋）范晔撰，（唐）李贤等注：《后汉书》卷八十六《南蛮西南夷列传》，北京：中华书局，1965年，第2837页。

⑤ （南朝宋）范晔撰，（唐）李贤等注：《后汉书》卷八十六《南蛮西南夷列传》，北京：中华书局，1965年，第2839页。

⑥ （南朝宋）范晔撰，（唐）李贤等注：《后汉书》卷八十八《西域传》，北京：中华书局，1965年，第2920页。

丰八①、费琅②考证为唐时的建志补罗，即南印度的东海岸；周连宽③认为在苏门答腊岛西北部，但大部分学者如张星烺④、岑仲勉⑤、许云樵⑥等对黄支国在南印度东海岸的观点都没有异议，其已为学术界普遍接受。掸国或许是从西南丝绸之路而来，但其他三国及大秦则肯定是从海上来的。

三国以后，海上丝绸之路依然十分繁荣，交州的交趾港、徐闻港以及番禺港成为交州地区与外界交往的重要窗口，这条海上航线不但没有衰落，反而更加繁荣。马雍先生曾对交州地区的交趾港在汉魏时期中外交往中的作用作过如此评价："交趾在东汉时为南方对外通商一大口岸，其地位与敦煌相等，不过一在陆路，一在海路而已。"⑦

甚至到了唐代，交州在对外贸易中的地位仍十分重要，《旧唐书·地理志》中就有记载：

交州都护制诸蛮，其海南诸国，大抵在交州南及西南，居大海中洲上，相去或三五百里、三五千里，远者二三万里，乘船举帆，道里不可详知。自汉武以来，朝贡必由交趾之道。⑧

随着西南丝绸之路和海上丝绸之路的开通，大批使者、商人接踵而至，西方文化也随之传来，中外联系不断加强，从而有力地带动了中外文化的交流，印度僧人作为与商人有着十分密切关系的群体自然会随着商人由经商之路来到中国，这些都必然促进佛教在中国的传播。

---

① ［日］藤田丰八著，何健民译：《前汉时代西南海上交通之记录》，北京：商务印书馆，1936年，第83～117页。

② ［法］费琅著，冯承钧译：《昆仑及南海古代航行考》，北京：中华书局，1957年，第60页。

③ 周连宽：《汉使航程问题——评岑韩二氏的论文》，《中山大学学报》（哲学社会科学版）1964年第3期。

④ 张星烺编注，朱杰勤校订：《中西交通史料汇编》，北京：中华书局，2003年，第1854页。

⑤ 岑仲勉：《西汉对南洋的海道交通》，《中山大学学报》（社会科学版）1959年第4期。

⑥ 许云樵：《古代南海航程中的地峡与地极》，（新加坡）《南洋学报》1948年第5卷第2辑。

⑦ 马雍：《西域史地文物丛考》，北京：文物出版社，1990年，第46页。

⑧ （后晋）刘昫等撰：《旧唐书》卷四十一《地理志》，北京：中华书局，1975年，第1750页。

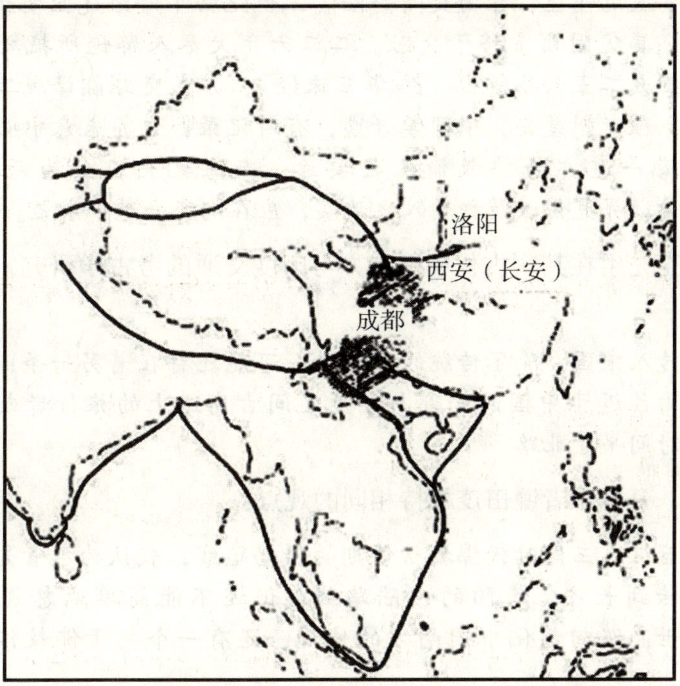

图 3－2　汉魏时期中国与外国的对外交通示意图[①]

在佛教可能的传入路径和方向问题上，我们要认识到佛教应该是逐渐从不同的方向通过不同的方式传入中国的。中西交流史研究方面的专家冯承钧先生就认为，对于佛教输入问题，不能只考虑西北方向的从西域传入这一条线路，也应关注西南和东南两个方向：

佛教输入问题，交通既不限于一道，输入之地则不应仅由西域一途。伯希和曾云："就实际而言，吾人对于佛教最初输入中国之事，毫无所知……吾人且不能确知佛教由何处输入。其关系纪元前二年遣使求经之史文，固言使臣往大月氏国诵浮图经还汉；其说近似，而不能必其为是。但吾人不应忘者，纪元六五年时，业已证明扬子江下游有桑门佛徒，而在二世纪末年，除洛阳之安息一派外，江苏省中佛法甚盛，并由是传播及于山东；此事不能证明其亦来自中亚及月氏也。当纪元一世纪时，云南及缅甸之通道，二世纪时交州、南海之通道，亦得为佛法输入之所必经。一六六

① 转引自罗二虎：《论中国西南地区早期佛像》，《考古》2005 年第 6 期，第 77 页。

年大秦帝安敦之使臣，即由交州登陆。三世纪初年译经建业之康僧会，其先康居人，其父因商贾移于交趾。二二六年大秦人秦论所抵之地亦为交趾。二五五或二五六年所出《法华三昧经》，亦在交趾翻译。二世纪末年黄巾之乱，独交州差安，中国学者盛，有所记录，自亦未意中必有之事。”又可见南海一道亦为佛教输入之要途；南海之交趾犹为西域之于阗也。……是欲寻究佛教最初输入之故实，应在南海一道中求之。①

童恩正先生在其《古代中国南方与印度交通的考古学研究》一文中也指出：

佛教传入中国，除了传统的北路外，可能还存在着另一条南路……佛教很可能由往返于中国西南部与印度之间古商道上的旅行者或香客们传入，而且时间早于北路。②

对此，日本学者镰田茂雄持相同的观点：

关于后汉、三国时代佛教初传期的传播路线，我认为尽管光提到从中亚经西域传到长安、洛阳的内陆路线，但还不能简单地忽视南海的路线……安世高巡回教化中国南方的传说，还有一个关于佛教传播路线的暗示。③

梁启超先生的佛教造诣很深，他在《佛教之初输入》中说过：

向来史家为汉明求法所束缚，总以佛教先盛于北，谓自康僧会入吴，乃为江南有佛教之始。其北方输入所取途，则西域陆路也。以汉代与月氏、罽宾交通之迹考之，吾固不敢谓此方面之灌输绝无影响。但举要言之，则佛教之来非由陆路而由海，其最初根据地不在京洛而在江淮。④

综合上述资料和论述可以看出，西南丝绸之路和东南海上丝绸之路这两条线路既用于政治、军事，也用于对外贸易和文化交流；既是交通线，也是佛教的传播线，所以在两汉交替之际印度佛教从这两个方向传入中国南方是很有可能的。

---

① 冯承钧：《中国南洋交通史》，上海：上海古籍出版社，2005 年，第 6 页。

② 童恩正：《古代中国南方与印度交通的考古学研究》，《考古》1999 年第 4 期，第 84 页。

③ ［日］镰田茂雄著，关世谦译：《中国佛教史》，东京：东京大学出版会，1982 年，第 147 页。

④ 梁启超：《饮冰室专集》卷五十二，北京：中华书局，1936 年，第 7 页。

二、动乱的社会和动荡的政局

汉魏时期是佛教输入中国并在中国初步发展的重要时期，这一时期混乱、动荡不安的社会环境也给佛教的传播提供了条件。

汉武帝的“大一统”政策虽然取得了巨大的成就，但这是建立在无数民众的累累白骨上的。到了西汉末年，各种社会阶级矛盾日益激化，“富者田连阡陌，贫者无立锥之地”，土地的兼并变得十分严重。王莽托古改制，不但没有缓和阶级对立，反而激起了全国范围的农民起义，西汉王朝最终也被刘秀的东汉王朝所取代。东汉建立初期，统治者致力于缓和社会矛盾，恢复发展经济，土地的兼并并不严重，可到东汉中后期以后，土地的兼并问题愈发凸显并变得越来越严重，越来越多的农民流离失所，同时封建豪强地主经济的疯狂发展使得其经济势力越来越大，农民阶级与地主阶级的矛盾越来越尖锐，社会矛盾不断激化，更有一触即发的态势。在经济矛盾不断加深的同时，统治阶级也越来越腐败。从汉和帝（公元89—106年）以后，外戚、宦官交替专权。他们利用职权对人民巧取豪夺，横征暴敛，给人民带来十分沉重的苦难，正如《后汉书·朱穆传》所载：

公赋既重，私敛又深。牧守长吏，多非德选；贪聚无厌，遇人如虏。或绝命于棰楚之下，或自贼于迫切之求。①

这样的情况，加上水、旱、虫蝗等自然灾害接连不断，与沉重的赋税一起迫使广大人民挣扎在死亡线上。大量百姓流离失所，有很多人饿死在逃荒的路上，部分地区甚至出现人吃人的现象。严重的社会危机和尖锐的社会矛盾终于导致了大规模的农民起义——黄巾起义的爆发。虽然后来黄巾起义被镇压下去，但东汉政府也名存实亡了。不久又发生了董卓之乱，中原地区陷入群雄割据、连年混战的局面，广大百姓纷纷逃离家园，往南方迁徙。三国时期，也是中国历史的一个大动乱时代。《三国志·吴书》记载：

三国鼎立以来，更相侵伐，无岁宁居。②

《三国志·魏书》中也有记载：

---

① （南朝宋）范晔撰，（唐）李贤等注：《后汉书》卷四十三《朱穆传》，北京：中华书局，1965年，第1468页。

② （晋）陈寿撰：《三国志》卷四十八，北京：中华书局，1959年，第1165页。

今天下分崩，国主迁移，生民废业，饥馑流亡，公家无经岁之储，百姓无安固之志，难以持久。[①]

汉魏时期动乱、黑暗的社会既给广大百姓带来了深重的灾难，也为佛教的传播与发展提供了良好的土壤。一方面，广大人民希望借助宗教获得精神慰藉，甚至幻想宗教能帮助他们摆脱日益深重的苦难；另一方面，统治者也积极扶植、利用宗教来麻醉人民，巩固统治，皇帝自身也祈求借助宗教的力量使自己延年益寿，使社会长治久安。从以下几个例子中我们可以感受到汉魏时期佛教的一些发展情况：

在东汉初年，统治阶级上层就已经有了信奉佛教者，“楚王英奉佛”就是典型的例子。《后汉书·楚王英传》载：

英少时好游侠，交通宾客，晚节更喜黄老，学为浮屠，斋戒祭祀。八年，诏令天下死罪皆入缣赎。英遣郎中令奉黄缣白纨三十匹诣国相曰：“托在蕃辅，过恶累积，欢喜大恩，奉送缣帛，以赎愆罪。”国相以闻，诏报曰：“楚王英诵黄老之微言，尚浮屠之仁祠，洁斋三月，与神为誓。何嫌何疑，当有悔吝？其还赎，以助伊蒲塞、桑门之盛馔。”[②]

刘英是明帝刘庄同父异母的兄弟，明帝在知道这个情况后，并没有责罚刘英，而是下诏肯定了刘英的行为。明帝诏书中的“伊蒲塞”、“桑门”便是早期对佛教徒的称呼，从“楚王英奉佛”一事中就可以看出，当时佛教在中国已有传播，并且统治阶级上层中也已有人信奉佛教，但在社会上还没有产生重大的影响。

到了东汉后期，社会矛盾十分尖锐，昏庸的统治者就经常通过祭祀“浮屠”来幻想缓解统治危机，同时也祈求延年益寿的良方。汉桓帝就是典型的代表，《后汉书·孝桓帝纪》载：

前史（《东观汉记》）称桓帝好音乐，善琴笙。饰芳林而考濯龙之宫，设华盖以祠浮图、老子。[③]

当朝皇帝对祭祀“浮屠”如此热衷，导致佛教的影响逐渐扩大至广大下层人民的生活中。《后汉书·西域传》载：

---

① （晋）陈寿撰：《三国志》卷十二，北京：中华书局，1959 年，第 374 页。

② （南朝宋）范晔撰，（唐）李贤等注：《后汉书》卷四十二《楚王英传》，北京：中华书局，1965 年，第 1428 页。

③ （南朝宋）范晔撰，（唐）李贤等注：《后汉书》卷七《孝桓帝纪》，北京：中华书局，1965 年，第 320 页。

世传明帝梦见金人，长大，项有光明，以问群臣。或曰：西方有神，名为佛，其形长丈六尺而黄金色。帝于是遣使天竺问佛道法，遂于中国图画形象焉。楚王英始信其术，中国因此颇有奉其道者。后桓帝好神，数祀浮屠、老子，百姓稍有信者，后遂转盛。①

当朝统治者如此崇佛，一方面说明了当时桓帝的确试图通过祭祀佛祖的方法来换得统治的长远，另一方面也说明当时的佛教与明帝时期相比有了进一步的发展，在人们生活中的影响更大了。当时桓帝的这种举动引起了部分大臣的不满，《后汉书·襄楷传》就记载了襄楷上桓帝奏议中有关对皇帝过分祭祀“浮屠”不满的内容：

又闻宫中立黄老、浮屠之祠。此道清虚，贵尚无为，好生恶杀，省欲去奢。今陛下嗜欲不去，杀罚过理，既乖其道，岂获其祚哉！②

黄巾起义被镇压以后，东汉朝廷已经名存实亡，各地的割据集团纷纷进行长期而野蛮的兼并战争，广大人民流离失所，避难于安定的地方，当时的徐州就是一个相对安定的地方，因此又有了“笮融祠佛招徕民户”之事。

笮融是丹阳（治在今安徽宣城）人，与当时的徐州牧陶谦是同乡，曾聚众数百人投靠陶谦。陶谦命他督管广陵（治在今江苏扬州）、下邳（治在今江苏宿迁西北）、彭城（治在今江苏徐州）三郡的粮食运输。笮融本人信奉佛教，便利用职权把三郡的钱粮用来大建佛寺。《三国志·吴志·刘繇传》记载：

笮融者，丹杨人，初聚众数百，往依徐州牧陶谦。谦使督广陵、彭城运漕，遂放纵擅杀，坐断三郡委输以自入。乃大起浮屠祠，以铜为人，黄金涂身，衣以锦采，垂铜槃九重，下为重楼阁道，可容三千余人。悉课读佛经，令界内及旁郡人有好佛者听受道，复其他役以招致之，由此远近前后至者五千余人户。每浴佛，多设酒饭，布席于路，经数十里，民人来观及就食且万人，费以巨亿计。③

就是这样一个多灾多难的战乱年代，为佛教的传播提供了良好的条

---

① （南朝宋）范晔撰，（唐）李贤等注：《后汉书》卷八十八《西域传》，北京：中华书局，1965年，第2922页。

② （南朝宋）范晔撰，（唐）李贤等注：《后汉书》卷三十《襄楷传》，北京：中华书局，1965年，第1082页。

③ （晋）陈寿撰：《三国志》卷四十九《吴书·刘繇传》，北京：中华书局，1959年，第1185页。

件。苦难中的人们为了寻求精神慰藉，腐败的统治阶层企图借助佛教去维护没落的统治，这些因素最终导致佛教被大量民众所接受，从而使佛教得到了进一步的传播。

三、汉魏时期传统儒学的危机与玄学的兴起

汉魏时期，儒家思想的统治地位已经发生动摇，文化思想方面出现了某种程度上的活跃，玄学逐渐兴起，为佛教的发展和传播提供了一定的思想基础。

对于汉魏时期思想领域的发展，任继愈先生就曾有过一番叙述："西汉武帝以后，儒家在思想文化界占据统治地位，儒家经学通过宣传天人感应的神学唯心主义和纲常名教思想来为维护封建统治服务，它所确认的政治原则和道德信条成为选拔统治人才的标准，然而经学自身的发展使它越来越空洞烦琐。"① 西汉末年以后，以章句方式解说儒家经典的经学越来越带有烦琐的特征，一经之说至数十万言甚至百万言。除了烦琐以外，今文经学还带有一些神秘的特征，两汉交替之际社会矛盾日益尖锐，经学家们感到束手无策，统治阶级也无力解决社会问题。在此情况下，他们便将希望更多地寄托于天，于是西汉时期占据统治地位的今文经学逐渐被谶纬经学所取代。今文经学的烦琐与谶纬化标志着儒家经学的没落，到东汉后期逐渐失却了维系统治的作用。汉桓帝在宫中立黄老浮屠之祠，就是对儒术丧失信心的体现。农民也不再使用官方颁布的《五经》，如黄巾起义就是以《太平经》为经典，张鲁的五斗米道以《老子五千文》作经典。在这样的情况下，不仅儒家今文经学和谶纬已失去作为统治工具的作用，就连民间使用的古文经学也无助于解决社会实际问题。在这种情况下，社会开始酝酿和流行着各种不同的思想及信仰，思想领域出现了比较活跃的情况，先秦诸子学说纷纷再度兴起，玄学处于酝酿之中。

儒学统治地位的动摇为思想文化领域营造了活跃的气氛，为知识分子过渡到玄学研究提供了机会和环境，在此情况下玄学逐渐兴起。玄学的理论特色在于用老庄的思想去诠释儒家的《易经》和《论语》，从而在儒、道两家学说的综合中去探求保持儒家道德标准的新形式。对此，张晓华在其《公元前后的国内环境对佛教传播中国的影响》一文中有过叙述："'贵无'思想是玄学理论的基本原则，这种理论的代表人物就是王弼等人，他

---

① 任继愈：《中国佛教史》，北京：中国社会科学出版社，1981 年，第 113 页。

们在世界的本源问题上提出了‘本’与‘末’的说法，把具体感官所及的客观世界及其变化视为无关紧要的现象，称为‘末’，而把超乎现象的非感官所及的无形无象的精神称为‘本’，也称为‘无谶’，只有这种无，才是客观世界唯一的主宰和本源。从内容上看，玄学具有较为深刻的哲学义理和较强的思辨色彩，它用人格本体论取代了汉代的谶纬神学和繁琐经学，排除了粗陋的神学目的论，在哲学史上具有重要的意义。而其对儒学的冲击，崇尚自然，不拘名教，尊重个性，客观上也确实起到了突破精神束缚的作用，它为非正统思想的流布提供了社会心理基础，为以个人信仰为基础，以个人救赎为目的的佛教盛行创造了条件。”① 汉魏时期，佛教利用玄学兴起之机，通过知识僧侣与士大夫广泛而深入的结纳交往，扩大在知识分子中的联系和影响，以士大夫为媒介扩大佛学的传播。

汉魏时期儒学统治地位动摇所带来的思想文化的活跃，特别是许多学者对儒家的攻击批判，为佛教思想的传播提供了十分有利的条件。老庄学说地位的不断提高，玄学的形成和盛行，也为佛教在义理上的普及奠定了思想基础。无论是儒家学说还是后来的玄学，佛教都以十分积极的态度试图去解决与它们之间在思想、教义等方面存在的矛盾，充分发挥自身的调节适应功能，协调、吸取它们的思想来补充自己，阐发自己的思想理论。佛教这种积极向儒家或玄学妥协的做法，既使统治阶级易于接受，又争取了深受儒学或玄学影响的广大民众与知识阶层对它的信仰，从而达到了促进佛教发展和传播的目的。

四、汉魏时期方术和黄老之道的盛行

佛教来华之时，正值中土神仙方术盛行之际，巫风盛行是汉代的一个重要文化现象。汉代上至皇帝、达官显贵，下及庶民百姓，大都相信巫术的“灵验”。

《后汉书·方士列传》载：

> 汉自武帝颇好方术，天下怀协道艺之士，莫不负策抵掌，顺风而届焉。后王莽矫用符命，及光武尤信谶，士之赴趣时宜者，皆骋驰穿凿，争谈之也。②

---

① 张晓华：《公元前后的国内环境对佛教传播中国的影响》，《松辽学刊》（哲学社会科学版）2000 年第 6 期。

② （南朝宋）范晔撰，（唐）李贤等注：《后汉书》卷八十二《方士列传》，北京：中华书局，1965 年，第 2705 页。

在两汉流行的各种方术中，统治者尤为看重谶纬神学。所谓谶就是一种神秘的预言。纬，即纬书，是经学家们在经学之外自造的经说。谶纬神学的一个重要特征就是用隐语方式预言“真命天子”和灾异，两汉交替之际谶纬神学成为官方神学，王莽改制用图谶，刘秀取国也用图谶，图谶不仅是文人求官的门径，也是统治者巩固政权或夺取政权的舆论工具。封建皇帝倡导神学方术主要出于祈求长生和愚弄群众之目的，而广大劳苦群众则幻想能够得到庇佑以摆脱苦难，由此上行下效，于是方术之风愈发流行。佛教进入中国内地恰逢巫风盛行之际，最初输入中国的佛教是小乘佛教，其中一些天堂地狱、轮回投胎等教义与中国固有的阴阳谶纬合成疑神疑鬼的迷信，在巫风盛行的时代很快得到流行。在协助佛教落脚中国的因素中，汉时的黄老之学或黄老之术也起到了同样重要的作用。

黄老之学在西汉初年的思想界占领了统治地位，文帝、景帝皆以黄老清静之术治天下，与民休养生息，形成了以黄老道家思想为主的政治学说。武帝“罢黜百家，独尊儒术”以后，黄老之学在政治上失势，渐渐与神仙方术、阴阳五行学说相结合，逐步由研究治国经世的政治术转向研究长生养性的养生术，继而向神仙方术之道转化。到东汉时，黄老之学已演变成为黄老道术，盛于燕齐与荆楚之地。当佛教初传内地时，因社会对其了解不多，加上被称为道术的黄老之学、神仙方术和佛教在表面上都讲“清虚”，所以佛教竟在道术那里找到了相通之处。早期的佛教徒为了把佛教宣传依附于传统的黄老道术，甚至不惜承认道家思想中的“老子化胡说”，将道术作为保护伞，而佛教本身则借机主动采取攻势，用中国固有的思想予以解释以达到其传播之目的。这就使得佛教和黄老取得了一致，加上黄老与浮屠都主张清虚无为，二者教义相近，好生恶杀，省欲去奢，结果就使得当时的人们把佛教理解为黄老之学、神仙方术中的一种，汉明帝时的楚王英很早就开始祭祀“浮屠”和“老子”，把黄老和浮屠当作了一回事。正如汤用彤先生所说：“汉世佛法初来，道教亦方萌芽，纷歧则势弱，相得则益彰。故佛道均借老子化胡之说，会通两方教理，遂至帝王列二氏而并祭，臣下亦合黄老、浮屠为一，固毫不可怪也。”① 在两汉的大部分时期里，黄老道术和道教都获得了空前的发展，一直持续到东汉末年黄巾起义爆发。黄巾起义，其领袖张角就是利用“太平道”（道教的一个分支）发动起来的。起义被镇压后，道教地位逐渐衰弱。据史书记载，东汉王朝在黄巾起义后下令停止道教活动，但对佛教则予以优惠政策：“诸

---

① 汤用彤：《汉魏两晋南北朝佛教史》，北京：中华书局，1983 年，第 43 页。

事老子妖巫医卜，并皆废止。其有奉佛五戒勿坐。”① 充分说明了当时统治阶级对佛教的青睐以及对道教的厌恶，就是这样的思想和政治氛围为佛教创造了无比优越的优先发展空间。虽然佛教这种依靠黄老之术和道教的做法并不能显示其本来面目，但至少依附当时流行的道术，作为道术的一种形式得到了大批民众的认可，当时的佛教徒也默认此说，并且带头以老庄学说解释佛教教义，终于使佛教的传播获得了成功，使佛教这一外来宗教的真面目得以掩饰，进而使佛教与中国本土传统文化的冲突降到了最低点，有效地保护了初期还很弱小的佛教势力。

第二节　佛教在中国南方的传播

汉魏时期，由于社会动乱，军阀割据一方，直到魏蜀吴三国鼎立局面出现后，中国社会才有了一定程度的稳定。当时的魏国主要统治广大的北方中原地区，而南方地区则主要由吴蜀两国统治。这一时期，佛教造像在中国的传播仅仅局限于长江流域，从云南、四川沿长江向下游传播，造像年代也呈现西早东晚的大致趋势。这些佛像多混同于道教图像，与丧葬结合，看不出与佛教义理、寺庙之间的密切联系，虽然表现出“一知半解”的时代特色，但在中国引入佛教的起始阶段有着极为重要的开创性意义。由于北方地区曹魏政权对宗教的限制，与南方巫道之风兴盛有很大的区别，佛教造像在这一时期难以传入中原地区，也是可以想象和理解的。

因此我们要了解佛教在中国南方的传播情况，就必须根据当时的社会经济状况、人文和地理条件等因素把佛教在南方的发展分为西南地区、长江中下游地区和交州地区三个不同的区域进行探讨。本节中的西南地区是指以成都平原为中心的西南经济文化区，包括今天的四川、重庆、贵州、云南和陕西省的汉中地区等；长江中下游地区主要是汉魏时期孙吴政权统治下的淮河以南、南岭以北的广大地区，包括今天的湖北、安徽、江苏、浙江、江西、湖南等地区；交州地区就是汉魏时期交州刺史统辖下的南岭以南的广大岭南地区，包括今天的广东、广西和越南北方等广大地区。

---

① 《续修四库全书》编撰委员会编：《续修四库全书》第128册子部卷七十七，（唐）费长房撰：《历代三宝纪》，上海：上海古籍出版社，2002年，第440页。

一、佛教在西南地区的传播

通过前文我们已经知道，早在东汉初期，贯通中国西南和南亚身毒国的西南丝绸之路就已经畅通，来自全国各地的官员使者、商团等不断在这条道路上与西南少数民族和外国发展政治及经贸往来，来自国外的少数民族和商人也纷纷通过这条线路进入中国。对于在这条线路上中国与印度、缅甸以及更远的伊朗或东地中海国家的交往，近几十年来考古工作者都有了许多重要的发现，如在云南晋宁石寨山滇王墓中发现了琉璃，在晋宁石寨山和江川李家山等汉代墓葬中也有大量玛瑙、玉石、绿松石等装饰品，而这些东西都不是由当地生产的，而是来自这条商路上的外国商人之手。另外，在腾冲附近曾挖掘出大量的汉五铢钱，也是当年中外商业贸易在这条道路上进行的凭证。《三国志·魏书》卷三十裴注引鱼豢《魏略·西戎传》对盘越国就有如下记载：

盘越国，一名汉越王，在天竺东南数千里，与益部相近，其人小与中国人等，蜀人贾似至焉。①

对于这个盘越国，法国著名汉学专家沙畹研究认为“盘越地在东印度阿萨姆与上缅甸之间”②，汶江先生研究认为“盘越即滇越，即东印度阿萨姆的迦摩缕波”③。《史记·大宛列传》就有记载：

昆明之属无君长……然闻其西可数千里，有乘象国，名曰滇越，而蜀贾奸出物者或至焉。④

《大唐西域记》卷十《迦摩缕波国》载：

迦摩缕波国，周万余里，国大都城，周三十余里……人形卑小，容貌黧黑，语言少异中印度。⑤

---

① （晋）陈寿撰：《三国志》卷三十《魏书》，北京：中华书局，1959年，第860页。

② ［法］沙畹：《魏略·西戎传笺注》，载冯承钧译：《西域南海史地考证译丛》第七编，北京：商务印书馆，1962年，第41~57页。

③ 汶江：《滇越考》，《中华文史论丛》1980年第2辑。

④ （汉）司马迁：《史记》卷一百二十三《大宛列传》，北京：中华书局，1959年，第3166页。

⑤ （唐）玄奘、辩机原著，季羡林等校注：《大唐西域记校注》（下册），北京：中华书局，2000年，第794页。

这里所说的迦摩缕波国“人形卑小，容貌黧黑，语言少异中印度”，就是《魏略·西戎传》所说的“其人小与中国人等”，其实就是分布在东印度阿萨姆地区的滇越族人，这些地方都留下了蜀商的足迹，从这些古代遗存中就可以感受到在这条线路上中外经济和文化交往的繁忙景象。《华阳国志·南中志·永昌郡》中也有关于当时西南永昌郡（今云南大理及哀牢山以西地区）的记载：

孝明帝永平十二年，哀牢抑狼遣子奉献。明帝乃置（永昌）郡，以蜀郡郑纯为太守，属县八，户六万，去洛六千九百里，宁州（今云南曲靖一带）之极西南也，有闽濮、鸠僚、僄越、裸濮、身毒之民。①

其中所列的僄越、身毒之民就是当时的缅甸人和印度人，这些外国居民实际上就是通过西南丝绸之路进入中国的，他们也多为经商或随着商人而入，佛教也很有可能最早由这条道路传入中国的西南地区。伯希和就摄摩腾和竺法兰来到中国的线路问题有过一番表述：

顾四川之中国人所欲在云南开拓者，不仅东京一道。彼等已久知云南西南有道可达天竺。纪元3世纪魏略曾言大秦可由云南之永昌而至中国。考中国经缅甸与亚洲南部、西部有确定关系之时，在纪元2世纪之中。永元九年掸国王雍由调入贡中国，永宁元年雍由调复遣使者献乐及海西幻人。海西即大秦也。掸国西南通大秦然其时或者可再溯而上。明帝时，天竺传布佛法之摩腾、法兰二人，亦得取Iraouaddy（伊洛瓦底江）上流及云南一道而达中国也。②

伯希和认为摄摩腾和竺法兰二人都是沿着西南丝绸之路进入中国的，笔者相信根据《高僧传·摄摩腾传》中“（蔡）愔等于彼遇见摩腾，乃要还汉地。腾誓志弘通，不惮疲苦，冒涉流沙，至乎洛邑”③ 和《高僧传·竺法兰传》中“时蔡愔既至彼国，兰与（摄摩）腾共契游化，遂相随而来。会彼学徒留碍，兰乃间行而至”④ 的有关摄摩腾“冒涉流沙”（即走

---

① （晋）常璩撰，顾广圻校正：《华阳国志》卷四《南中志》，北京：商务印书馆，1958年，第60页。

② ［法］伯希和著，冯承钧译：《郑和下西洋考 交广印度两道考》，北京：中华书局，2003年，第190页。

③ （南朝梁）释慧皎撰，汤用彤校注：《高僧传》卷一《摄摩腾传》，北京：中华书局，1992年，第1页。

④ （南朝梁）释慧皎撰，汤用彤校注：《高僧传》卷一《竺法兰传》，北京：中华书局，1992年，第3页。

西北方向通过荒漠到达洛阳）和竺法兰“间行而至”（即走最短的路线到达洛阳）的记载，可以大胆地判断竺法兰可能是走西南丝绸之路而不是走摄摩腾走过的西北丝绸之路进入中国的。鉴于竺法兰来中国之时是东汉明帝年间，那时官方的西南丝绸之路已经开通了，从印度出发沿着西南丝绸之路方向进入中国也是一条比较安全和方便的道路，所以笔者认为竺法兰走西南丝绸之路是很有可能的。

到目前为止，在中国的史籍中尚未发现任何有关汉魏时期西南地区佛教造像的记载，因此，要想了解当时佛教在西南地区的发展情况，只能从考古发现的佛教造像遗物中去寻找。

（一）现存汉魏时期西南地区的佛教造像

到目前为止，在西南地区的十几处确切出土地点共发现早期佛像30多尊，其中大多数是以西南地区特有的文化器物——钱树为载体的。钱树，也称为摇钱树，是我国西南地区以四川盆地为中心，流行于汉魏时期的一种特殊的墓葬随葬器物。这些早期佛像包括四川乐山麻浩1号崖墓的佛坐像1尊；① 乐山柿子湾1号崖墓的佛坐像2尊；② 四川彭山166号崖墓出土的钱树座佛像1尊；③ 绵阳何家山1号崖墓出土的钱树佛像5尊；④ 四川什邡出土的佛塔刹画像砖1块；⑤ 重庆忠县涂井5号崖墓出土的钱树佛像6尊；⑥ 重庆忠县涂井14号崖墓出土编号为M14：31的钱树佛像3尊，同墓编号M14：31的钱树佛像5尊；⑦ 重庆丰都槽房沟墓中出土的摇钱树铜佛像1尊；⑧ 贵州清镇第11号石室墓出土的钱树佛像2尊；⑨ 陕西汉中城固砖室墓出土的钱树佛像1尊；⑩ 汉中铺镇5号砖室墓出土的钱树佛像2

① 乐山市文化局：《四川乐山麻浩一号崖墓》，《考古》1990年第2期。

② 闻宥：《四川汉代画像选集》，北京：群众出版社，1955年，第59页。

③ 南京市博物馆编：《四川彭山汉代崖墓》，北京：文物出版社，1991年，第37页。

④ 何志国：《四川绵阳何家山1号东汉崖墓清理简报》，《文物》1991年第3期。

⑤ 谢志成：《四川汉代画像砖上的佛塔图像》，《四川文物》1987年第4期。

⑥ 四川省文物管理委员会：《四川忠县涂井蜀汉崖墓》，《文物》1985年第7期。

⑦ 四川省文物管理委员会：《四川忠县涂井蜀汉崖墓》，《文物》1985年第7期。

⑧ 四川省文物考古研究所编：《丰都县三峡工程淹没区调查报告》，《四川考古报告集》，北京：文物出版社，1998年，第12页。

⑨ 贵州省博物馆：《贵州清镇平坝汉墓发掘报告》，《考古学报》1959年第1期。

⑩ 罗二虎：《陕西城固出土的钱树佛像及其与四川地区的关系》，《文物》1998年第12期。

尊,① 等等。此外，日本还收藏有3件带佛像的钱树，其上共有4尊佛像。② 虽然这4尊佛像的出土地点不明，但根据造型风格和制作工艺等判断，也应属于西南地区的早期佛像，其“可能出土于中国四川省”③。

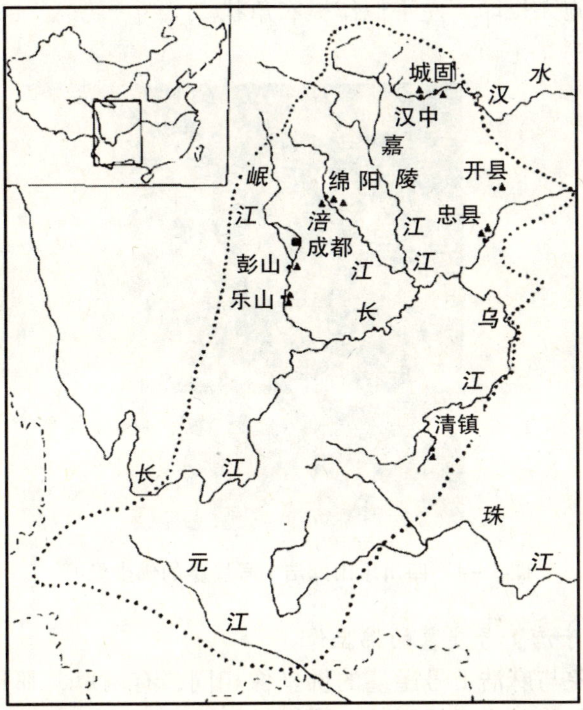

图3－3　中国西南地区早期佛像的主要分布图④

在众多早期佛教造像中，比较具有代表性的就是乐山麻浩1号崖墓的佛坐像、乐山柿子湾1号崖墓的佛坐像、四川彭山166号崖墓的钱树座佛像、贵州清镇第11号石室墓的钱树佛像、陕西汉中城固砖室墓的钱树佛像、四川绵阳何家山1号崖墓的钱树佛像、重庆忠县涂井5号崖墓的钱树

① 罗二虎:《中国陕西省出土钱树佛像考》,《佛教文化研究所纪要》第36集，日本龙谷大学，1997年。

② 贺云翱等编：《佛教初传南方之路文物图录》，北京，文物出版社，1993年，第48～49页，图13、14、15。

③ 霍巍、赵德云:《战国秦汉时期中国西南的对外文化交流》，成都：巴蜀书社，2005年，第231页。

④ 截取自罗二虎:《论中国西南地区早期佛像》,《考古》2005年第6期，第67页。

佛像、云南昭通的陶佛像以及四川什邡的佛塔刹画像砖等。

1. 四川乐山麻浩1号崖墓的佛坐像

此墓规模很大，有一个前室和三个后室，佛像以浮雕形式刻于中间一个后室中间的门额上。像高37厘米，结跏趺坐，着通肩大衣，高肉髻，有项光，右手作施无畏印，左手似作提衣角状。

图3-4　四川乐山麻浩1号崖墓的佛坐像①

2. 乐山柿子湾1号崖墓的佛坐像

佛坐像形象与麻浩1号崖墓的佛坐像相同，有两尊，都是刻于后室的门额之上。因年代久远破损严重，佛像形象依稀可见。

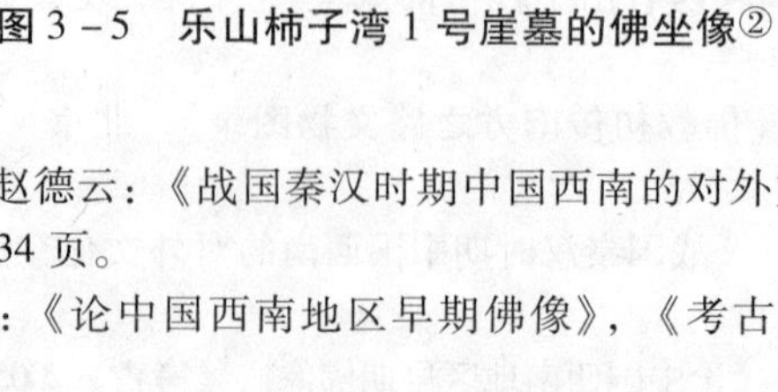

图3-5　乐山柿子湾1号崖墓的佛坐像②

① 截取自霍巍、赵德云：《战国秦汉时期中国西南的对外文化交流》，成都：巴蜀书社，2007年，第234页。

② 截取自罗二虎：《论中国西南地区早期佛像》，《考古》2005年第6期，第68页。

3. 四川彭山166号崖墓出土的钱树座佛像

出土于抗日战争期间，现收藏于南京博物馆。此像树座为泥质灰陶，高21厘米，全器呈圆形，树座的表面显出模制的人像，其中一佛像结跏趺坐，高肉髻，右手作施无畏印，左手握拳执衣裳之下摆，身上的僧衣纹饰呈“U”字形下垂，具有明显的佛像特征。其两侧尚有两侍从站立而侍，学术界对这两侍从的身份有着不同的解释。俞伟超先生就认为“三人整组都是佛教造像，一佛二弟子或二菩萨，即中为释迦像，两侧为迦叶、阿难或大势至菩萨和观世音菩萨像”[①]，而吴焯先生不同意“一佛二菩萨”之说，认为两侧之侍从应当为“胡僧”[②]。无论这两侍从的身份如何，对于这是一尊早期佛教造像学术界并无异议。

彭山崖墓出土的佛像开始出现在摇钱树上具有更加特殊的意义，这就表示着佛教开始与四川本地的神仙方术思想结合在一起，“表明那时的佛教礼拜曾和古老的社祀活动结合在一起”[③]。吴焯先生同样认为：“四川彭山崖墓的钱树座上首先出现佛像，又是一个新的信息。钱树是给人们带来土地、粮食和财富的象征，把佛陀放在树座上与树神一起祭祀，无非是想借助佛陀把这些好处带给他们，或者求得佛陀的保佑，使这些已经获得的土地、粮食和财富永远为墓主以及他的子孙后代所有，这与乐山麻浩和柿子湾在东王公和西王母所占的位置上雕刻佛像以求得佛的保佑的作用是相同的，也是和自楚王英开始浮屠老子并祀的传统一致的。”[⑤]

图3-6　彭山出土的钱树座佛像[④]

① 俞伟超：《东汉佛像图像考》，《文物》1980年第5期。

② 吴焯：《四川早期佛教遗物及其年代与传播途径的考察》，《文物》1982年第11期。

③ 俞伟超：《东汉佛像考》，转自《向达先生纪念论文集》，乌鲁木齐：新疆人民出版社，1986年，第347页。

④ 截取自段玉明：《从出土文物看巴蜀早期佛教》，《四川文物》2008年第3期，第70页。

⑤ 吴焯：《佛教东传与中国佛教艺术》，杭州：浙江人民出版社，1991年，第139～140页。

4. 贵州清镇第 11 号石室墓钱树佛像

1957 年出土，现收藏于贵州省博物馆。据描述，佛像铸在钱树的树干上，出土时树干已残断为数截，在其中两截树干上共发现两尊佛像。佛像头部有高肉髻，衣饰呈“U”字形下垂，双手均握衣角下摆，结跏趺坐。贵州清镇钱树佛像的发现说明了早在东汉后期佛像就已经通过四川地区传入了贵州，但与四川地区相比，当地人对佛像的理解比较肤浅，这与摇钱树的联系以及升仙思想的流行有着十分密切的联系。

图 3-7 贵州清镇第 11 号石室墓钱树佛像①

5. 陕西汉中城固砖室墓出土的钱树佛像

出土时间不详，现收藏于陕西汉中城固文物管理所。佛像分为陶座与钱树两部分，陶座为釉陶制，上饰以山形图案，树体由树干、树枝、顶饰三部分组成，分段铸造后接合而成，现存高度为 93.5 厘米，其中，顶饰位于树体的中央，高约 22.8 厘米，厚 0.2～0.4 厘米，佛像 1 尊，位于顶饰之上。这尊佛像高 6.5 厘米，宽 4.1 厘米，结跏趺坐，头部有圆形的光芒，右手施无畏印，左手握衣端，额部施有白毫相，唇上有两道向上反卷的胡髭，着通肩衣。在佛像的一侧，尚残留有一尊侍从像，头上有长角状的饰物，兽首人身，侧身而跪，双手作揖，面向佛像，全身长出毫状的羽饰。虽然陕西汉中城固按照现在的行政区划属于陕西省，但从自然地理位置上

① 截取自罗二虎：《略论贵州清镇汉墓出土的早期佛像》，《四川文物》2001 年第 2 期，第 49 页。

看其位于秦岭以南；从历史和经贸关系来看，在很久以前其就与巴蜀地区保持了十分紧密的联系。秦汉以来汉中不仅一直位于中原与四川交通的要冲，而且事实上也归属于汉代的益州刺史以及后来蜀汉政权的统治下。所以，这个钱树佛像可被视为西南地区的佛教造像遗物。

图 3－8　陕西汉中城固砖室墓出土的钱树佛像①

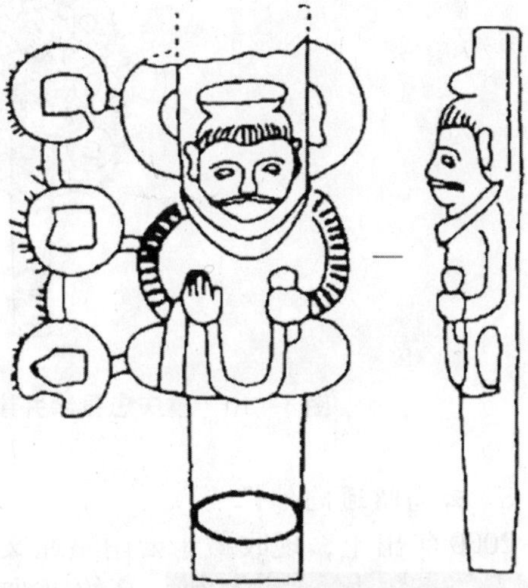

图 3－9　四川绵阳何家山 1 号崖墓出土的钱树佛像②

6. 四川绵阳何家山 1 号崖墓出土的钱树佛像

1989 年 11 月出土，现收藏于四川省绵阳市博物馆。此件钱树分为树干与树叶两部分，树干残长 76 厘米，其上分别铸有 5 尊形象一致的佛像，顶有肉髻，双眼微合，两耳较大，上唇有髭，穿通肩袈裟，右手竖掌，掌心向外，作施无畏印，左手握拳执衣下摆，衣角下垂呈“U”字形，绕于右手腕，再垂至足前，结跏趺坐。

7. 重庆忠县涂井崖墓出土的钱树佛像

1981 年 5 月出土，现收藏于四川省文物考古研究所。这一墓群共出土 4 株钱树，分别埋葬于 3 座墓中。其中，第 14 号崖墓共出土 2 株钱树佛像，形态各异，树干用数段相同的铜节缀合而成，每节上均有一尊佛像，共 8 尊，系以双范合铸法铸成。佛像有高肉髻，着通肩大衣，右手施无畏印，左手握衣角，结跏趺坐。佛像两侧由枝杈、云气构成屏背，并铸出一

① 截取自罗二虎：《论中国西南地区早期佛像》，《考古》2005 年第 6 期，第 70 页。

② 截取自罗二虎：《论中国西南地区早期佛像》，《考古》2005 年第 6 期，第 69 页。

对蝉形饰物，佛像头部两侧各有方孔圆钱纹两枚，周边饰羽毛状物。

图 3 - 10　重庆忠县涂井崖墓出土的钱树佛像[①]

8. 云南昭通陶佛像

2000 年出土，现收藏于云南昭通文物管理研究所。这件灰陶佛像，残高约 20 厘米，下部略残，头顶有类似肉髻的槌状物，螺发，面庞丰润，双眼微合，鼻高且大，身穿通肩大衣，向下形成五重长长的“U”形衣纹，右手施无畏印，左手握衣角，“V”形衣领，衣袖有较宽且深的纹路，大衣背面从上到下形成七层略显平行的圆弧形衣纹，结跏趺坐。昭通佛像是迄今为止我国发现最早的陶佛像，它的佛像表面特征与四川早期佛像特征相似，由此可以看出云南昭通佛像与四川佛像之间有着深刻的联系。它的发现填补了印度早期佛教艺术从滇缅道传入的缺环，有力地证明了佛教在很早的时候就已经传到了云南并产生了影响，这对研究我国佛教艺术的产生和传播具有重要意义。

图 3 - 11　云南昭通陶佛像[②]

① 截取自霍巍：《四川何家山崖墓出土神兽镜及相关问题研究》，《考古》2005 年第 5 期，第 74 页。

② 截取自何志国、李莎：《从昭通东汉佛像看中国早期佛像的来源》，《艺术考古》2008 年第 4 期，第 101 页。

9. 四川什邡佛塔刹画像砖

1986年出土，现收藏于四川博物馆。该长方形画像残砖长21厘米，宽15厘米，厚7.5厘米，上面刻有一楼阁式佛塔，塔身三层，塔刹顶部呈多层线纹叠样。塔的左右两边各雕饰莲花一株，其高近乎佛塔。印度佛教造塔的层数规制为一、三、五、七、九级奇数，该画像砖上的佛塔制式属于古印度塔刹的制式。这一画像砖上的佛塔，是我国目前所见最早的佛塔形制，也是印度佛教传入我国时所造之物。

图3-12　四川什邡佛塔刹画像砖①

迄今为止，在西南地区发现的早期佛像主要有两种形式：一种是以乐山麻浩、柿子湾崖墓坐佛像为代表的半圆雕式的石雕佛像，这类佛像均为雕刻在崖墓门楣上方的单体石像，形态稳定，佛像的基本标志清晰明确，成熟程度十分高。另一种与绵阳何家山1号崖墓钱树上的佛像一样，均属于钱树树干或陶座上出现的佛像，这种佛像统称为“钱树佛像”。

目前，以乐山麻浩、柿子湾崖墓佛坐像为代表的半圆雕式的石雕佛像之年代已确定为东汉后期到三国时期。至于那些考古发现的“钱树佛像”，墓葬年代比较明确的有绵阳何家山崖墓、重庆忠县涂井崖墓、彭山崖墓。其中，何家山1号崖墓的墓葬年代，原发掘简报推定为“东汉晚期”。后来有意见认为，由于该墓前、后室共埋有四棺，墓葬的延续时间在两代以上，而钱树佛像置于前室棺后，要晚于墓葬的凿造年代；同时鉴于崖墓内仅发现汉末剪轮、蜒环五铢，未见蜀汉钱币，故推测其“或为东汉与蜀汉

① 截取自胡彬彬：《长江中上游地区的造像与佛教初始输入的别径》，《湖南大学学报》（社会科学版）2007年第5期，第39页。

相交时期的遗物”①。重庆忠县涂井崖墓的年代特征比较明确，出土钱树佛像的墓内伴出有直百五铢，结合陶俑、随葬器物的形态以及墓葬形，“简报将其定在三国蜀汉前期”②。彭山崖墓中出土钱树座佛像的第166号墓，原来的发掘简报认定其年代为东汉晚期。后来吴焯先生在《四川早期佛教遗物及其年代与传播途径的考察》一文中认为“钱树佛像两侧的‘胡人’形象见于涂井蜀汉早期墓葬，故佛像的年代应与涂井崖墓大致同期”③，但属于汉魏期应该没有异议。贵州清镇石室墓的年代，发掘简报也定为“东汉时期”④，但考虑到出土的钱树佛像形制与绵阳何家山、忠县涂井所出土之佛像的特点十分相近，故亦应属于同一时期。陕西城固出土的钱树佛像从目前所公布的资料来看，据称系出土于东汉时期的砖室墓，但墓葬的具体情况不详，无法作进一步比较分析，“报告认为此钱树的年代可能为东汉晚期”⑤。综上所述，可以认为西南地区早期佛教造像大致上始于东汉晚期，流行于三国蜀汉前期，至蜀汉后期趋于消失，其年代相当于公元2世纪末至3世纪。

（二）汉魏时期西南地区的佛教造像特点

（1）这些早期佛教造像，从表现形式上看尚处于“模糊阶段”，从表面上看与佛教教义、寺院和僧侣之间并没有什么直接的联系，相反却与本土系统的神仙和升仙思想及天国仙境观念之间的关系十分密切。佛的出现并非作为膜拜的对象，而是作为天国仙境诸神灵中的一员，与本土传统的神仙或神兽等神灵同列出现。汉魏时期译成的《四十二章经·序》云：

> 昔汉孝明皇帝，夜梦见神人，身体有金色，项有日光，飞在殿前。意中欣然，甚悦之。明日问群臣，此为何神也？有通人傅毅曰：“臣闻天竺有得道者，号曰佛，轻举能飞，殆将其神也。”⑥

古蜀地人们对“西王母”的崇拜比较深厚，并且选择了蜀地文化中常见的摇钱树作为供奉“西王母”的载体。摇钱树是西南地区独具特色的文

---

① 吴焯：《四川早期佛教遗物及其年代与传播途径的考察》，《文物》1982年第11期。

② 四川省文物管理委员会：《四川忠县涂井蜀汉崖墓》，《文物》1985年第7期。

③ 吴焯：《四川早期佛教遗物及其年代与传播途径的考察》，《文物》1982年第11期。

④ 贵州省博物馆：《贵州省平坝汉墓发掘报告》，《考古学报》1959年第1期。

⑤ 罗二虎：《中国陕西省出土钱树佛像考》，《佛教文化研究所纪要》第36集，日本龙谷大学，1997年。

⑥ （南朝梁）释僧祐：《出三藏记集》，北京：中华书局，2003年，第242页。

物，它具有原始树崇拜、社树、升天神树和追求富贵吉祥等多重内涵。“西王母”常常位于摇钱树的中央或显要位置，刻意突出其受崇拜的地位，而到了东汉后期至三国时期，部分摇钱树上的“西王母”变成了佛像。例如，在绵阳何家山 2 号墓出土的摇钱树顶部的枝叶上，西王母坐在一璧形物上；而陕西城固出土的摇钱树佛像也坐于相同的位置。从中可以看出当时蜀地佛教的发展和当地人们对佛教的模糊认识——人们把佛当成了像“西王母”之类的神仙，期望通过这种崇拜佛陀的做法，实现其长生不老、早日成仙、早日超脱现实生活的愿望。

（2）西南地区发现的早期佛教造像与四川地区的原始道教发展有着十分密切的联系。四川地区的原始道教发展历史久远，东汉中期以后道教在蜀中普遍流行，顺帝年间张陵在鹤鸣山（今四川大邑县境）创五斗米道，信徒甚众，其子张衡、孙张鲁相继执掌教职，东汉末年张鲁在汉中建政教合一的政权达三十年。摇钱树就是原始道教信仰载体中的典型代表，而当时传入四川的佛教为了更好地发展和传播便积极地与神仙道教混为一流，如同汤用彤先生所言：“佛教在汉代纯为一种祭祀。……祭祀既为方术，则佛徒与方术最初当常并行也。浮屠本行斋戒祭祀，故亦早为方士之附庸。”①

（3）与出土的画像和摇钱树的总体数量相比，佛像数量仅占其中很小一部分，这在一定程度上反映了佛教在这一区域的流行程度并不高。这些佛像的共同特点是佛像的头部均有突出的高肉髻，姿势均为结跏趺坐，右手施无畏印，衣饰均为通肩僧衣，前胸部的衣纹下垂呈“U”字形。

（4）在已有的结论中，整个西南地区所发现的早期佛教造像各自的产生年代略微不同，有的早，有的稍晚一些。比如在云南昭通发现的陶佛像，其年代应属于东汉晚期，比四川地区的某些三国时期的佛像要略早一些，而贵州清镇出土的早期佛像似乎要更晚一些，“大致可以判断贵州清镇 11 号墓的这两座墓葬的年代为东汉晚期至末期，其下限可能会晚到蜀汉前期，而这株钱树的制造年代与这两座墓葬的年代基本同时”②。根据这些佛像的分布地域和各自所处的年代，我们可以大致得出这样的结论，即佛教造像艺术是沿着西南丝绸之路进入我国的，首先影响云南地区，然后继续深入，来到了当时西南地区的中心，即四川的成都平原一带，接着再向四周传播，传到了邻近的重庆、贵州和陕西汉中等地区。童恩正先生很早就在他的文章中讲道：“东南亚古文化明显受到中国文化影响的某些因素

---

① 汤用彤：《汉魏两晋南北朝佛教史》，北京：中华书局，1983 年，第 37 ~ 40 页。

② 罗二虎：《略论贵州清镇汉墓出土的早期佛像》，《四川文物》2001 年第 2 期，第 51 页。

（不是全部），其发源地或表现得很集中的地区，并不是云南，而是四川。换句话说，在古代中国南方与东南亚的某些文化交流中，云南并不是传播的起点，而是传播的通道，起点应在四川。”① 同时，苏秉琦先生在《中国文明起源新探》一书中也说过：“四川的古文化与汉中、关中、江汉以至南亚次大陆都有关系，就中国与南亚的关系看，四川可以说是‘龙头’。”② 我们知道，文化传播的一般情况往往是从一个文化区的中心地区向周边地区扩散，从东汉后期一直到三国时期，在西南地区，四川盆地一直处于西南文化圈的中心，四川的经济到了东汉后期已经十分发达，川西平原一带被称为“天府之国”，成都也是当时我国的一个十分重要的大都市，其经济文化的发展对于这一文化圈内的其他地区有着强烈的影响，而重庆、贵州等地区由于自然地理条件较差，其经济文化在古代就一直比较落后，在与四川地区的交往中总体上处于一种比较被动、接受的状态，因此我们认为贵州清镇的佛像艺术受到了来自四川地区佛像艺术的影响。

二、佛教在长江中下游地区的传播

东汉后期，由于中原地区战乱频繁，生产遭到严重破坏，大批北方人民向长江以南的地域迁徙，迁到了长江中下游的广大地区。此时，广大的南方地区在经过长期的军阀割据后，形成了蜀国和吴国两大政权。蜀国于公元 221 年由刘备在成都建立，史称“蜀汉”，主要统治以益州为中心的长江上游广大地区。吴国则由吴主孙权于公元 222 年建立，统治中心在武昌，孙权自称吴王，后于公元 229 年正式改称皇帝，建都建业（现江苏省南京市）。吴国占据了长江中下游的广大地区，包括荆州、扬州等。因此，探讨汉魏时期佛教在长江中下游地区的发展和传播，主要是看这段时期内（公元 222—280 年）佛教在吴国的发展。

就三国时期佛教在魏、蜀、吴三国的发展情况而言，吴国的佛教发展状况是最好的。虽然魏国统治的广大北方地区很早就有了佛教的传播活动，但由于当时曹魏政权对佛教实行排斥和打压政策，在意识形态方面，也以法律来约束社会的思想和行为，凡不符合儒家正统思想的，都被斥为“异端邪说”，都要受到限制打击，所以北方的佛教发展缓慢。霍巍、赵德云在《战国秦汉时期中国西南的对外文化交流》一书中就曾说过：

① 童恩正：《试论古代四川与东南亚文明的关系》，《文物》1983 年第 9 期。

② 苏秉琦：《中国文明起源新探》，北京：生活·读书·新知三联书店，1999 年，第 85 页。

三国时期北方曹魏统治区内，迄今为止没有发现早期佛像的考古资料。直到公元三世纪末至四世纪，当北方进入五胡十六国之后，才出现了一批具有犍陀罗艺术风格的金铜佛造像。这批金铜佛像形态稳定，有的有明确的纪年，均为单体造像，显然已是偶像崇拜的产物。需要指出的是，在这批金铜佛像当中，仍可观察到一些与四川早期钱树佛像风格相近的因素。如后赵建武四年（公元338年）铭金铜佛像。②

图3－13　后赵建武四年的金铜佛像①

当时蜀汉政权认为佛教不利于其统治，对佛教持不欢迎的态度。与魏、蜀两国佛教发展惨淡相比，吴国佛教的发展如日中天，这与当时吴国的统治者，特别是孙权对佛教的接纳态度有十分重要的关系。公元220年，孙权看中了鄂县（今鄂州市）优越的地理位置和丰富的铜铁资源，将统治中心迁到了鄂县，改名武昌，有“以武而昌”之意。武昌丰富的资源和便利的交通，不仅为孙权建国称帝奠定了基础，也为佛教的传播提供了良好的条件。在公元229年孙权将都城迁到长江下游的建业之前，武昌一直是吴国的政治和文化中心，进入长江中下游地区的佛教徒最早就是在这里集结的。尽管后来吴国的都城又迁移到了建业，但武昌一直作为陪都留用，是吴国长江中游军事防御的重要屏障。所以，在整个东吴时期，武昌和建业是最重要的两个都市，同时又是长江中游和长江下游地区的中心城市，因此把佛教在长江中下游地区的传播分为以武昌为中心的中游地区和以建业为中心的下游地区显得十分必要。

（一）东吴时期以武昌为中心的长江中游地区佛教的发展

佛教在以武昌为中心的长江中游地区的发展，离不开统治者的扶持。东吴时期的武昌，其政治地位决定了佛教经典的翻译、佛教造像艺术都有十分突出的表现：

---

① 何志国：《鄂州三国佛像镜的学术意义》，《艺术考古》2010年第2期，第112页。

② 霍巍、赵德云：《战国秦汉时期中国西南的对外文化交流》，成都：巴蜀书社，2007年，第289页。

1. 佛教经典的翻译工作

孙权于公元222年在武昌建立政权，自称吴王。为了巩固自身的统治，孙权实施“兼收并蓄”的政策，对各种思潮采取宽容的态度，对佛教也持开明的态度。当时，关中、洛阳地区仍处于动乱之中，无论是从西域来的佛教徒、译经者，还是汉人中的儒经学者，很多人都不堪忍受战乱之苦，纷纷逃往江南，这样一来，吴国的都城武昌便成为各种思潮、学派的汇聚地，佛教这个“外来物”便有了很好的市场，在武昌地区迅速地传播开来。孙权还通过对佛教的了解吸收了当中的一些人来为其政权服务。

最早来到武昌的僧人是祖籍月氏的支谦。《高僧传》初集卷一《康僧会传》中就有记载：

支谦字恭明，一名越，本月支人，来游汉境。初，汉桓、灵之世，有支谶译出众经。有支亮字纪明，资学于谶，谦又受业于亮，博览经籍，莫不精究。世间技艺，多所综习。遍学异书，通六国语。其为人细长黑瘦，眼多白而睛黄，时人为之语曰：“支郎眼中黄，形躯虽细是智囊。”汉献末乱，避地于吴。孙权闻其才慧，召见悦之，拜为博士，使辅导东宫，与韦曜诸人共尽匡益。但生自外域，故《吴志》不载。①

公元220年，孙权将统治中心迁到武昌后不久，支谦连同乡人也来到了武昌。从史料可以看出，支谦是当时佛教中相当有影响力的人物，他精通胡汉等六国语言，又通佛经。孙权听说支谦博学多才，迅速召见了他，并问了一些佛经中的深奥义理，他一一回答，孙权十分满意，决定将他聘为博士，辅导东宫太子孙登。通过统治者的保护和支持，支谦便在武昌大力开展佛教活动，积极组织对佛经的翻译研究和对佛教的介绍传播工作，使得武昌地区的佛教有了初步的发展。根据《四库全书》并参考《出三藏记集》的记载，支谦一共翻译了88部共118卷佛经，现存仅有51部共68卷（见附录 汉魏时期译经情况表）。

到了公元224年，印度僧人维祇难与竺律炎结伴而行，将部分佛经带到了武昌，并在此进行佛经翻译和从事佛经宣传工作。《高僧传》初集卷一《维祇难传》中记载：

（维祇难）以吴黄武三年，与同伴竺律炎，来至武昌，赍《昙钵经》梵本。《昙钵》者，即《法句经》也。时吴士共请出经，难既未善国语，

---

① （南朝梁）释慧皎撰，汤用彤校注：《高僧传》卷一《康僧会传》，北京：中华书局，1992年，第15页。

乃共其伴律炎，译为汉文。炎亦未善汉言，颇有不尽，志在义本，辞近朴质。①

史料显示维祇难和竺律炎在翻译经文时碰到了不善汉语的难题，而当时支谦正好在武昌，所以他们很快就一起合作，译出了《法句经》等一系列佛经。根据《四库全书》并参考《出三藏记集》的记载，维祇难翻译了2部共6卷佛经，现存仅1部2卷，而竺律炎翻译了4部6卷佛经，现存3部5卷（见附录 汉魏时期译经情况表）。

与维祇难和竺律炎翻译的佛经坚持原文的忠实性，结果导致佛经“晦涩难懂”不同，支谦在佛经的翻译工作中十分注意迎合汉人的语言习惯，使人们在读佛经时能够将虚无缥缈的佛教义理与日常生活中发生的或感受到的事情联系起来，从而增强了佛经的感染力。支谦使得佛经在武昌的传播有了较大的发展。在支谦的佛经翻译工作和佛教传播工作取得一定进展的同时，我们也应看到支谦的影响力还是相当有限的，因为支谦当时的译经活动大部分是在佛门和武昌城内的上层社会中进行的，广大的下层百姓苦于生计，对参与佛事的积极性并不高，对佛经不感兴趣，也没有太多接触支谦所译佛经的机会。支谦的身份也决定了他并不会过多地在下层社会活动，上层社会的权贵也只是将参与佛事活动当成一种十分时髦的活动。因此，从整体上看，当时武昌地区佛教的发展还处于一种比较朦胧的状态，人们对佛教与神仙道教之间的区分并不十分清楚。

到了公元229年，为了适应赤壁之战后新的形势发展的需要，孙权把统治中心迁到了建业。嘉禾元年（公元232年），孙登为了给在建业死去的弟弟孙虑治丧而定居建业，支谦跟着孙登来到建业。赤乌四年（公元241年），孙登死，支谦到苏州穹隆山隐居，一直没再回过武昌，武昌佛教的发展就比不上以前了。后来康僧会在建业宫廷活动，佛教影响不断扩大，武昌地区的佛教才有了进一步的发展，民间百姓对佛教的认识才渐渐地清晰起来。

2. 长江中游地区出土的佛教造像艺术

与长江上游四川地区的早期佛教造像是以摇钱树为代表不同，长江中游地区的早期佛教造像以佛兽镜、装饰佛像的陶瓷器为代表，包括各种佛教相俑、佛像和佛兽镜等。佛兽镜是神兽镜的一种，只是把原来神兽镜上的神仙和异兽换成了佛像和异兽的组合，这反映了长江中游一带的人们同样是把佛像当成神仙的一种并去祈求超脱现实苦难生活的强烈愿望。

在现有考古发现的佛教造像遗物中，由于大部分造像年代久远，加上

① （南朝梁）释慧皎撰，汤用彤校注：《高僧传》卷一《维祇难》，北京：中华书局，1992年，第22页。

有确切纪年的又比较少，考古学者要界定遗物的准确年代比较困难，因此有部分遗物的年代被归属于吴至西晋这段时期内。根据阮荣春与木田知生的《“早期佛教造像南传系统”调查资料》，到目前为止，属于吴国到西晋时期的长江中游一带的佛教造像遗物主要有：湖北武昌莲溪寺出土的一件铜牌佛像和四件白毫相俑，湖北鄂城出土的六件佛兽镜，带胁侍的釉陶佛坐像、佛像青瓷香熏、佛像青瓷三足酒樽、佛像青瓷唾壶，湖北黄陂县出土的尖顶帽俑、白毫相俑，湖北武汉江夏流芳出土的白毫相俑，湖南长沙出土的白毫相俑、佛兽镜，湖南湘阴出土的胡俑，安徽马鞍山出土的尖顶帽俑、白毫相俑，当涂、繁昌、宣州、广德、郎溪、绩溪出土的神瓶，安徽和县及江西南昌、靖安、余干出土的佛兽镜。①

图3－14　长江中游地区各地出土的白毫相俑②

注：出土地点：1、2为马鞍山佳山；3、4、11、13、15、19为湖北黄陂；5、9、10、12为江夏流芳；6、14、16、17、18为长沙；7、8为武昌莲溪寺

① 阮荣春、［日］木田知生：《“早期佛教造像南传系统”调查资料》，《东南文化》2006年第1、2期合刊。

② 吴桂兵：《长沙“永宁二年”墓与长江中游的早期佛教传播——兼谈早期佛教传播的路线与研究方法》，《民族艺术》2006年第1期，第95页。

另外，在阮荣春所著的《佛教南传之路》的“西晋前南方佛教造像遗物一览表”中，可以明确时间为东吴时期的有湖北武汉莲溪寺出土的一件铜牌佛像和四件白毫相俑，湖北鄂城出土的青瓷唾壶和大量佛兽镜，湖北武汉江夏流芳出土的白毫相俑，安徽繁昌出土的五连罐，湖北黄陂县出土的白毫相俑，安徽马鞍山出土的白毫相俑；划到吴至西晋时期的遗物仅有安徽郎溪出土的四佛镜和江西余干出土的佛兽镜等。①

在这里，我们以湖北武昌莲溪寺出土的一件铜牌佛像和湖北鄂州出土的佛兽镜为例来论述佛教在长江中游一带的发展状况。

（1）武昌莲溪寺铜牌佛像。

图 3 – 15　莲溪寺鎏金铜牌菩萨像②

武昌莲溪寺铜牌佛像发现于 20 世纪 50 年代，因为出土于东吴永安五年（公元 262 年）纪年墓中，在重庆丰都摇钱树铜佛像出土以前是我国出现最早的有明确纪年的佛像，因此具有很高的学术和研究价值，许多著名的研究早期佛教造像艺术的学者，如阮荣春、程欣人等对这尊佛像都有十分深入的研究。由于佛像尺寸比较小，而且表面模糊，在 1959 年湖北省文物管理委员会编写的《武昌莲溪寺东吴墓清理简报》中，只作了“鎏金器物附件形似杏叶，表面刻画有佛像，头环尖环，身绕飘带，立于球形的圆台上”③ 这样简单的解释，后来经过程欣人和阮荣春等学者的研究，莲溪寺佛像的形象逐渐清晰。根据何志国先生的描述：“该佛像的基本造型和轮廓为镂雕，局部细节采用阴线刻，所以，该佛像尺寸虽然小，但细节仍然相当清楚。他的具体形态是立姿，头后有一圈圆形项光，肉髻硕大，眼、鼻由细线雕刻连接而成，嘴部稍浅，有些模糊；颈戴项圈，上半身裸露，双手自然上举，披帛从身后绕至双手臂下垂，自然飘逸，两端向上卷曲；

① 阮荣春：《佛教南传之路》，长沙：湖南美术出版社，2000 年，第 18 ~ 21 页。

② 截取自何志国：《论武汉莲溪寺吴永安五年墓出土的鎏金铜牌菩萨像》，《南京艺术学院学报》（美术与设计版）2010 年第 1 期，第 36 页。

③ 湖北省文物管理委员会：《武昌莲溪寺东吴墓清理简报》，《考古》1959 年第 4 期。

下半身穿裙，腰系带，带下有覆莲纹，裙下摆收紧，形成三道中断的弧线和中间一条中断的竖线组成的衣纹，裙下摆下端、两腿中间有一条倒三角形状的垂带；赤脚站在由三瓣尖锐的覆莲组成的圆形莲座上。莲台两侧各向上伸出一束细长而弯曲的莲茎，上端有花苞形莲花。"①

从何志国的详细描述中，可以看到莲溪寺佛像的部分特征与我国长江上游一带的早期佛像有着一些相似之处。它的圆形项光在四川乐山麻浩墓和柿子湾出土的摇钱树佛像上也有发现，硕大的肉髻更是在西南地区出土的大量佛像上存在；莲花与佛像的组合，与在四川安县和陕西城固出土的摇钱树佛像头部出现的莲花装饰类似，这些特点都从一定程度上说明了莲溪寺佛像与长江上游一带的早期佛像有某种联系。

（2）湖北鄂州佛兽镜。

湖北鄂州是三国时期吴国重要的铸镜产地之一。在今天鄂州出土的文物中，对佛像表现最突出的就是佛兽镜。东吴时期的佛兽镜，多以佛教造像艺术中所表现的"飞天"菩萨作装饰，如"夔风镜"，这种镜中的菩萨像或为飘飘而升的全身像，或仅为头部及项光的半身像。它们常常在该类铜镜的连弧纹内或边缘的花纹带内，并没有占据主要地位，但这类镜中的主题纹饰已不再是神仙之类，佛教似乎已与黄老神仙分道扬镳，这表明人们对佛教的认识向前进了一步。

在2002年出版的《鄂州铜镜》一书所收录的300枚铜镜中，东汉三国铜镜占了267枚，神兽镜达141枚，成为最大的镜种，其中一枚表面比较清晰的佛像镜成为众多学者研究的焦点。据何志国的《鄂州三国佛像镜的学术意义》介绍，这是一枚在鄂州出土、现由私人收藏的佛兽镜，其"直径13.5厘米，厚0.35厘米。镜中心为扁圆形大钮，钮径3.3厘米，圆钮座，窄缘，分内外两区，外区面积较小，有一圈禽兽纹，内外区由一周凸弦纹分割，内区面积较大，是纹饰分布的主要区域。纹饰采用浮雕和浮雕加阳线纹技法铸成，分为四组。佛坐于龙虎座之上，右龙左虎形状相似，唯右龙头上长角，龙头窄长，不及虎头宽大，龙爪一侧有羽翼；佛头后有三圈扁圆形项光，佛坐像高2.2厘米（从底座至项光高），头顶有小肉髻，穿通肩衣，尖领，用阳线纹表现衣袖的细密，衣领下有三道弧形衣纹，双手交叉贴于腹前，手下有两道弧形衣纹，结跏趺坐，腿上有细密衣纹，七个不规则的长方形格相连形成底座。"②

---

① 何志国：《论武汉莲溪寺吴永安五年墓出土的鎏金铜牌菩萨像》，《南京艺术学院学报》（美术与设计版）2010年第1期，第35~36页。

② 何志国：《鄂州三国佛像镜的学术意义》，《民族艺术》2010年第2期。

图3－16　湖北鄂州出土的佛兽镜上的佛像部分①

在这枚佛兽镜的佛像身上，我们同样可以看到很多与长江上游地区早期佛像类似的地方：佛头后有圆形项光，这在乐山麻浩墓和安县摇钱树佛像上均能看到，尖顶的特征在乐山麻浩墓摇钱树佛像和昭通陶佛像上也有发现等等，暗示着这些佛像与长江上游的佛教造像艺术有某种联系。

吴国前期，孙权定都武昌，不仅迁来大量的户口，而且带来了不少能工巧匠，加之武昌地区盛产铜铁，在武昌和武昌郡的范围内，大冶的铜绿山和白雉山，鄂城的泽林，汀祖的西山，都蕴藏着十分丰富的铜铁矿，因而形成了一定的手工业。孙权来到武昌后，为了自身统治的需要积极加强军事准备，打造兵器，手工业从而有了较大的发展。以佛兽镜为代表的铜镜在鄂州大量出现，既得益于这里是东吴政治统治的中心地带，佛教首先影响这一地区，同时也与本地有丰富的铜铁资源密不可分，所以当佛教传入并有了一定的影响后，这些手工业者便自然而然地开始把佛像的因素反映到了铜镜上。

在出土了大量佛教造像的同时，通过一些史籍的记载，我们还可以看到当时佛教传播的一些迹象，佛教寺庙似乎在当时已经有所发展。在清光绪十一年编修的《武昌县志》中就有这样一条记载：

昌乐院，在县南六里，汉建安二十五年（公元220年）孙权作，寺有

① 截取自何志国：《鄂州三国佛像镜的学术意义》，《民族艺术》2010年第2期。

二浮图，东有戴渊记，西为谢尚立石。①

另外，在《佛祖统记》一书中也有类似的记载：

黄初元年（公元220年），吴主孙权于武昌建昌乐寺。②

孙吴政权迁都建业后，佛教在武昌有了一定的发展，佛与当时正盛行的黄老一样，成为王公贵族共同祭祀的对象，因此，他们纷纷修祠立寺。在清光绪十一年编修的《武昌县志》中，有两处关于这一时期佛教建筑的记载，第一处是“惠宝寺”：

惠宝寺在县东，世传孙亮、潘夫人建，梁大同间邵陵王萧纶撰碑。③

另一处是“宝宁寺”，并未写明由谁所建：

宝宁寺在县东一百八十步，世传孙吴建都时立。④

虽然这些地方志所记载内容的真实性还有待考察，特别是对晚清地方志书的记载更应该持谨慎的态度，但我们可以这样设想，支谦、维祇难和竺律炎等不是在武昌译经吗？那他们就应该是住在寺庙里的，在当时佛教在武昌地区刚起步的“朦胧”阶段，统治者不可能再为他们建造新的寺庙，那么“昌乐寺”应是支谦等人生活居住的寺庙的可能性就比较大了。至于“惠宝寺”和“宝宁寺”，以当时佛教的发展状况和大量佛教信徒需要寺庙住所的情况来看，这两所寺庙存在的可能性还是有的。

（二）东吴时期以建业为中心的长江下游地区佛教的发展

孙权于公元229年称帝后，考虑到当时吴国已经与长江上游的蜀国修好，长江中游武昌地区的军事防御压力减轻了很多，而与北方魏国争夺的淮河一带，已成为吴国军事防御的重点，因此决定把都城迁到长江下游的建业（今江苏省南京市）。随着吴国统治中心的东移，与统治者有着密切联系的佛教也迅速发展到了长江下游一带。很快，吴都建业取代武昌成为吴国最重要的佛教传播中心，汤用彤先生就曾说三国时期佛教重镇是“北

① （清）熊登撰，国家图书馆分馆编：《武昌县志》卷六，北京：线装书局，2001年。

② 四库全书存目丛书编纂委员会编：《四库全书存目丛书》卷二十《佛祖统记》，济南：齐鲁书社，1995年。

③ （清）熊登撰，国家图书馆分馆编：《武昌县志》卷六，北京：线装书局，2001年。

④ （清）熊登撰，国家图书馆分馆编：《武昌县志》卷六，北京：线装书局，2001年。

为洛阳，南为建业”①。这一时期佛经的翻译和佛教造像艺术有了更大的发展。

1. 佛教经典的翻译工作

最早把佛教带到建业的人应该是支谦，他在公元232年跟随太子孙登来到建业时便把佛教带到了此地，但由于支谦始终走在统治阶级上层进行传播的路线，加上支谦在太子孙登过世之后便隐居深山专心译经，并不重视佛教在民间的宣传和传播，所以当时佛教在普通百姓生活中并没有产生太大的影响。真正让佛教在建业地区取得较大发展的应该是康僧会。《高僧传·康僧会传》中就有详细的记载：

时吴地初染大法，风化未全，僧会欲使道振于江左，兴立图寺，乃杖锡东游，以吴赤乌十年（公元247年）初达建业，营立茅茨，设像行道。时吴国以初见沙门，睹形未及其道，疑为矫异。有司奏曰：“有胡人入境，自称沙门，容服非恒，事应检查。”权曰：“昔汉明帝梦神，号称为佛，彼之所事，岂非其遗风耶？”即召会诘问，有何灵验。会曰：“如来迁迹，忽逾千载，遗骨舍利，神曜无方，昔阿育王起塔，乃八万四千。夫塔寺之兴，以表遗化也。”权以为夸诞，乃谓会曰：“若能得舍利，当为造塔。如其虚妄，国有常刑。”会请期七日，乃谓其属曰：“法之兴废，在此一举，今不至诚，后将何及。”乃共洁斋靖室，以铜瓶加几，烧香礼请。七日期毕，寂然无应，求申二七，亦复如之。权曰：“此乃欺诳。”将欲加罪，会更请三七，权又特听。会谓法属曰：“宣尼有言曰：‘文王既没，文不在兹乎。’法灵应降，而吾等无感，何假王宪，当以誓死为期耳。”三七日暮，犹无所见，莫不震惧。既入五更，忽闻瓶中铿然有声，会自往视，果获舍利。明旦呈权，举朝集观，五色光焰，照耀瓶上。权自手执瓶，泄于铜盘，舍利所冲，盘即破碎。权大肃然惊起，而曰：“稀有之瑞也。”会进而言曰：“舍利威神，岂值光相而已，乃劫烧之火不能焚，金刚之杵不能碎。”权命令试之。会更誓曰：“法云方破，苍生仰泽，愿更垂神迹，以广示威灵。”乃置舍利于铁砧碓上，使力者击之，于是砧碓俱陷，舍利无损。权大嗟服，即为建塔，以始有佛寺，故号建初寺，因名其地为佛陀里。由是江左大法遂兴。②

由上述史料可知，康僧会想要在建业创建塔寺，设立佛像，供信徒瞻

① 汤用彤：《汉魏两晋南北朝佛教史》，北京：中华书局，1983年，第87页。

② （南朝梁）释慧皎撰，汤用彤校注：《高僧传》卷一《康僧会传》，北京：中华书局，1992年，第15～16页。

仰，用更加具体生动的形象来感化信徒，以期达到扩大佛教影响的目的。到达建业后，康僧会依靠神异道术“礼请”舍利，使孙权信服，从而为他建寺立塔，使他可以合法传教，从此佛教开始在“江左”一带兴盛起来。后来孙权的孙子孙皓（公元264—280年在位）欲毁佛寺、污秽佛像，也是在康僧会的劝阻下才停止。《高僧传·康僧会传》中记载：

至孙皓即正，法令苛虐，废弃淫祠，乃及佛寺，并欲毁坏。皓曰：“此由何而兴，若其义教真正，与圣典相应者，当存奉其道。如其无实，皆悉焚之。”诸臣佥曰：“佛之威力，不同余神，康会感瑞，大皇创寺，今若轻毁，恐贻后悔。”皓遣张昱诣寺诘会。昱雅有才辩，难问纵横，会应机骋词，文理锋出，自旦之夕，昱不能屈。既退，会送于门，时寺侧有淫祀者，昱曰：“元化既浮，此辈何故近而不革？”会曰：“雷霆破山，聋者不闻，非音之细。苟在理通，则万里悬应，如其阻塞，则肝胆楚越。”昱还，叹会才明，非臣所测，愿天鉴察之。皓大集朝贤，以马车迎会。会既坐，皓问曰：“佛教所明，善恶报应，何者是耶？”会对曰：“夫明主以孝慈训世，则赤乌翔而老人星见；仁德育物，则醴泉涌而嘉苗出。善既有瑞，恶亦如之，故为恶于隐，鬼得而诛之；为恶于显，人得而诛之。《易》称积善余庆，《诗》咏求福不回。虽儒典之格言，即佛教之明训。”皓曰：“若然，则周、孔已明，何用佛教？”会曰：“周、孔所言，略示近迹，至于释教则备极幽微。故行恶，则有地狱长苦，修善，则有天宫永乐。举兹以明劝阻，不亦大哉。”皓当时无以折其言。①

孙皓一方面接受了佛教的地位，一方面又时不时做出一些破坏佛像的行为。《高僧传·康僧会传》中记载：

皓虽闻正法，而昏暴之性，不胜其虐，后使宿卫兵入后宫治园，于地中得一立金像，高数尺，呈皓，皓使着不净处，以秽汁灌之，共诸臣笑以为乐。俄而之间，举身大肿，阴处尤痛，叫呼彻天。太史占言，犯大神所为，即祈祀诸庙，永不差愈。采女先有奉法者，因问讯云：“陛下就佛寺中求福不？”皓举头问曰：“佛神大耶？”采女云：“佛为大神。”皓心遂悟其语意，故采女即迎像置殿上，香汤洗数十过，烧香忏悔，皓即叩头于枕，自陈罪状，有顷，痛间，遣使至寺，问讯道人，请会说法，会即随入。皓见，问罪福之由，会为敷析，辞其精要。皓先有才解，欣然大悦，因求看沙门戒。会以戒文禁秘，不可轻宣，乃取本业百三十五愿，分作二

① （南朝梁）释慧皎撰，汤用彤校注：《高僧传》卷一《康僧会传》，北京：中华书局，1992年，第16～17页。

百五十事，行住坐卧，皆愿众生。皓见慈愿广普，益增善意，即就会受五戒。旬日疾瘳，乃于会所住处，更加修饰，宣示宗室，莫不敬奉。会在吴朝，亟说正法，以皓性凶危，不及妙义，唯叙报应近事，以开其心。①

康僧会在吴国的几十年里，一直在努力宣传和保护佛教的发展，阻止吴主孙皓对佛教的破坏。康僧会在与孙皓的对话中，不断借用中国传统儒家思想中的"孝慈"、"仁德"和"求福"等词来诠释佛教教义，就是为了证明"儒者之格言"与"佛教之明训"是一致的，通过佛教教义与儒家思想的结合使得统治者能够最大限度地接受佛教。他在宣传佛教教义的时候也注意看对象，对孙皓这种对佛教既不信仰也不了解的王公贵族，不是宣传断情绝欲的四谛、八正道等修行解脱的道理，而是宣传与中国道德说教比较相近的善恶报应，这样就最大限度地促进了佛教在统治阶级上层的发展，取得统治阶级的许可并积极在社会中下层传播，扩大了佛教在整个社会群体中的影响。可以说，孙吴时期长江下游的佛教能够在民间得到传播和发展，康僧会的功劳是很大的。

康僧会自公元 248 年初到建业传播佛法，到吴天纪四年（公元 280 年）因病逝世，在长达几十年的时间里，他一直致力于东吴以建业为中心的长江下游一带佛教的发展。自建初寺建成以后，他便一直住在那里直到过世。根据《四库全书》并参考《出三藏记集》的记载，康僧会一共翻译了 7 部共 20 卷佛经，现存 2 部共 10 卷佛经（见附录　汉魏时期译经情况表）。可以说，康僧会是东吴佛教发展史上一个十分重要的人物。

当然，吴国的佛寺也不只有一个建初寺。根据《三国志·吴书·孙綝传》的记载，孙綝在吴太平三年（公元 258 年）十月废吴主孙亮为会稽王，而立琅邪王孙休为吴主，控制吴国朝政大权后恣意妄为，大肆破坏佛寺：

綝意弥溢，侮慢民神，遂烧大桥头伍子胥庙，又坏浮屠祠，斩道人。②

从孙綝"坏浮屠祠，斩道人"可以看出吴国在建初寺外还另有佛寺，当时的佛教寺院僧众已达到一定的规模，并引起了朝廷的猜疑，这样才招致了孙綝的"毁佛"运动，只是佛寺的具体数量和名称不清楚，但还是可以看出吴国佛教有了一定的发展。

---

① （南朝梁）释慧皎撰，汤用彤校注：《高僧传》卷一《康僧会传》，北京：中华书局，1992 年，第 17～18 页。

② （晋）陈寿撰：《三国志》卷六十四《吴书·孙綝传》，北京：中华书局，1959 年，第 1449 页。

2. 长江下游地区出土的佛教造像艺术

东吴时期长江下游地区出土的佛教造像与长江中上游的湖北、四川等地相比，数量更大，内容更加丰富多彩，从地域分布上来看也更加广阔，在江苏、浙江、安徽等地方都有大量的发现，同时装饰的器物也更加多样，如魂瓶、铜镜、熏炉、壶、罐等，有着明显向生活用器发展的趋向，佛像表现的细节更多的还是与丧葬发生联系。在众多佛教的装饰器上，数量最多的是魂瓶（又称谷仓罐）。

魂瓶是指三国、西晋期间制造的一种陶瓷器，由东汉后期发展起来的五联罐演变而来，主要用于丧葬中的祭祀。魂瓶质地多青瓷或者釉陶，也有红陶或灰陶，造型复杂，装饰奇巧，器身肩部以上多堆塑人物、飞鸟、走兽、亭阙和佛像等，特别是东吴至西晋年间的魂瓶，表现佛像的更多，这和当时佛教在吴地的传播状况有着密切的联系，而在长江中下游地区佛像如此多地出现在魂瓶上，与百姓日常生活如此贴近，可以想象佛教最初的传入是以一种极其生活化的方式来进行的，它们很有可能就是由行走于吴地的胡商或胡僧带来的，所以有美国学者认为“佛教在很大程度上是商人的宗教”①。因此，魂瓶成为研究早期吴地佛教传播不可忽视的实物材料。至于佛教在吴地为什么会如此生活化，这应该是一种被迫本土化的过程，“佛教初传吴地时，其本土化的一个重要渠道可能就是中国人无比地重视丧葬活动。佛陀作为‘外来的神仙’参与中国的丧葬活动，象征追求富贵、升仙、子孙后代以及来世的幸福等，这些显然与佛教本质教义不符。导致这种状态的原因是：一方面，佛教初传吴地，民间尚缺乏对其教义的真正了解；另一方面，佛教作为一个刚刚传入的外来宗教，想在异文化之乡生根发芽，模糊宗教本身的严格界定、走本土化的亲民路线正是一个最为重要和有效的途径”②。

迄今为止所出土的魂瓶上的佛像都没有什么太大的变化，一般为圆脸大眼、高肉髻、有项光、通肩衣、禅定印，在莲座两侧配以双狮首或龙虎首。根据阮荣春和木田知生《“早期佛教造像南传系统”调查资料》的记载，已被确定为东吴时期长江下游出土的魂瓶有十多件，有江苏南京江宁县上坊出土的吴天册元年（公元275年）魂瓶，江苏南京甘家巷高场1号墓出土的魂瓶，浙江金华市武义县陶器厂竹园出土的魂瓶，浙江衢州市邵

---

① ［美］P.S. 罗森：《早期艺术和建筑》，［澳］A. L. 巴沙姆主编，闵光沛等译：《印度文化史》，北京：商务印书馆，1997年，第295页。

② 李杨：《外来佛教本土化的滥觞——吴地魂瓶上的佛像、胡人形象》，《艺术探索》2007年第3期，第49~50页。

家山出土的魂瓶，浙江上虞江山乡出土的吴天纪元年（公元277年）魂瓶，江苏镇江金坛唐王乡出土的吴天玺元年（公元276年）魂瓶，江苏南京赵士岗出土的吴凤凰二年（公元273年）魂瓶，江苏南京雨花区长岗村出土的现收藏于南京市博物馆的吴时盘口壶，安徽繁昌县峨桥乡窑场出土的吴时五联罐魂瓶，等等。①

以下介绍其中几件比较具代表性的魂瓶：

（1）江苏南京江宁县上坊出土的吴天册元年（公元275年）魂瓶。

图3－17　江苏江宁出土的魂瓶②

图3－18　江苏南京出土的魂瓶③

根据《南京郊县四座吴墓发掘简报》一文的描述，“魂瓶上有麒麟、仙人骑马、铺首、熊头、莲花坐佛（带圆形项光）、凤凰、飞羊，开门有立阙。四角堆塑四只小罐，上塑飞鸟，另在平台四边中部各有一项挂佛珠，背有佛光的莲花坐佛”④。

（2）江苏南京甘家巷高场1号墓出土的魂瓶。

根据金琦《南京甘家巷和童家山六朝墓》一文的描述，“魂瓶上带三层雕塑，最上层为方形陶屋，屋壁四面有门，门内各置一座佛塑像。围绕方屋

① 阮荣春、[日]木田知生：《“早期佛教造像南传系统”调查资料》，《东南文化》2006年第1、2期合刊。

② 截取自贺云翱等编：《佛教初传南方之路文物图录》，北京：文物出版社，1993年，第93页，图59。

③ 截取自贺云翱等编：《佛教初传南方之路文物图录》，北京：文物出版社，1993年，第99页，图66。

④ 南京市博物馆：《南京郊县四座吴墓发掘简报》，《文物史料丛刊》1983年第8期。

四周，又有佛像7尊，均坐于与瓶口相连的盘座上，在瓶颈四周附加一盘形座，上为中层雕塑，在瓶颈正面开一门，中有一佛像，门前两旁置双阙，阙旁各有一小罐，四小罐之间共塑佛像8尊。下部瓶腹上，堆塑有佛像、铺首和鱼。所有佛像均作跏趺坐、合掌，头上似有发髻或冠，有背光”①。

（3）浙江金华市武义县陶器厂竹园出土的魂瓶。

根据金华地区文管会编写的《浙江武义陶器厂三国墓》一文的描述，“上半部为堆塑，罐口上前后塑楼阁，左右各有佛像三座，佛像盘坐在莲花座上，双手拱于腹部，楼阁和佛像上面放一圆盘，圆盘中间堆塑方形城墙，其中二层楼阁似碉堡，四面各开方形门一个，城墙四角各有一小罐，城墙前后塑楼阁，左右各有鸟二只”②。

图3－19 浙江武义出土的魂瓶③

图3－20 浙江衢州出土的魂瓶④

（4）浙江衢州市邵家山出土的魂瓶。

根据衢州市文管会编写的《浙江衢州市三国墓》一文的描述，“该魂瓶上腹部饰贴塑三组：上组为一佛、一凤、六瑞兽；中组为一佛、六骑士；下组为七尾游鱼。罐上部堆塑三层，有四小罐、门楼、阙、拱手跽坐

---

① 金琦：《南京甘家巷和童家山六朝墓》，《考古》1963年第6期。

② 金华地区文管会：《浙江武义陶器厂三国墓》，《考古》1981年第4期。

③ 截取自贺云翱等编：《佛教初传南方之路文物图录》，北京：文物出版社，1993年，第88页，图54。

④ 截取自贺云翱等编：《佛教初传南方之路文物图录》，北京：文物出版社，1993年，第95页，图61。

佛像七个和飞鸟，大罐中空贯底”[①]。

（5）浙江上虞江山乡出土的吴天纪元年（公元277年）魂瓶。

根据《浙江上虞江山三国吴墓发掘简报》一文的描述，“该魂瓶腹部等距贴塑四只铺首衔环和佛像、辟邪等。罐的上部分分三层：第一层塑二阙、一门、佛徒像十尊；第二层塑四小罐，小罐间各塑飞鸟二只；第三层塑房屋，四周围以围墙，墙角塑熊，屋顶为方形的庑殿顶”[②]。

图3－21　浙江上虞出土的魂瓶[③]

图3－22　江苏金坛出土的魂瓶[④]

（6）江苏镇江金坛唐王乡出土的吴天玺元年（公元276年）魂瓶。

根据江苏镇江市博物馆编写的《江苏金坛出土的青瓷》一文的描述，“该魂瓶上堆塑人物、楼阁、杂技百戏、佛像、天禄、飞鸟、龟、猴、狮、鹿、犬、蜥蜴”[⑤]。

（7）江苏南京赵士岗出土的吴凤凰二年（公元273年）魂瓶。

根据江苏省文物管理委员会编写的《南京近郊六朝墓的清理》一文的描述，“该罐身模印铺首、佛像、鳞凤等。罐口上分四面，前面有门，两

① 衢州市文管会：《浙江衢州市三国墓》，《文物》1984年第8期。

② 章金焕：《浙江上虞江山三国吴墓发掘简报》，《东南文化》1989年第2期。

③ 截取自贺云翱等编：《佛教初传南方之路文物图录》，北京：文物出版社，1993年，第89页，图55。

④ 截取自贺云翱等编：《佛教初传南方之路文物图录》，北京：文物出版社，1993年，第94页，图60。

⑤ 江苏省镇江市博物馆：《江苏金坛出土的青瓷》，《文物》1977年第6期。

侧有双阙，阙上有覆檐，檐下排列6人。后面门上有屋顶，四角各置一罐，檐上有鸟雀，最上为盖”①。

以上出土的魂瓶中都出现了明显的佛像形象，部分魂瓶上还有模糊的人像，至于这些人像是不是佛像，还有待于以后新材料的出现和深入的研究。东汉晚期魂瓶上已出现简单的堆塑装饰。三国时期，堆塑趋于繁缛，多装饰人物、动物、瑞兽和门阙。三国晚期至西晋时，罐上开始贴塑佛像、亭、台、楼阁，罐上部呈塔式状。魂瓶是三国东吴长江下游地区具有特色的随葬明器，它从寓意到具体形象的演变过程反映了佛教艺术的发展，也表明了佛教在孙吴中晚期的长江下游一带已经有了相当大的发展，在上层社会和普通百姓的生活里已经相当流行了。

图 3－23　江苏南京出土的魂瓶②

表 3－1　汉魏时期南方佛教造像遗物一览表③

器物名称	年代	出土地或收藏单位
吹箫胡僧陶俑	东汉熹平年间（公元 172—178 年）	云南大理下关
佛塔画像砖	东汉	四川成都什邡皂角乡
佛像钱树础	东汉	四川彭山县夹江崖墓
佛饰钱树柱	东汉（?）	四川绵阳何家山
佛饰钱树盆	东汉（?）	日本久保物纪念美术馆
佛饰钱树柱	东汉（?）	陕西汉中市
坐佛像（两尊）	东汉	四川乐山柿子湾崖墓

① 江苏省文物管理委员会：《南京近郊六朝墓的清理》，《考古学报》1957 年第 1 期。

② 截取自贺云翱等编：《佛教初传南方之路文物图录》，北京：文物出版社，1993 年，第 96 页，图 62。

③ 阮荣春：《佛教南传之路》，长沙：湖南美术出版社，2000 年，第 18～19 页。

（续上表）

器物名称	年代	出土地或收藏单位
坐佛像	东汉	四川乐山麻浩崖墓
“施无畏”人物俑	东汉	四川乐山西湖塘
“白毫相”西王母铜插座	东汉	四川西昌高草
莲花纹砖	东汉	四川西昌市
铜坐像（两尊）	东汉	安徽铜陵
钵内生莲镜	东汉	江苏盱眙县王店乡
胡僧俑	东汉	重庆奉节
吹箫胡俑	东汉	重庆巫山
吹箫胡俑	东汉	重庆市
吹箫胡俑	东汉	四川资阳
釉陶五联罐	东汉	浙江鄞县文管会
黑釉胡俑者	东汉	浙江上虞
钵内生莲镜	东汉	湖北荆州
陶胡（僧）俑	蜀延熙十六年（公元253年）	云南保山汉庄乡
魂瓶	吴太平二年（公元257年）	浙江嵊县浦口镇四村
魂瓶	吴永安三年（公元260年）	江苏吴县
佛带饰	吴永安五年（公元262年）	湖北武昌莲溪寺
佛像铺首奁	吴永安六年（公元263年）	浙江嵊县浦口镇四村
魂瓶	吴甘露元年（公元265年）	南京草场门
魂瓶	吴建衡元年（公元269年）	台湾私人收藏
童子项光砖画	吴建衡三年（公元271年）	浙江绍兴
佛像帖饰	吴凤凰二年（公元273年）	南京赵士岗
魂瓶	吴凤凰三年（公元274年）	南京赵士岗
魂瓶	吴天册元年（公元275年）	南京江宁上坊
魂瓶	吴天玺元年（公元276年）	江苏镇江金坛白塔乡
魂瓶	吴天纪元年（公元277年）	浙江上虞江山乡
佛饰钱树杆	蜀	重庆忠县葎井
白毫相俑	蜀	重庆忠县葎井
魂瓶	吴	南京江宁东山镇
魂瓶	吴	南京甘家巷高场一号墓
盘口壶	吴	南京雨花区长江村
青瓷水器	吴	南京中华门外板桥
佛饰红陶魂瓶	吴	江苏仪徵胥浦乡

（续上表）

器物名称	年代	出土地或收藏单位
魂瓶	吴	江苏金坛县唐山乡
佛饰红陶魂瓶残件	吴	南京市邓府山
红陶魂瓶	吴	南京市红花砖瓦厂
白毫相俑	吴	湖北武昌莲溪寺
白毫相俑	吴	湖北黄陂三漫口
白毫相俑	吴	安徽马鞍山市佳山
魂瓶	吴	浙江瑞安塘下区
魂瓶	吴	南京市高家山

综合以上出土的汉魏时期长江流域的所有佛教造像，我们可以看到，与长江上游的摇钱树佛像中佛陀的形象多从属于仙人不同，长江中下游地区佛陀的形象越来越取代仙人而成为人们祭祀的主体，民众心目中的宗教崇拜对象也基本上被佛陀这个外来神所占领。这时人们对佛教的信仰也更多停留在功利的崇奉上，既希望通过祭祀佛陀来寄托对现实社会中利益的追求，同时也祈求来世生活的幸福。因此在越来越多的装饰器上，佛陀逐渐作为主角出现，并占据了饰器的中心位置，而仙人则居于陪衬的地位。这一系列变化都有力地说明了佛教在长江中下游特别是以吴都建业为中心的长江下游一带已经有了很大的发展。

三、佛教在岭南地区的传播

对于佛教具体是在什么时候，通过什么路径进入岭南交州地区的，目前史学界并没有一致的结论。随着近些年交州地区大量汉魏时期文物遗址的发现和学者的深入研究，我们对汉魏时期佛教在交州地区的发展也有了相当的了解。

交州原称交趾，于西汉武帝时设立，东汉建安八年（公元 203 年）改称交州。交州刺史统辖七郡，即南海郡（今广东东部），治在番禺（今广州）；苍梧郡（今广西壮族自治区东部），治在广信（今梧州）；郁林郡（今广西壮族自治区中、西部），治在布山（今桂平西）；合浦郡（今广东、广西南部，包括海南岛），治在合浦（今广西合浦东北）；交趾郡（今越南北部），治在龙编（今河内东北）；九真郡（今越南中南部），治在胥浦（今越南清化）；日南郡（今越南中南部），治在西卷（今越南广治）。交州刺史的治所在苍梧郡的广信，建安十五年（公元 210 年）改到南海郡的番禺。三国吴黄武五年（公元226年），分交州（包括交趾、九真、日南）、广州（包括其他四郡地）二州，不久恢复，永安七年（公元264年）又复置交、广二州。汉魏时期的交州是中国与西方交往的重要窗口，海上交通频繁，众多中亚、天竺甚至大秦的商人使者通过这里进入中国，中西文化在这里交汇融合。

迄今为止，考古学家都没有在交州地区汉魏时期的墓葬中发现佛教造像，但这并不能说明当时交州地区没有佛教出现，相反，我们可以从其他方面，比如史料记载和出土的一些间接体现佛教信仰的文物来探讨佛教发展的状况。

（一）从汉魏时期史料记载看交州地区的佛教发展情况

汉魏时期，中原地区军阀混战，民不聊生，而交州一带却比较安定，于是大量人民逃亡到交州一带，交州地区人口迅速增加。在《后汉书·郡国志》中，交州有人口记载的五郡南海、苍梧、九真、日南、合浦，在东汉时户籍总人口是109万，比西汉户籍总人口的52万增加了57万。[1] 这其中就有不少文人学士。例如，《三国志·吴书·薛综传》就说薛综是沛郡（郡治在今安徽北部濉溪附近）人，“少依族人避地交州，从刘熙学”[2]；同书《程秉传》说，程秉原是汝南（郡治在河南汝南东北）人，“逮事郑玄，后避乱交州，与刘熙考论大义，遂博通《五经》”[3]。

牟融也是从北方逃难到交州的文人，他就是在交州避难期间，开始由儒转向佛，写下了我国古代最早介绍佛教理论的著作——《理惑论》。

在《理惑论》中我们能看到当时动乱的社会环境，这也是牟子写下此著作的重要背景：

先是时，牟子将母避世交趾，年二十六归苍梧娶妻。太守闻其守学，谒请署吏。时年方盛，志精于学，又见乱世，无仕宦意，竟遂不就。是时，诸州郡相疑，隔塞不通。太守以其博学多识，使致敬荆州。牟子以为容爵易让，使命难辞，遂严当行；会被荆州牧优文，处士辟之，复称疾不起……久之退念，以辩达之故，辄见使命；方世扰攘，非显己之秋也，乃叹曰：“老子绝圣弃智，修身保真，万物不干其志，天下不易其乐，天子

① （南朝宋）范晔撰，（唐）李贤等注：《后汉书》卷二十三《郡国志》，北京：中华书局，1965年，第3530～3533页。

② （晋）陈寿撰：《三国志》卷五十三《吴书·薛综传》，北京：中华书局，1959年，第1250页。

③ （晋）陈寿撰：《三国志》卷五十三《吴书·程秉传》，北京：中华书局，1959年，第1248页。

不得臣，诸侯不得友，故可贵也。”于是锐志于佛道，兼研《老子五千文》，含玄妙为酒浆，玩五经为琴簧。世俗之徒多非之者，以为背五经而向异道。欲争则非道，欲默则不能，遂以笔墨之间，略引圣贤之言证解之，名曰《牟子理惑》云。[①]

就是在东汉末期黑暗的统治和动荡的社会环境中，牟子变得心灰意冷，思想发生了比较大的转变，人生态度变得消极，开始接受佛教的影响。在《理惑论》中，牟子通过比较佛教、道教、儒家的崇拜对象、思想观念、行为礼仪、组织制度去为佛教进行辩护。他把佛教解释为中国传说中的远古帝王和道家的神仙，用道家、儒家中的经典解释佛教术语，努力调和佛教和儒家、道家的矛盾，缩小它们之间的差距，试图让人们理解佛教与道教和儒家是一样的，这对佛教在交州地区的传播有重要意义。

《理惑论》的产生表明了汉魏时期佛教脱离道家方术独立存在的迹象，由牟子从儒者向锐志于佛教信仰和研究的转变中可以看到汉魏时期交州地区已经开始流行佛教并且有了一定的发展。

除了牟子的《理惑论》以外，还有一个能够证明汉魏时期交州地区已流行佛教的重要证据就是佛教高僧康僧会的例子。

康僧会的父辈很早便因为经商来到了交趾，康僧会很有可能就是在交趾长大，深受中国儒家思想的影响和教育，所以十分孝顺并为过世的双亲守孝。康僧会正是在交趾生活的这段时期里接受和学习佛法的，这与当时交趾存在着的浓厚的佛教气息有着密切关系。康僧会在交趾时就能够广泛地学习到“三藏”，这没有佛法兴盛的背景是不可能实现的，所以交州地区在汉魏时期流行佛教是十分确定的。

除了从牟子的《理惑论》和康僧会的例子中我们可以感受到交州地区的佛教发展状况外，还可以从当时交州的社会环境来推出佛教的存在。

汉魏时期，北方战乱，交州地区相对安定，大量北方人民逃亡到这里。《理惑论》载：“灵帝崩后，天下扰乱，独交州差安，北方异人咸来在焉。”[②] 幸运的是，这时的交趾太守士燮是一位精于《春秋》的人，对北方逃难来的士人很是优待。《三国志·吴书·士燮传》中就记载说：

燮体器宽厚，谦虚下士，中国士人往以避难者以百数。耽玩春秋，为

① （南朝梁）僧祐编撰：《弘明集》卷一《理惑论》，北京：中华书局，2011 年，第 7 ~9 页。

② （南朝梁）僧祐编撰：《弘明集》卷一《理惑论》，北京：中华书局，2011 年，第 6 页。

之注解。陈国袁徽与尚书令荀彧书曰："交趾士府既学问于优博，又达于从政，处大乱之中，保全一郡，二十年疆域无事，民不失业，羁旅之徒，皆蒙其庆，虽窦融保河西，曷以加之。"[①]

正因为士燮体恤下士，疆域无事，吸引了大量士人聚居交州，交州的文学氛围顿时变得十分浓厚，牟子的《理惑论》就是在此种宽松活跃的学术氛围中写成的。一方面士燮治下的交州和平安定，文化气氛浓厚，另一方面交州是当时中西文化的交汇处，大量天竺、中亚的商人涌进这里，其中自然也会有不少佛教徒，这一切都使得佛教的传入变得十分便利。

由于士燮治下的交州和平安定，中外贸易繁荣，交州聚集了大量外国来的"胡人"自不必说，这些"胡人"对士燮也十分感谢和尊崇。同时，佛教对交州地区的士人也有影响。在《三国志·吴书·士燮传》中就有记载：

燮兄弟并为列郡……出入鸣钟磬……胡人夹毂焚烧香者常有数十。[②]

同样，《三国志·吴书·孙策传》引《江表传》说：

昔南阳张津为交州刺史，舍前圣典训，废汉家法律，尝著绛帕头，鼓琴烧香，读邪俗道书，云以助化，卒为南夷所杀。[③]

吴焯先生在《汉代人焚香为佛家礼仪说——兼论佛教在中国南方的早期传播》一文中特别考证过"烧香"为佛教信仰祭祀中的重要内容，认为"烧香本是佛教徒向佛通达信心的特定方式"；"来自佛教流行地区的胡人以烧香祝寿表示他们的内心愿望，并籍此获得灵感"；"交州作为来华胡人的聚居地以及中国早期佛教传播特点之一，它的地方官受佛教影响，以胡人或者说佛教的习俗——烧香，在当地实施教化"[④]。姜伯勤先生曾说过："佛教传入之路，也是一条香药传入之路。"[⑤] 同样，贾峨先生也曾说过：

---

① （晋）陈寿撰：《三国志》卷四十九《吴书·士燮传》，北京：中华书局，1959年，第1191页。

② （晋）陈寿撰：《三国志》卷四十九《吴书·士燮传》，北京：中华书局，1959年，第1192页。

③ （晋）陈寿撰：《三国志》卷四十六《吴书·孙策传》，北京：中华书局，1959年，第1110页。

④ 吴焯：《汉代人焚香为佛家礼仪说——兼论佛教在中国南方的早期传播》，《西北第二民族学院学报》（哲学社会科学版）1999年第3期，第25页。

⑤ 姜伯勤：《敦煌吐鲁番文书与丝绸之路》，北京：文物出版社，1994年，第131页。

“以长安为起点通向里海沿岸的丝绸古道，是人尽皆知的‘丝路’，除了这条‘丝路’以外，还有一条海上‘丝绸之路’沟通中西文化和经济的交流……佛教的‘行像’活动习见于印度、克什米尔、斯里兰卡和古代的西域，当然也可以从陆海两条线路输入中土。”① 综上所述，可知交州地区在汉魏时期就已经有佛教的传播和大量佛教徒存在。

赤壁之战后，士燮于公元210年投靠孙权，从此交州的广大地区就划入了东吴的势力范围。公元217年孙权把交州刺史的治所从苍梧郡的广信移到了南海郡的番禺。随着交州刺史治所的转移和吴国在交州地区的统治日趋稳固，南方的海上交通在吴国时期也有重大的发展。吴国与东南亚国家、印度以及大秦等国都有了政治、经济和文化等多方面的交往。邓瑞本先生就曾经对当时吴国与南洋诸国海上交往之频繁做过统计，认为“据入贡次数，大秦2次，天竺4次，狮子国（今斯里兰卡）5次，波斯2次，占婆（即林邑）7次，扶南22次，狼牙修3次，盘王7次，盘盘9次，丹丹6次，诃罗丹7次，干陀利5次，婆利3次，诃罗陀1次”②。上述国家大部分为东南亚的岛屿国家，其中狼牙修在今泰国境内，盘盘、丹丹在今马来半岛，诃罗丹在今印尼西爪哇岛，干陀利在今印尼苏门答腊的巨港，婆利则为今之巴厘岛。又据《梁书·海南诸国传》记载，公元226年，曾有大秦的商人秦论来到交趾，并北上谒见孙权。此后数年间（公元226—231年），吴国的交州刺史吕岱派遣朱应和康泰等航海到东南亚的林邑、扶南等国，进行宣示国威的活动，而这些国家的国王也向吴遣使回访。林邑于公元2世纪末建国于今越南的东南部，其统治范围北起交州日南郡南部，南达今越南平顺省一带；扶南约于公元1世纪时建国于今柬埔寨及越南南端一带。汉魏时期扶南便受到印度佛教的影响并信仰佛教，扶南国更是把佛教定为本国的国教。扶南国和印度等地的海上交通向来甚为发达。朱应和康泰等居留扶南的时间也很长，他们曾经游历南洋群岛中的若干岛屿，并从其他旅行者中探询到通航大秦等情形。两人归国后，朱应写了《扶南异物志》，康泰写了《吴时外国传》等书。

《三国志·吴书·吕岱传》中就有记载说：

> 岱既定交州，复遣讨九真，斩获以万数。又遣从事南宣国化，暨徼外

---

① 贾峨：《说汉唐间百戏中的“象舞”——兼谈“象舞”与佛教“行像”活动及海上丝绸之路的关系》，《文物》1982年第9期，第59页。

② 邓瑞本：《市舶司设立前之海上贸易管理》，陈柏坚主编：《广州外贸两千年》，广州：广州文化出版社，1989年，第56～70页。

扶南、林邑、堂明诸主，各遣使奉贡。①

由于交州与印度相距不远，此地除了与内地有文化和宗教交流外，也可直接从印度输入佛教，前文所说的牟子著《理惑论》，张津“鼓琴烧香”等都是受到了传入当地的佛教的影响。随着佛教在交州地区的传播，有一些印度僧侣由此北上到吴国都城建业去传教，其中康僧会就是典型的例子。

随着番禺在吴国对外交往中的作用越来越大，佛教也开始在番禺逐渐产生影响。据《高僧传》卷一《汉洛阳安清传》记载：

安清，字世高，安息国王正后之太子也……以汉桓之初，始到中夏……初高自称先身已经出家，有一同学多瞋，分卫值施主不称，每辄怼恨。高屡加诃谏，终不悛改。如此二十余年，乃与同学辞决曰云：“我当往广州，毕宿世之对。卿明经精勤，不在吾后，而性多瞋怒，命过当受恶形。我若得道，必当相度。”既而遂适广州。值寇贼大乱，行路逢一少年，唾手拔刃曰：“真得汝矣。”高笑曰：“我宿命负卿，故远来相偿，卿之忿怒，故是前世时意也。”遂申颈受刃，容无惧色，贼遂杀之。观者填陌，莫不骇其奇异。既而神识，还为安息太子，即今时世高身是也。高游化中国，宣经事毕，值灵帝之末，关洛扰乱，乃振锡江南。……高后复到广州，寻其前世害己少年，时少年尚在，高径至其家，说昔日偿对之事，并叙宿缘，欢喜相向，云：“吾犹有余报，今当往会稽毕对。”广州客悟高非凡，豁然意解，追悔前愆，厚相资供，随高东游，遂达会稽。至便入市，正值市中有乱相打者，误著高头，应时殒命。广州客频验二报，遂精勤佛法，具说事缘，远近闻知，莫不悲恸，明三世之有征也。②

这段记载虽然充满了离奇怪诞的色彩，历史上也未必真有其事，但它还是反映了这样一个历史现象，即汉魏时期广州地区佛教的传入经历了一段艰难曲折的过程，人们最初抵制和排斥佛教，由于僧侣的努力，佛教才得以在广州地区传播。当时来交趾活动的有康僧会、安世高和支强梁等，隋代的高僧昙迁就曾向隋帝介绍说：“交州有通向天竺之道，当佛法尚未传至江东，则羸（交州首府）已建有寺院二十多所，度僧五百人，译经十五部。其时已有摩罗耆域（西晋惠帝末期306年来中国）、康僧会、支强

① （晋）陈寿撰：《三国志》卷六十《吴书·吕岱传》，北京：中华书局，1959年，第1385页。

② （南朝梁）释慧皎撰，汤用彤校注：《高僧传》卷一《汉洛阳安清传》，北京：中华书局，1992年，第4~7页。

梁和牟博（北周明帝武成年初559年来中国）到此弘传佛道。”①

总之，从众多的历史记载中可以看到，汉魏时期交州地区的佛教已有发展和传播，但仍然处于一种“朦胧”和艰难发展的阶段。安世高最终在会稽被杀，士燮出行时，行佛家礼仪的只有“胡人”，也只是在路边“烧香”而已，还有交州刺史张津因鼓琴烧香，行佛教礼仪，最终被杀，这些例子都说明了汉魏时期交州地区的佛教正处于萌芽的阶段。至于交州佛教从何处传入，通过海上丝绸之路传入的可能性比较大。胡守为先生也持此观点：“佛教创教于印度，一般认为在东汉明帝时经中亚传入中国，散播于北方。至于南方的佛教，似来自另一条路线即海路进入。从这条路线传入的佛教始于何时，尚难确定，不过入传南方的佛教，创建于天竺的佛教，应较早传播于扶南，中国与扶南正式通使始自孙吴。”②

（二）从汉魏时期出土文物看交州地区佛教的发展情况

迄今为止在交州地区都还没有发现任何汉魏时期的佛教造像艺术，但我们从大量的文献资料中可以得出汉魏时期交州已有佛教的结论，这两者之间的矛盾正好说明了此时佛教正处于“朦胧”的萌芽阶段。我们知道，早期的佛教并不流行偶像崇拜，长江流域佛像艺术的出现与当地浓厚的神仙崇拜和道家方术思想有很大的关系，而在起步较晚、经济文化仍十分落后的交州地区，神仙方术思想显得并不浓厚。当然这也是一种大概的猜测，至于为什么交州地区没有佛像艺术的出土还有待于今后更丰富的考古发现和更深入细致的研究。

虽然在交州地区难以发现佛教造像，但所谓的“佛教七宝”在出土的汉魏时期文物中却十分普遍。“佛教七宝”是从两汉时期开始由西方世界各地输入东亚大陆的。佛经《大般若经》把“金、银、琉璃、砗磲、玛瑙、琥珀、珊瑚、赤珠”③作为“佛教七宝”。对于金银在汉魏时期的作用，有学者早已指出“汉代的岭南和西南地区在当时东西方贸易交往中扮演了十分重要的角色，而金银成为东西方贸易活动中公认的价值尺度和流通手段的历史是十分悠久的”④。至于像玛瑙和琉璃之类的饰物，交州地区更是有大量出土，以广西合浦堂排四座西汉晚期墓葬为例，此四座墓中

---

① 阮荣春：《佛教南传之路》，转引自［越南］黄高启：《禅苑集英》，引自黄春瀚：《李常志——李朝外交和宗教史》，长沙：湖南美术出版社，2000年，第58页。

② 胡守为：《岭南古史》，广州：广东人民出版社，1999年，第346页。

③ 林梅村：《丝绸之路考古十五讲》，北京：北京大学出版社，2006年，第134页。

④ 周永卫：《两汉交趾和益州对外关系研究——以若干物质文化交流为主》，汕头：汕头大学出版社，2009年，第103页。

“出土琉璃珠 1 656 粒，玛瑙珠 13 枚，琥珀 6 件，水晶 19 件，金小坠珠 4 粒。这些物品除了金器外，皆极少见于中国其他省份的外来墓中。除了合浦外，广西贺州、贵港、梧州、桂林、昭平等地西汉墓都发现过较多的琉璃、玛瑙、水晶、金饰品等物，尤以广西环北部湾沿岸的合浦汉墓发现上述物品最多”①。这些物品都是佛经上记载的“佛教七宝”。

我们知道，在汉魏时期的交州地区，除了交趾、九真、日南等郡是金银的重要产地外，其他的像琉璃、玛瑙、琥珀、水晶等都是印度甚至是更远的大秦所产的。而这些“佛教七宝”在交州的出现，不仅是琥珀、玛瑙等珍宝从海外输入的例证，也应当是佛教文化因素传入岭南的反映，两者结合起来就能得出他们是随着佛教一起流传到中国南部沿海交州地区的结论。

除在交州地区发现了大量“佛教七宝”之外，香料在交州地区的广泛普及特别是大量外来香料的发现更能说明交州地区佛教发展的状况。香料在交州地区使用的历史十分悠久，早在汉代就有广泛的应用。据考古发现，岭南地区的汉代墓葬中出土的用于焚烧香料的熏炉数量非常庞大，仅《广州汉墓》一书中介绍的一批两汉墓葬中，就出土了熏炉 112 件（其中铜的 12 件，陶的 100 件）②。西汉前、中期墓出土的熏炉还不多，自西汉晚期到东汉期间，大约半数的墓都有熏炉随葬。如 1984 年在广州南越王墓出土的四联体铜熏炉，炉腹内有炭粒状香料残存，这种炉体由四个互不连通的小盒组成，可以同时燃烧四种不同的香料；③ 广西罗泊湾 2 号汉墓出土的铜熏炉内盛两块白色椭圆形粉末块状物，据推测可能属龙脑或沉香之类的树脂香料残留物。④ 香料本来就与佛教有着十分密切的联系，交州地区又有使用香料的传统，加之“烧香”活动是佛教礼仪中一个十分重要的部分，在中国古代就有着焚香拜神的传统，所以从现存的大量史籍材料中，我们可以看到对汉魏时期交州地区频繁“烧香”活动的记载，而较少看到对中原地区“烧香”的记录。这其中一个重要的原因就是交州地区本就是香料的重要产地，给广大百姓的“烧香”活动提供了许多便宜的香

---

① 廖国一：《佛教在广西的发展及其与少数民族文化的关系》，《佛学研究》2002 年第 2 期，第 229 页。

② 广州市文物管理文员会、广州市博物馆编：《广州汉墓》（上），北京：文物出版社，1981 年，第 478 页。

③ 麦英豪、黄淼章、谭庆芝：《广州南越王墓》，北京：生活 · 读书 · 新知三联书店，2005 年，第 159 页。

④ 广西壮族自治区博物馆编：《广西贵县罗泊湾汉墓》，北京：文物出版社，1988 年，第 107 页。

料。那么交州地区怎么还会出现来自东南亚地区或更远的大秦的异域香料呢？正如陈宝良先生所指出的：

尽管上古时期已有通过事香奉神明乃至达镯洁之例，但三代所谓之禋享，首先所荐者还是馨，而不是后世沉水、熏陆之类。所谓馨就是前面提到的兰蕙之类，古人虽有烧香草以降神之例，称为蕙熏，其实也不过是香草。只有在汉代以后，诸如沉脑一类的香传入中国，再加上佛教的传入，才使中国传统的祭祀仪式逐渐转变为带有佛教色彩的烧香活动。①

佛教输入并在交州地区取得一定的发展，交州地区涌现出大量胡僧，而他们的“烧香”活动大大增加了香料的使用量，使得交州地区原本充足的香料供应变得日趋紧张，导致出现大量引进外来香料的现象。当然这其中可能也有香料是胡商或胡僧自发带进交州地区的情况，但这不能否定佛教在交州的发展导致本地香料供应不足的事实。所以，从外来香料的大量发现也可以感受到交州地区佛教的发展状况。至于中原地区香料的使用量不大的原因，除了不是香料的产地，产量不大以及从交州引入成本过高，普通百姓承担不起的因素外，谢弗还把原因归结为交州地区的文化简朴，更有利于吸收外来文化，“佛教与外来的印度文化为中国的寺庙带来了大量的新香料，而众多的有关焚香和香料的习俗和信仰也随之传入中国，从而加强和丰富了中国古老的焚香传统。但是毫无疑问，这些新的方式和态度并没有能够像它们在印度支那一样，对中国产生具有压倒性优势的影响。由于印度支那的文化更为简朴，所以它吸收的东西也就要多得多”②。

此外，在交州出土的一些东汉青铜器上就已明确显现了佛教文化的因素。在黄启善主编的《广西铜镜》一书中，录入的广西贵县深钉岭东汉1号墓出土的一枚铜镜的背面纹饰中就有佛教的“卍”字装饰。至于“卍”字与佛教的关系，庄春辉先生在《解读“卍”字符及其不同变体的文化表征意义》中就有鲜明的描述：“公元前五、六世纪佛教兴起后，大量借用佛教释迦牟尼三十二瑞相之一的‘卍’和它的‘吉祥万德’之意，并使之很快成为佛教文化的标识之一，具有神圣的宗教含义。佛教寺庙的建筑物也往往是‘卍’字符的天下，窗墙、门格、梁头等都刻有‘卍’字符，一般是将无数个‘卍’字符相连在一起作为装饰，被称为‘万字符不断头’，体现了古代画工对‘吉祥万年’的一种企盼和寄托。在佛教遗物上便常常

---

① 陈宝良：《明代社会生活史》，北京：中国社会科学出版社，2004年，第325页。

② ［美］谢弗著，吴玉贵译：《唐代的外来文明》，北京：中国社会科学出版社，1995年，第343页。

可以看到‘卍’字符的踪影。在佛教造像中，在佛像的胸部常常可以见到‘卍’字符。”①

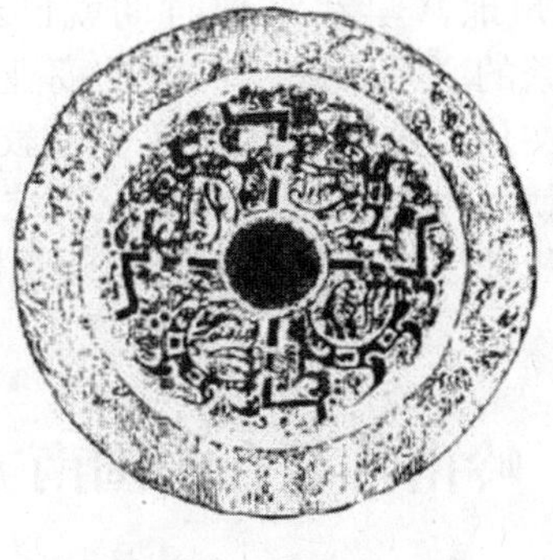

图 3－24　贵县深钉岭东汉 1 号墓出土的铜镜②

同样，在广西梧州市郊扶典出土的东汉禽兽纹铜镜上就有“王兮三羊卿重见佛□”的铭文。

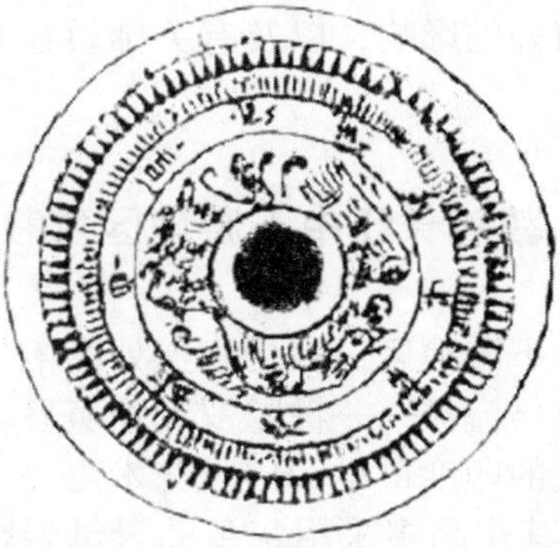

图 3－25　梧州市郊扶典出土的东汉禽兽纹铜镜③

还有在广西北流荔枝场果树园出土的一件东汉时期的铜鼓，“鼓面上

① 庄春辉：《解读“卍”字符及其不同变体的文化表征意义》，《康定民族师范高等专科学校学报》2008 年第 17 卷第 1 期。

② 截取自黄启善主编：《广西铜镜》，北京：文物出版社，2004 年，第 122 页。

③ 截取自黄启善主编：《广西铜镜》，北京：文物出版社，2004 年，第 141 页。

铸有六蛙雕饰，其鼓面主晕中心也有一‘卍’字图案组成的纹带”①。

从以上几件文物的装饰中，我们可以看到受佛教影响的影子，也证明了佛教在交州地区的传播和发展。

综上所述，中国交州地区早在汉魏时期就已经通过水、陆两道与印度、大秦等国家有了频繁的联系，除了巨大的商业贸易外，还从西方和印度输入了大量的非物质文化，这其中就包括了佛教文化。从大量的历史文献记载和出土文物中，就可以想象这段海上丝绸之路中外交通的盛况，感受到汉魏时期佛教在交州地区有所发展但仍很缓慢的状况。

第三节　岭南佛教在中国南方的影响

在探讨了佛教在长江上游地区、长江中下游地区和岭南交州地区的发展和传播情况后，我们不禁想到这样一些问题：这三个地区的佛教发展是各自独立发展的还是彼此互有影响和联系呢？如果是彼此有联系的话，那又是谁影响谁更多一些呢？这三个地区的佛教是否存在着同步发展的情况？岭南地区的佛教在中国南方有何影响？在这一节里，我们将重点讨论长江中下游佛教受到何处的影响，以及有关佛教在西南和岭南两个方向上的互动的问题。

一、岭南地区佛教对长江中下游地区佛教的影响

要想搞清楚长江中下游地区佛教受到何处影响的问题，就必须先认识印度早期的两种佛像风格流派——犍陀罗和秣菟罗。犍陀罗艺术是受古希腊雕刻艺术影响而形成的印度最早的佛教艺术之一，流行于公元 1 世纪至 3 世纪的印度西北部，其作品多采用灰色的云母岩雕凿而成，佛像面相具有西方人深目高鼻的特点和庄严肃穆的神态，螺发，上唇有口髭，身穿希腊式披袍。秣菟罗艺术起源和流行于印度中部地区，起源时间与犍陀罗艺术相同，与犍陀罗艺术不同的是秣菟罗艺术更多地继承了印度本土的雕刻风格，采用红砂石雕刻佛像，身体裸露，或穿薄衣，佛像面相为圆脸、大眼，有一种气宇轩昂的英雄气概。目前在长江流域出土的佛教造像中，在上游的四川地区，佛教造像可以分为两类：“第一类为典型的秣菟罗风格。如彭山汉墓出土的陶塑佛柱础，佛像那种高耸的螺状肉髻即保留有秣菟罗

---

① 广西文物工作队：《广西近年来发现的四件铜鼓》，《考古》1980 年第 4 期。

造像特有的遗风……另一类造像在时代上相应要晚一些，在造像风格上具有多种因素，即除有秣菟罗的影响外，或间有当地犍陀罗系的一些特点，如绵阳何家山与四川忠县（今属重庆）造像，虽然在造像手势上仍保持秣菟罗造像那种右手上举紧贴前胸、左手高举衣裾的特点（犍陀罗系造像手势一般为右手上举外张，左手较低），衣纹也如秣式一样绵密细劲，但肉髻似为束发式，或与犍陀罗的影响有关。”① 总的来说，在长江上游的四川地区佛教造像以秣菟罗造像风格为主，而且这其中可能还存在秣菟罗风格和犍陀罗风格是沿着两条不同的路线来到四川的问题。吴焯先生就认为四川地区的佛像风格是从西北丝绸之路的一条支线取道青海传入四川的，“从造像的风格和形式来看，皆取结跏趺坐式，着通肩大衣，左手握衣角，右手施无畏印，正是西北印度佛教造像的特有的形式。因此我认为，乐山、彭山崖墓的佛教造像固可能自川缅入印度道传来，但更大可能则是取由羌中通西域的第三条路线”②。阮荣春则不认同吴焯的观点，“我们认为，既有羌中之道，佛教造像由此道传入就有一种可能，多设几个可能去研究探讨，更利于问题的深入。不过，迄今这条道上尚无充分的实物根据，而且从史料方面分析，羌道远不如蜀身毒道便利。因为《汉书》和《史记》中均说从大夏至四川走羌道险，而蜀身毒道‘便利’、‘有利无害’。很显然，在一般情况下，无论是商贾或僧侣，谁都不会放着‘便利、有利无害’的‘国道’不走，去冒羌道之险的。所以，对于四川造像中的某些犍陀罗因素，我们认为由蜀身毒道渗入的可能性更大些，并非一定要经羌道。四川汉代的商品可由蜀身毒道远销大夏，大月氏的琉璃经由此道输入云南四川；今天巴基斯坦商人仍由此道进入云南经商，汉代佛教造像由此渗入某些犍陀罗因素也在情理之中”③。在长江中下游地区，佛像风格受到了上游地区佛像风格某些因素的影响，其中秣菟罗风格的影响更大一些。

表3-2　秣菟罗和犍陀罗佛像造像艺术风格和特征④

秣菟罗	犍陀罗
在印度传统基础上进行创造的	在希腊、罗马雕塑风格影响下发展的
以佛为超越世间的人物加以供养	以佛为现实伟大的人物加以歌颂

① 阮荣春：《佛教南传之路》，长沙：湖南美术出版社，2000年，第24~25页。

② 吴焯：《佛教东传与中国佛教艺术》，杭州：浙江人民出版社，1991年，第150页。

③ 阮荣春：《佛教南传之路》，长沙：湖南美术出版社，2000年，第55页。

④ 屈大成：《中国早期佛教图像研究综述》，《艺术考古》2008年第3期，第95页。

（续上表）

秣菟罗	犍陀罗
脸短而圆，眼眶占较大比例	长脸，深目高鼻，眼睑细长
螺状肉髻，螺发，无纹肉髻	波浪式发纹
衣饰有右袒和通肩二式，衣纹似直接画在身上	衣纹写实，厚重有质感
背光刻莲花等纹饰	背光素面无纹
坐像和立像都用狮子为装饰物	……

有关长江中下游佛教受到何处影响的问题，鉴于前面的佛教造像艺术中就已经分成了中游和下游两个区域，因此这里有必要把它们分开来论述。

（一）长江中游地区佛教受到何处影响

汉魏时期长江中游地区的佛教发展是以吴国前期的都城——武昌城为中心来发展的，出土的佛教造像艺术史以佛兽镜、装饰佛像的陶瓷器为代表。这个时期北方都没有产生佛像，从北方来到南方的佛教徒与长江中下游出现的佛像似乎并无关涉，而南方交州地区的佛教也处于一种“朦胧”的发展状态，只有长江上游的巴蜀地区有以摇钱树为主的佛像艺术出现，那么长江中游地区的佛像艺术很有可能就是从长江上游地区顺流而下进而被影响的。

自然，在现有考古材料有限的条件下，目前学术界对这一地区佛教发展的来源有着很大的争议，有相当一部分学者认为长江中游的佛像与上游的佛像不是同一来源。例如，宋晓梅在《从考古遗存引发关于南北两路佛教初传问题的思考》中就指出：“在列数长江一线佛形象文物时，给人一个突出的印象是，上游的佛形象与人们的祭祀活动有关，到了下游则同日常的生活相关。中游出现佛形象的实物多为铜镜，不言而喻，铜镜是一种日常用品，佛形象主要见于日常生活用具是下游与中游出土物的共同特征，这种特征与共同的、极其生活化的传入方式不无关系，不难看出，中游的佛像与下游同出一源。这就是说，我们在前面所假设的中原文化通过湘鄂沿长江影响川蜀的逆向传播途径当时尚未形成，至此，长江中游的佛形象与长江上游同出一源的说法可以排除。”①

① 宋晓梅：《从考古遗存引发关于南北两路佛教初传问题的思考》，《西域研究》2003 年第 2 期。

宋晓梅由当时佛教造像所体现的载体不同指出二者不是出于同一源流，这是有可能的。长江上游佛像艺术和长江中游佛像艺术可能出于两个不同的源流，但是否出自同一源流和是否受到影响应该是两个不同的概念，这也无法否定长江中游地区佛像的确受到来自上游佛像艺术影响的事实。我们认为长江中游佛像艺术受到长江上游地区佛像艺术影响的可能性是比较大的。

首先，从当时中国的政治形势来看，当时三国鼎立局面已经形成，吴蜀两国联合共同抵抗北方的曹魏政权。佛像造像艺术在四川逐渐兴起以后，由于政治的割据加上北方曹魏政权实行“拒佛”政策，佛像艺术较难直接传至中原，属于蜀国范围的秦岭以南的陕西汉中有佛像出土，而邻近的关中地区乃至广大中原地区迄今为止连一件西晋前的佛像都尚未发现的事实就充分地证明了这一点。佛像艺术无法北上传播，就只能顺着长江在下游“友好”的吴国势力范围内传播了。四川佛教造像东下影响吴地的可能性是存在的。

其次，从几种主要佛像载体的起源和演变来看，先从长江上游佛教造像遗物的主要载体——摇钱树说起：

何志国先生在《摇钱树内涵溯源》一文中就说道：“摇钱树是流行于我国汉魏时期西南地区或长江上游地区的特殊文物，目前发现的最早的摇钱树是云南昭通刻有‘建初七年’（公元82年）铭文的摇钱树座，云南晋宁石寨山西汉墓出土的铸有树或柱的贮贝器和四川盐源出土的战国秦汉树枝形的铜片，可能就是摇钱树的萌芽。”[①] 张茂华先生也在《“摇钱树”的定名、起源和类型问题探讨》一文中得出了“摇钱树不可能会起源于中原地区的西汉灯树”[②] 的结论。所以，我们可以初步得出结论：摇钱树的源头就在西南地区。摇钱树流行的中心地区就是巴蜀地区，其中以汉代的蜀、广汉、犍为三郡最为密集。受巴蜀地区影响，汉魏时期摇钱树在许多地方都有发现，如甘肃的武威，湖北的秭归、枝江等。尤其应注意的是在湖北发现的这些摇钱树，表明了这一颇具西南地域特色的文化载体已经从长江上游传播到了长江中游地区。作为长江上游早期佛像的主要载体，它也为早期佛像顺流而下地传播提供了依据。

第三，再说说长江中游一带佛教造像艺术的主要载体——佛兽镜：

佛兽镜是神兽镜的一种，两者的源流类似，神兽镜大约出现在东汉中

---

① 何志国：《摇钱树内涵溯源》，《中华文化论坛》2000年第4期。

② 张茂华：《“摇钱树”的定名、起源和类型问题探讨》，《四川文物》2002年第1期。

期以后，孔祥星先生在《中国铜镜图典》中介绍了一件四川出土的“上面刻有元兴元年（公元105年）五月丙五日天大赦，广汉造作尚方明镜铭文的神兽镜”[①]，这是迄今为止我国出土的最早的神兽镜。长江上游地区虽然没有发现佛兽镜，但是在四川绵阳何家山东汉晚期墓中出土过一面神兽镜，该镜图案下靠神树一侧有一肩生翅的人像，也施无畏印。[②] 因此可以说，长江中游地区的佛兽镜在长江上游地区的佛教造像艺术中找到了联系，这也从侧面得出佛像艺术有顺流而下的可能的结论。

最后，从与佛教有关的人像特点上来看，比如白毫相人像：

白毫相是佛陀“三十二相”之一。《理惑论》中就有“身长六丈，体皆金色，顶有肉髻，颊车如师子，舌自覆面，手把千辐轮，顶光照万里”[③]的记载，其中“眉间白毫”就是白毫相的主要特征。湖北地区先后在黄陂、滠口、武昌出土了白毫相陶俑，数量多，规模大，做工精巧，有一定的代表性。从造像风格上来看，明显承袭了重庆忠县白毫相俑的特色。迄今为止，著名的发现白毫相的地方，除了重庆忠县和湖北数地以外，在长江下游的江浙等地的魂瓶上也发现了大量的白毫相俑。越往下游，人们对白毫相的认识就越深刻，越清晰，这也就看出佛像艺术在长江流域的传播越往下游就越清晰的趋势。

固然，长江流域的佛教造像有着很大的地区差异，总体而言，长江上游四川一带的佛教造像是以摇钱树佛像和崖墓佛像为主的，佛像右手施无畏印，左手握衣角。这种佛像特点在中下游的湖北和江西等地也有类似的发现，但造像又不完全与四川的相同，表明了佛教艺术顺流而下向东传播的态势，同时又不断与当地的风俗文化习惯进行交汇融合的特点；到了以武昌为中心的长江中游地区，以佛兽镜为代表的神兽镜大量被发现，数量远远超过了长江流域的其他地区，一方面反映了当地丰富的铜、铁资源和精湛的手工业工艺水平，另一方面更表明了佛像的发展日益多样化和本土化的重要特点；再到长江下游的江浙一带，佛像的发展与上游地带又有很大的不同，这里的佛像就以魂瓶（或称灵瓶、谷仓罐）等陶瓷器为主了，这样的发展特点同样与当地的文化特色、风土人情和宗教信仰等息息相关。

长江中游一带的佛像究竟受何影响？很大的可能性就是通过西南丝绸

---

① 孔祥星编著：《中国铜镜图典》，北京：文物出版社，1992年，第410页。

② 何志国：《东汉铭文神兽镜探微》，《文物天地》1999年第2期。

③（南朝梁）僧祐编撰：《弘明集》卷一《理惑论》，北京：中华书局，2011年，第11页。

之路从古印度传入长江上游的四川地区，再顺流影响到长江中下游地区。除了考虑长江上游地区顺流而下影响的因素外，也可以考虑一下东南方向的海上丝绸之路。康僧会就是从海路来到交趾的，“以吴赤乌十年（公元247年），初达建业，营立茅茨，设像行道”①。湖南、江西处于长江流域的中游和下游之间，两种佛像的造型特点在这一区域汇集交融，所以既有上游地区佛像的某些特点，但又不完全相同。就以武昌莲溪寺出土的鎏金铜带饰佛像为例，其“高肉髻、项光”就有上游佛像的影子，但它“袒上身、饰披巾、足踏莲台”这些不同于上游佛像的特点却与印度南部的秣菟罗佛像类似，至于是否能够断定它就是受到秣菟罗艺术的影响，目前学术界尚没有明确的定论，其中著名的研究佛像艺术的宿白先生认为“其形制可能从南海方面传来”②。

综上所述，尽管学术界对长江中游地区佛教造像艺术的起源问题并没有达成一致，但长江中游佛像艺术受到来自上游佛像艺术的影响的可能性是很大的。

（二）长江下游地区佛教受到何处影响

长江下游地区的佛教会受到何处的影响，我们认为跟交州地区佛教有比较多的关系，当然也要考虑长江中游佛教继续顺流而下影响下游地区的可能性。

从《高僧传·康僧会传》中我们得知康僧会自幼在交州地区长大，并在交州学习佛法，后于赤乌十年（公元247年）来到吴都建业，经过一番努力后他终于取得统治者的认可和支持，获得了合法传教的机会，使以建业为中心的长江下游地区“由是江左大法遂兴”③。这是最早的关于长江下游佛教兴起的文献记载。这里存在一个模糊不清的问题，就是康僧会究竟是怎么从交州来到建业的呢，是从海路泛海北上来到建业，还是通过陆路呢，《高僧传》中并没有交代。

从文献资料的记载中，我们能够找到一些长江下游地区与交州地区的海路联系的记载，在《三国志·蜀书·许靖传》中就有一段记载：

孙策东渡江，皆走交州以避难，靖身坐岸边，先载附从疏亲悉发，乃

---

① （南朝梁）释慧皎撰，汤用彤校注：《高僧传》卷一《康僧会传》，北京：中华书局，1992年，第15页。

② 宿白：《中国佛教石窟寺遗迹》，北京：文物出版社，2010年，第20页。

③ （南朝梁）释慧皎撰，汤用彤校注：《高僧传》卷一《康僧会传》，北京：中华书局，1992年，第16页。

从后去，当时见者莫不叹息。既至交趾，交趾太守士燮厚加敬待。①

其实，早在东汉时代，从会稽到交趾的海上交通就已经开通了，到了汉末战乱时期，大量士人也是通过这条海路逃亡到交趾地区的，除了前面讲到的许靖以外，袁忠、桓晔等士人都是从海路来到交州的。

根据后人的大量研究，康僧会走陆路北上的可能性是比较大的。首先在东吴时期，长江中下游地区与交州地区已经建立了比较稳定的交通联系，这条道路就是从交趾出发，沿着湘桂走廊穿过南岭经零陵、桂阳道进入长江水系再顺长江而下最后到达建业的零陵、桂阳峤道。这条道路的记载最早见于《后汉书·郑弘传》中。

郑弘上奏皇帝的时间是在建初八年（公元83年），在这之前，交趾上贡中央都是先坐船到东冶（今福州）再登陆北上，这段海路沉溺相系，十分险恶，所以才提议打通从交州北上的陆路通道。至于许靖等人为什么会走海路，这应该是在大兵压境，陆路交通已被阻断，危在旦夕的情况下迫不得已才走的。事实上，在汉魏时期，由会稽到交州的海上交通还是相当危险的。许靖在给曹操的信中就写了涉海到交州的惊险经历：

浮代涉沧海，南至交州，经历东瓯、闽、越之国，行经万里，不见汉地，漂薄风波，绝粮茹草，饥殍荐臻，死者大半。②

汉代海路的凶险，不仅体现在海洋航行的风高浪急，也有来自海洋生物的滋扰。例如，在《岭表录异》中就有一段对当时海上十分可怕的生物——“海鳅鱼”的记载：

海鳅鱼，即海上最伟者也。其小者亦千余尺。吞舟之说，固非谬矣。每岁广州常发铜船过安南（林邑）货易。危沮之际，日中忽雨霡霂。舟子曰：“此鳅鱼喷气，水散于空，风势吹来若雨耳。”交趾回人，多舍舟，取雷州缘岸而归，不惮辛苦，盖海鳅之难也。③

“海鳅鱼”就是鲸鱼，在古代很长一段时间里都严重地影响着远洋航海的安全。因此，胡守为先生在经过大量研究分析后就认为“在航海工具不甚精良的年代，人们宁愿走较为艰难的陆路，尽可能避走海路，以免遇

① （晋）陈寿撰：《三国志》卷三十八《蜀书·许靖传》，北京：中华书局，1959年，第964页。

② （晋）陈寿撰：《三国志》卷三十八《蜀书·许靖传》，北京：中华书局，1959年，第964页。

③ （唐）刘恂：《岭表录异》，广州：广东人民出版社，1983年，第28～29页。

风险”①。

在汉魏时期写成的《理惑论》中也能找到零陵、桂阳峤道是当时主要的北上通道的证据，《理惑论》载：

牧弟为豫章太守，为中郎将笮融所杀。时牧遣骑都尉刘彦将兵赴之，恐外界相疑，兵不得进。牧乃清牟子曰：“弟为逆贼所害，骨肉之痛，愤发肝心。当遣刘都尉行，恐外界疑难，行人不通。君文武兼备，有专对才，今欲相屈，之零陵、桂阳，假涂于通路，何如?”牟子曰：“被秣伏枥，见遇日久，烈士忘身，期必骋效。”遂严当发。会其母卒亡，遂不果行。②

从史料中可以看到，当时的州牧在给弟弟报仇时打算派遣骑都尉刘彦率兵前去攻打笮融，由于担心道路被堵，所以请牟子先去零陵、桂阳等地游说借道一事，并要牟子告诉他们，州牧只是为弟报仇，绝无他意。最后牟子由于母亲离世没有去成。当时州牧打算派兵北上豫章所走的线路就是“假涂零陵、桂阳”，更确切地说，就是零陵、桂阳峤道。

零陵、桂阳峤道的大致走向，阮荣春先生经过分析认为“这条线的大致走向为：交趾—苍梧—郴州—长沙；或由水路：邕江—苍梧—湘桂走廊—长沙”③。

可以说，由于这条陆上通道的开通，使得交州通往长江流域的交通变得比较顺畅了，康僧会就有可能是沿着这条陆路通道北上到达建业的。同样，在后来吴国与从海路进入交州来到中国的其他地区或国家的交往中，也有可能利用了这条通道。《梁书·海南诸国传》就记载了吴国与大秦国的交往：

汉桓帝延熹九年（公元166年），大秦王安敦遣使自日南徼外来献，汉世唯一通焉。其国人行贾，往往至扶南日南交趾。其国徼诸国人，少有到大秦者。孙权黄武五年，有大秦贾人字秦论来到交趾。太守吴邈遣送诣权。权问论方土风俗。论具以事对。时诸葛恪讨丹阳，获黝歙短人。论见之曰：“大秦希见此人。”权以男女各十人，差吏会稽刘咸送论。咸于道物

① 胡守为：《岭南古史》，广州：广东人民出版社，1999年，第353页。

② （南朝梁）僧祐编撰：《弘明集》卷一《理惑论》，北京：中华书局，2011年，第8～9页。

③ 阮荣春：《佛教南传之路》，长沙：湖南美术出版社，2000年，第60页。

故，乃径还本国也。①

总之，自东汉初年开通零陵、桂阳峤道之后，北上陆路更成为一条有官方设施的正式交通线，南北的陆路交通也就成了佛教北传可以利用的路线。

至于东汉初年开通的这条零陵、桂阳峤道在经济文化交流上的具体作用和地位，史学界也有些不同的声音。吕思勉先生就曾说过：

即峤道开后，海运亦未必能废，此不过盛夸郑弘之功耳。②

张荣芳、周永卫在《汉代徐闻与海上交通》一文中也认同吕先生的观点：

事实上，郑弘所奏开的零陵、桂阳峤道在公元83年以后，并未象人们想象的那样发挥如此巨大的作用。③

可见，汉魏时期从交州北上到吴地有陆路和海路两条不同的路线，两条路线都有着来自大自然的危险。由于佛教在交州已有发展和传播，加上交州与建业之间已有陆路和海路的交通线相连，所以交州佛教无论沿着哪条路线传到长江下游地区都是有可能的。简而言之，长江下游地区佛教受到来自交州地区佛教的影响是十分肯定的。

至于长江下游地区佛教是否受到北方南下的佛教徒如安世高等的影响，我们认为这个可能性是比较小的。事实上，北来的佛教徒与长江下游的佛像似乎并没有什么联系，安世高等佛教徒的重点是在译经方面，北方都未曾见一尊东汉三国以前的佛教造像的文物出土，可见长江以北未曾流行过这类佛像，就更谈不上对长江下游地区的佛像产生影响了。

那么长江下游地区佛教是否受到长江中游地区佛教的影响呢？我们认为这个可能性是有的。

首先，长江中下游流域广大地区在赤壁之战后就划入吴国的统治范围内。孙权在把统治中心定在长江中游的武昌时，支谦等人就已经来到了武昌，并在孙权的支持下进行佛教传播活动。孙吴政权把统治中心迁到长江下游的建业以后，肯定会有一批佛教徒跟随至此，支谦不久也来到建业并

---

① （唐）姚思廉撰：《梁书》卷五十四《海南诸国传》，北京：中华书局，1973年，第798页。

② 吕思勉：《秦汉史》（下册），台北：开明书店，1969年，第602页。

③ 张荣芳、周永卫：《汉代徐闻与海上交通》，《中山大学学报》（社会科学版）2002年第3期。

一直在建业生活。虽然支谦之流在建业的传教活动并无太多记载，但他们注意保持与统治阶级上层的友好交往和联系也足以影响到长江下游地区佛教的发展了。

其次，与长江中游地区和长江上游地区佛像特点类似，在长江下游地区出土的佛像上也可以找到长江中游地区佛像的影子。从两地佛像的载体上看，中游地区佛像以铜镜为主，下游地区佛像以魂瓶为主，二者都是与人们日常生活息息相关的用品，这种趋向生活化，但表现方式又略有不同的佛教形象不仅反映了佛教在日益本土化，与人们生活联系不断加深的现实，也反映了两地人民在接受同一佛教形象时，结合自身文化特点、风俗习惯等出现了相应的变化的现象。从这个角度去看，很容易就能想到二者的关联性。

同时，一些与早期佛像有关的人物形象的演变，也可以在长江中下游流域找到它们的演变轨迹。比如白毫相，在中游地区只会出现在陶俑身上，到了下游就更多地出现在了佛像身上；还有尖顶帽胡人的形象，在湖北鄂州、黄陂、安徽马鞍山东吴墓中都有尖顶帽胡俑出土，到了下游，在魂瓶中胡人也经常与佛像同时出现；还有就是莲花人像和螺髻人像，在长江中游的武汉莲溪寺永安五年墓出土的鎏金铜牌佛像下部为莲花座，到了长江下游，魂瓶上面的佛像也多为莲花座。何志国先生认为："莲花与人像的结合到了长江中游，莲花出现在佛像两侧的同时，也变成了莲花座，位于佛像之下；到了长江下游，莲花座在佛像之下，成为固定的组合。莲花与佛像（或其他人像）组合的变化，反映了佛像仪轨的逐步完善。"①

综合前文所述的佛像文物，我们大致可以理出一条佛教在中国南方传播发展的脉络。汉魏时期，长江上游四川地区发现的早期佛教图像多属东汉—蜀汉早期，主要为摇钱树佛像，而蜀汉后期当地几乎未再出现佛像实物；中游的两湖地区早期佛教遗物多出在孙吴—西晋墓葬中，除了在香熏、铜镜上有佛像装饰外，更多的是带白毫相的瓷俑；下游早期佛像的出现均在孙吴晚期至西晋初，并多装饰在魂瓶上。从出土的数量来看，上游和中游同类实物远远多于下游，下游应是受中游的影响。上游常见佛道神人合一或互换的现象，即西王母作佛像，在中游已不见或少见，下游的魂瓶上再没有出现西王母的形象，而是单体或一组的佛像和佛塔或楼阁。魂瓶上装饰佛塔或楼阁可能与吴主孙权在南京建第一座大寺庙——建初寺有关。

---

① 何志国：《论早期佛像在长江流域的传播——以汉晋考古材料为中心》，《东南文化》2004 年第 3 期。

综上所述，长江下游地区佛教造像受到来自长江中游地区的佛教造像艺术的影响比较明显。建业地区佛教兴起是源自交州地区的以康僧会为代表的佛教徒的努力，因此可以总结说：长江下游的佛教与交州地区的佛教有一定的传承关系，但佛像的发展特别是佛教造像艺术受到了长江中游地区很大的影响，最终发展出有长江下游地区江浙特色的佛教发展道路。

二、佛教在西南和岭南地区的互动

佛教从西南丝绸之路和东南海上丝绸之路分别来到中国的南方以后，互相之间是否有交流和融合呢？虽然在史籍材料中看不到任何有关汉魏时期佛教在这两个方向交流融合的记载，但我们仍然可以大胆地去判断佛教在这两个方向上是有互动的，并去探讨它的发展状况。

（一）佛教在西南地区和岭南地区是怎样实现互动的

要认识佛教在西南和岭南两个方向上的互动，首先应该解决在这两个方向上互动的线路问题。根据文献资料的记载，我们可以看到，早在战国时期，西南地区和岭南的交州地区就已经有了某种联系。

战国时期，巴蜀两国因北方和东方秦、楚两强邻的压迫而转头积极向南开拓。根据现有的资料可以看出，战国后期巴蜀文化有明显向南延伸的趋势。公元前316年，秦国军队南下灭掉蜀国，部分蜀人在蜀主率领下沿着岷江和横断山脉南下进入安宁河流域以及滇西北地区，“蜀王，黄帝后世也，至今在汉西南五千里，常来朝降，输献于汉”[①]。其后秦军又继续追伐蜀国之臣国丹、犁到这些地区，并“取笮及江南地”[②]，于是又有一部分蜀人继续南下。相传这些蜀人在蜀王子的率领下进入了今越南北方并建立了国家，“交趾昔未有郡县之时，土地有雒田，其田从湖水上下，民垦食其田，因名曰雒民。设雒王、雒侯，主诸郡县，县多为雒将，雒将铜印、青绶。后蜀王子将兵三万来讨雒王、雒侯，服诸雒将。蜀王子因称为安阳王”[③]。蒙文通先生在《安阳王考》一文中专门考证过安阳王的南迁路线，说道：

---

① （汉）司马迁：《史记》卷十三《三代世表》，北京：中华书局，1959年，第506页。

② （晋）常璩撰，顾广圻校正：《华阳国志》卷三《蜀志》，北京：商务印书馆，1958年，第30页。

③ （北魏）郦道元撰：《水经注》卷三十七引《交州外域记》，北京：中华书局，1991年，第1180页。

蜀王子孙南迁时路出姚、巂，知其途程必经汉之牦牛道（今四川汉源境）至巂州（治在四川西昌），南渡金沙江入姚州（治今云南姚安），再沿濮水、劳水（今云南礼社江，即红河上游）入交趾。①

从成都地区南下并散居在沿途地区的蜀人，不但打通了西南通往交州的通道，而且为蜀人日后在这些地区进行商业活动创造了良好的条件。于是，到了西汉王朝前期，就有大量蜀商迈着前人开辟的道路外出经商了，他们的商业活动也同样影响了交州地区。

《史记·西南夷列传》中就有记载：

建元六年（公元前135年）……上许之。乃拜蒙为郎中将，将千人，食重万馀人，从巴蜀筰关入，遂见夜郎侯多同。蒙厚赐，喻以威德，约为置吏，使其子为令。夜郎旁小邑皆贪汉缯帛，以为汉道险，终不能有也，乃且听蒙约。还报，乃以为犍为郡。发巴蜀卒治道，自僰道指牂牁江。②

到了汉魏时期，巴蜀与交州的交通更加便利，人员往来更加频繁，控制巴蜀地区的蜀国和后来的西晋都加紧争夺交州。蜀在取得益州后，欲染指交州，便任命建宁太守李恢遥领交州刺史。建宁郡，治味县，在今云南曲靖。这一职务虽是遥领，却是利用了建宁与交州的交通便利、易于管理而任命的。蜀国的著名儒士许慈就曾经在“建安中，与许靖等俱自交州入蜀”③，曾任蜀国尚书令的刘巴也是因为“会先主略有三郡，巴不得反使，遂远适交趾，先主深以为恨。巴复从交趾至蜀。俄而先主定益州，巴辞谢罪责，先主不责”④。晋灭蜀后以南中监军霍弋遥领交州刺史，也是出于此种考虑。

从史料上可以看到，早在西汉武帝时期，四川所产的枸酱就已经在番禺出现，由此可见从西南往贵州通过牂牁江顺流而下到达番禺的路线早就存在，只不过在早期都是作为蜀商出川贸易的重要通道，而“西汉前期的巴蜀商人活动能量十分惊人”⑤。

---

① 蒙文通：《越史丛考》，北京：人民出版社，1983年，第69页。

② （汉）司马迁：《史记》卷一百一十六《西南夷列传》，北京：中华书局，1959年，第2993~2994页。

③ （晋）陈寿撰：《三国志》卷四十二《蜀书·许慈传》，北京：中华书局，1959年，第1022~1023页。

④ （晋）陈寿撰：《三国志》卷三十九《蜀书·刘巴传》，北京：中华书局，1959年，第980~981页。

⑤ 周永卫：《两汉交趾和益州对外关系研究——以若干物质文化交流为主》，汕头：汕头大学出版社，2009年，第106页。

西南地区要与岭南地区发生联系，除了途经贵州和岭南的牂牁江水系外，还有一条通过云南到达交州的通道。《晋书·陶璜传》中就记载说：

又宁州兴古接据上流，去交趾郡千六百里，水陆并通，互相维护。①

陶璜是晋武帝于公元280年灭掉吴国，统一中国后任命的交州刺史，宁州就在现在的云南曲靖，而这条宁州通往交州的水陆交通可能就是由交趾的红河口逆流而上再经广西陆路最后到达云南昆明、大理、保山等地区。实际上，这条交趾西上的路线在到达云南后便与西南丝绸之路发生了联系，换句话说，这条出自交州的道路在到达云南后既可以往西南方向继续前行经永昌郡到达缅甸、印度甚至更远的大秦，又可以北上进入四川与巴蜀地区进行贸易，这条线路很好地反映了交州与云南、四川等西南地区的密切联系。

伯希和在《郑和下西洋考　交广印度两道考》中对古时中国与交趾之间的交通状况有过描述：

在纪元初数世纪中，中国在云南北部与西部已有行政之组织，特云南南部贵州全省及上东京之土人，尚非四川及红河下流官厅之力所能及耳。东京（即交趾）与中国其他各地之交通，或取东京湾之海道，或取广西之陆道。②

伯希和所说的“或取东京湾之海道，或取广西之陆道”指的就是从交趾往日南港、合浦港甚至后来的广州港口的东南海上丝绸之路和从交趾逆红河水北上与西南的云南、四川发生联系的道路。同样，陈炎先生在《海上丝绸之路与中外文化交流》一书中也指出：“这条连接我国大西南和通向海外的丝绸之路，既与陆上的西北丝路相汇合，又可循水路与海上丝路相衔接。在国内，自古以来它一直是联系汉民族与西南少数民族之间的纽带；在国外，又是中华民族与世界各民族之间友好往来的桥梁，也是中华民族走向世界的主要渠道之一。”③

从丰富的历史史料中就可以感受到西南的云南、四川等地与岭南地区有着广泛而密切的经贸和文化往来，所以当佛教分别从西南丝绸之路和海

① （唐）房玄龄、褚遂良等撰：《晋书》卷五十七《陶璜传》，北京：中华书局，1974年，第1560页。

② ［法］伯希和著，冯承钧译：《郑和下西洋考　交广印度两道考》，北京：中华书局，2003年，第186页。

③ 陈炎：《海上丝绸之路与中外文化交流》，北京：北京大学出版社，1996年，第223页。

上丝绸之路进入中国后，两地的佛教很有可能就已经发生了密切的联系，甚至说交州地区的佛教不是从海上丝绸之路传入而是由西南方向传入在理论上也是可能的。近些年在广西、云南等地陆续出土的僧俑、莲花座等与佛教有联系的文物就说明了这个可能性的存在。至于佛教在西南和岭南两个方向上到底谁先谁后，谁对谁影响和作用更多一些，依据目前的文献和考古材料很难说清楚。阮荣春先生就曾说过：

> 我们始终强调中国南方早期佛教造像传入的“多元论”，但在考察研究具体的传入路线时应客观地加以分析，不能不分时代、在毫无实物或史料根据的情况下，侈谈东南西北同时传入的多元性。①

（二）佛教在两个方向上的互动状况

汉魏时期佛教在西南和岭南方向之间产生互动除了有便利的交通线路支持以外，苍梧郡优越的自身条件也是吸引两地佛教在此交汇的一个重要因素，《理惑论》的出现就是一个很好的例子。

《理惑论》是我国历史上最早阐述佛教的著作，其作者牟子就是苍梧郡人。苍梧郡位于今天的广西东部与广东省西部，地处珠江中游，在西江、桂江和浔江的汇合处，素以广西“水上门户”著称。汉吕后五年（公元前183年）建城，称苍梧王城。元鼎六年（公元前111年）为苍梧郡治，称广信县，也是交趾刺史驻地。两汉时成为岭南七郡的政治、经济和文化中心。

从自然环境上来看，这里气候温和，台风、瘴气等自然灾害较少，不像海滨低地那样湿热；虽然河流较多，但河谷地带较为开阔，也不像三角洲平原那样容易泛滥，自然条件优越，适合人类生产和生活。

从地理位置来看，苍梧郡位于几大河流交汇处，交通便利，是西南的四川、云南等地进入广东等沿海地区交通线路的枢纽地带。于是，在汉魏时期苍梧郡成为大量中原人民南下躲避战乱的重要地区，大量的士人、商人甚至僧侣在此聚集，带来了先进的生产技术和各种思想。当时的苍梧在太守朱符长达十多年的治理下，一直比较和平安定，学术气氛浓厚。苍梧郡的郡治广信曾是汉代交州州治所在地、封建中央王朝首次在岭南设置的最高权力机构所在地、岭南最早的刺史治所，有着十分悠久的历史，更“成为了岭南早期的文化重心”②。

---

① 阮荣春：《佛教南传之路》，长沙：湖南美术出版社，2000年，第61页。

② 郭培忠：《广信为岭南早期文化重心论——兼论汉代杰出经学家陈氏父子》，《岭南文史》1996年第4期。

表 3－3　汉魏时期避难交州的中原名士一览表①

出避时间	姓氏	简况	出处
新莽时期	士燮七世祖	鲁国汶阳人，避王莽之乱来到交州	《三国志·士燮传》
新莽末年、东汉初年	胡刚	名臣胡广之后，处士，清高有志节，王莽篡汉，遂亡命交趾	《后汉书·胡广传》
东汉末年	薛综一族	沛郡竹邑人。综少时，依族人避地交州，从刘熙学，成为士人	《三国志·薛综传》
东汉末年	袁徽	陈郡扶乐人，名臣袁涣之从弟，以儒素称，遭天下乱，避难交州	《三国志·袁涣传》
东汉末年	许慈	南阳人，避地交州，从刘熙学	《三国志·许慈传》
汉献帝初平中叶（约公元 191—192 年）	桓晔	修志，避乱至会稽，从会稽浮海，客交趾越人	《后汉书·桓荣传》
汉献帝兴平二年(公元 195 年)	许靖、许邵兄弟	二许为名士，率附从、疏亲，与袁沛、邓子孝等走交州避难	《三国志·许靖传》
汉献帝某年（公元 196 年以前）	袁忠	世家大族，为袁安之玄孙，浮海至交趾	《后汉书·袁闳传》
汉献帝建安中叶（公元 200—210 年）	刘熙	经学家，博学多识，名重州党，往来苍梧、南海二郡，大兴私学	明·郭棐《粤大记》（阮元《广东通志》卷三百二十七引）
汉末、三国初（约公元 201—224 年）	程秉	名士、学者、避乱至交州	《三国志·程秉传》

至于苍梧郡的文化影响究竟有多大，张荣芳先生曾有过比较深入的研究，他在《两汉时期苍梧郡文化述论》一文中就说道：

① 张荣芳：《秦汉史论集（外三篇）》，广州：中山大学出版社，1995 年，第 184 页。

两汉之世的苍梧郡，其文化是比较兴盛的，表现在：公私积极办学、民俗日益汉化、学术活动频繁、各类人才空前涌现。故苍梧郡文化能居岭南地区前列，就全国范围而言，亦跃入较前面之行列。

苍梧郡文化之所以在两汉时期比较兴盛，有其独特的社会原因：农业经济发达，为文化的进步奠定了比较坚实的基础；社会政治制度完善，则创造了安定、宽松的社会环境；地理位置适中、交通便利，有利于各种文化因素的相互吸引与共同进步；中原人士的到来，不仅为苍梧郡文化的发展注入了新鲜的血液，而且他们的一举一动还展示着中原汉族文化的魅力，直接推动了苍梧郡文化事业的发展；最后，汉苍梧郡地区在先秦、秦代均为岭南地区文化发达之地，有古老悠久的文化传统，因而有着发展文化所需的文化基础。①

苍梧郡深厚的文化底蕴和浓厚的文化气息，对汉魏时期刚刚从西南丝绸之路以及海上丝绸之路传入的佛教，有着很大的吸引力，作为苍梧人的牟子能在这里写出《理惑论》这部佛教著作就是最好的证明。

牟子在苍梧生活期间，逃难于此的北方人把中原地区早已走向衰落的儒学思想带到了这里，而人民大众苦于生计无力去关心这些思想，同时佛教开始在人民心中逐渐产生影响，结果在苍梧郡就产生了上层统治者支持的儒学思想和下层人民信奉佛教思想之间的矛盾。这种矛盾恰好为学识渊博、思想敏锐的牟子隐隐感觉到，所以他在《理惑论》中既不否认儒家、道家思想的重要地位，又看到了汉武帝以来人们长期信仰的长生不老、鬼神迷信思想的不合时宜，认为应当以宽阔的胸怀吐故纳新，接受佛教思想中有助于开导人们的内容。牟子在《理惑论》中着重说明佛教并不违背圣人之言，适合中国的需要，其中借用道家思想来还击士人对佛教攻击的言论更是十分精彩。

除了《理惑论》的影响以外，从现有的考古发现来看，在苍梧郡所在的广西东南部靠近北部湾的贵港、合浦、梧州等地区汉魏时期的墓里，陆续都有胡俑出土，“贵港汉墓出土的陶僧俑，头上顶钵，半裸踞坐，双手置于腹前。梧州市大塘东汉墓出土的胡俑，铜质，跽坐，头顶托钵若举灯。这些胡俑或许就是随海船东来的僧人”②。除此之外，在西南的大理也发现了吹箫胡俑等汉魏时期的陶俑，这些“陶俑受秣菟罗佛像艺术风格的

---

① 张荣芳：《秦汉史论集（外三篇）》，广州：中山大学出版社，1995 年，第 201～202 页。

② 廖国一：《佛教在广西的发展及其与少数民族文化的关系》，《佛像研究》2002 年第 6 期。

影响较为明显”①。

综上所述，虽然到目前为止，有关佛教在西南和岭南两个方向上的互动问题并没有直接的考古资料能够证明，但我们仍可以从牟子的《理惑论》在苍梧郡的出现和广西地区出土的一些胡僧形象的胡俑中看出一些端倪。我们相信，随着时间的推移，会有越来越多的考古材料和更加深入翔实的研究出现，到那个时候我们就可以更详细地了解佛教在岭南的传播和发展情况了。

由于汉魏时期有关佛教在岭南传播的史料记载并不多见，因此不得不借助考古发现予以证明。我们试图从佛教在岭南传播的社会历史条件、佛教传播的状况以及佛教传播的影响三个方面来考察这个问题。

在论述佛教在岭南传播的社会历史条件这一部分时，我们主要围绕当时的交通状况、社会状况和思想状况等，首先分析了汉魏时期西南丝绸之路和东南海上丝绸之路的开辟和发展状况，认为印度佛教从这两个方向传入中国南方的可能性是存在的。紧接着从汉魏时期动乱的社会和动荡的政局、玄学的兴起以及方术、黄老之道的盛行等方面进一步阐述了佛教在当时中国岭南地区传播的可能性。

关于佛教在南方的传播状况，我们主要把南方分为长江上游的西南地区、以武昌和建业为中心的长江中下游地区和以交趾为中心的广大岭南地区，试图从文献材料和考古发现来探讨佛教的发展状况。近些年的考古发现表明，中国的西南地区早在汉魏时期便有了佛教传播的痕迹，而当时该地的佛教发展显得比较朦胧，更多地体现在与百姓日常生活关系不大的以摇钱树为主要载体的祭祀中。到了长江中下游地区，佛教的内容更多地出现在与百姓日常生活关系更为密切的铜镜和魂瓶上，两者与百姓日常生活关系的逐渐深入似乎显现了一条佛教从长江上游的西南地区沿长江顺流而下影响到中下游地区的线索。

佛教在南方传播的影响，主要分为两个方面。首先，我们讨论了长江中下游地区佛教与西南地区佛教以及岭南地区佛教的关系，通过挖掘史籍材料，研究地区间的交通路线问题，分析各自佛教遗物间的联系，得出“长江下游地区的佛教与交州地区的佛教有一定的传承关系，但佛像的发展特别是佛教造像艺术受到了长江中游地区很大的影响，最终发展出有长江下游地区的具江浙特色的佛教发展道路”的结论。其次，我们讨论了西南地区佛教与岭南地区佛教二者的互动问题。汉魏时期，在南方的对外交往中，“以交趾和益州为桥梁，以缅甸道、南海道、交趾陆道为主要途径

① 李朝真：《云南大理出土胡俑及其相关问题之探讨》，《东南文化》1991年第6期。

的汉代对外交往，在中外关系史上占有十分重要的地位”[①]，缅甸道和交趾陆路在永昌郡交汇，从而使西南地区和岭南地区紧密联系起来。

汉魏时期岭南地区佛教发展的状况如何？对中国南方地区有何影响？要回答这个问题，在文献材料和考古材料相对欠缺的当下，仍然有许多困难。但我们或许能从“南海子碧参与译经活动”[②] 的材料中感受到岭南佛教最早发端时期的一些蛛丝马迹。东汉灵帝光和二年（公元179年），中原地区支谶和竺佛朔的译经活动，居然有千里之外的岭南地区人士子碧的参与，这在一定程度上反映出佛教在岭南地区有着不小的影响。中国最早的佛学著作《理惑论》诞生在岭南而不是其他地方，也绝非偶然。

---

① 周永卫：《两汉交趾和益州对外关系研究——以若干物质文化交流为主》，汕头：汕头大学出版社，2009年，第151页。

② 任继愈先生在《中国佛教史》（中国社会科学出版社，1981年）第148、149页中引用了支谶和竺佛朔所译的《道行经后记》，其文曰：“光和二年（公元179年）十月八日，河南洛阳孟元士口授天竺菩萨竺佛朔。时传言者有月支菩萨支谶，时侍者南阳张少安、南海子碧，劝助者孙和、周提立。”并分析“东汉末年外国僧人来华译经得到了汉族地主阶级及其知识分子早期信徒的支持，象洛阳孟福（字元士）、南阳张莲（字少安）、南海子碧等人，都直接参加译经事业，而象孙和、周提立等‘劝助者’，恐怕就是提供译经资金、场所和各种生活用品的施主。从现有文献来看，东汉末的译经还没有得到政府的直接援助，外来僧人的译经事业之所以能够进行，大概是与民间地主阶级及其知识分子信徒的资助分不开的。佛教拥有地主阶级及其知识分子作为信徒，是在中国扎根、传播的重要社会条件”。

结 语[①]

对秦汉时期中外文化交流史的宏观研究，尚有进一步深入探讨的必要。我们认为，纵观两汉400余年的东西方文化交往历程，大体可划分为三个时期：西汉前期（公元前202—公元前111年）的蜀商时期；汉使时期（公元前139—公元105年）；东汉的胡人时期（公元58—220年）。这三个时期的界限并非泾渭分明，而是互有交叉。

一、蜀商时期

在公元前111年汉武帝平定南越国之前，有一个长达百年的中外文化交流的黄金时期——蜀商时期。这一时期长期为学术界所忽视，但对研究中外文化交流至关重要。对蜀商时期的研究，是研究先秦两汉时期中外文化交流的关键。通过这一视角，许多问题可以迎刃而解。巴蜀商人集团充当了西汉前期西南地区和岭南地区对外交往的先锋和主力，在中外文化交流史上曾经发挥了十分重要的作用。[②] 司马迁在《史记·货殖列传》中共记载了西汉初期的十二位货殖高手和富商大贾，而最先提到的就是蜀地的两位——蜀卓氏和程郑。西汉前期的巴蜀商人活动能量十分惊人，他们不仅遍布国内的长安、番禺等通都大邑，而且把蜀地的商品远销至西域、中亚、印度、东南亚、东北亚等地。西汉前期，蜀商充当了南方走私贸易的主角。与西南夷和南越国的走私活动，主要是蜀商所为。岭南和西南地区成为走私行为蔓延和滋生的温床，成为蜀商非法贸易的乐土。

西汉前期，蜀商的走私活动，甚至深入到今日印度东北的阿萨姆地

---

① 结语部分，曾以“蜀商·汉使·胡人——试论两汉中外文化交流的三个时期”为题，作为本课题的阶段性成果，发表于《历史教学问题》2011年第3期，这里作了部分修改和增补。

② 周永卫：《西汉前期的蜀商在中外文化交流史上的贡献》，《史学月刊》2004年第9期。

区。早在公元前5世纪，中国的丝绸就已经传到了阿萨姆地区。[1] 到了西汉，汉武帝听从了张骞的建议，决定打通巴蜀经西南夷地区通往身毒乃至大夏的道路。“因蜀犍为发间使，四道并出……皆各行一二千里。其北方闭氐、筰，南方闭巂、昆明。昆明之属无君长，善寇盗，辄杀略汉使，终莫得通。然闻其西可千余里有乘象国，名曰滇越，而蜀贾奸出物者或至焉。”[2] 很明显，这条经过云南到达印度的路线，对武帝的间使而言是关闭的，但对走私蜀商来说却是畅通的。“昆明之属”杀略汉使并非因为野蛮，而是因为汉使的所作所为使他们与邻国贸易的特权和利益受到了巨大的威胁。据学者考证，“滇越”这个国家应为阿萨姆地区的迦摩缕波国。[3] 位于布拉马普特拉河中游的高哈蒂是古代强大的迦摩缕波国的首都，它东接缅甸贸易路线，西连北印度，是水陆两路货物的转运中心，商业繁荣，地理位置和战略地位均十分重要。在高哈蒂的考古发掘证明，布拉马普特拉河流域地区与中国和罗马的国际贸易联系有着悠久的历史。

季羡林先生认为，巴利文《那先比丘经》中记录了弥邻陀王（约在公元前125—公元前95年）和龙军和尚的问答。龙军和尚举的一个例子里说运货的船只远至支那等地，这是印度古代典籍里找到的有关中印海路交通的记载。[4] 笔者认为，龙军和尚并没有指明运货的船只是如何到达支那的，有可能就是从缅甸伊洛瓦底江或萨尔温江溯流而上到达云南的。

在南印度泰米尔纳杜邦的坦焦尔县（Tanjore）曾先后出土3枚西汉五铢钱和1枚武帝初年的三铢钱。在坦焦尔西北卡纳塔克邦南部的迈索尔（Mysore）也出土过1枚武帝时期的五铢钱。[5] 饶宗颐先生认为南印度迈索尔出土的公元前138年的古汉钱，可以与《汉书·地理志》王莽于元始间与黄支国海上交通之记录相互印证。[6] 笔者以为此枚汉钱更有可能是从云南、缅甸传过去的。汉使出使黄支国时，是“赍黄金杂缯而往”，携带铜钱的可能性很小。特别值得注意的是，这枚铜钱与坦焦尔出土的三铢钱都

---

① Haraprasad Ray：《从中国至印度的南方丝绸之路——一篇来自印度的探讨》，江玉祥译：《西南丝绸之路研究》（第2辑），成都：四川大学出版社，1995年。

② （汉）司马迁撰，（宋）裴骃集解：《史记》卷一百二十三《大宛列传》，北京：中华书局，1982年，第3157页。

③ 汶江：《滇越考》，《中华文史论丛》1980年第2辑。

④ 季羡林：《中国蚕丝输入印度问题的初步研究》，《中印文化关系史论文集》，北京：生活·读书·新知三联书店，1982年。

⑤ 杨富学：《南印度出土中国古币汇说》，《中国钱币》1995年第1期。

⑥ 饶宗颐：《蜀布与Cinapatta》，《选堂集林·史林》（上），香港：中华书局香港分局，1982年。

是武帝初年铸造的。武帝登基伊始，实际权力掌握在信奉黄老之术的窦太后手中，也正值私人工商业最为发达的时期，西南地区的蜀商最为活跃。这枚铜钱似应与蜀地的走私商人有关，正与《史记》所记载的蜀身毒道相印证。

公元前111年，汉武帝消灭南越国，不久又平定了西南夷，岭南和西南地区彻底被纳入汉朝版图。“巴蜀殷富”的基础坍塌了，蜀商走私活动赖以生存的环境和土壤失去了，他们的地位从此一落千丈。“程（郑）、卓（王孙）既衰”，辉煌不再。在中国历史舞台上纵横捭阖数百年的巴蜀商人集团从此黯然失色。他们在中外文化交流中所发挥的作用从此便微不足道了。

二、汉使时期

汉武帝建元二年（公元前139年）张骞出使西域，标志着两汉对外文化交流迎来了第二阶段——汉使时期。继张骞之后，大批汉朝使者出使西域。“使者相望于道。诸使外国一辈大者数百，少者百余人，人所赍操大放博望侯时。其后益习而衰少焉。汉率一岁中使多者十余，少者五六辈，远者八九岁，近者数岁而返。”①

新莽至东汉光武帝统治时期，中原与西域的交往一度处于停滞状态。“王莽篡位，贬易侯王，由是西域怨叛，与中国遂绝，并复役属匈奴。匈奴敛税重刻，诸国不堪命，建武中，皆遣使求内属，愿请都护。光武以天下初定，未遑外事，竟不许之。”直到汉明帝时，开始恢复对西域的控制，立屯田，讨匈奴，置都护，“西域自绝六十五载，乃复通焉”②。到和帝永元六年（公元94年），西域五十余国悉内附。永元九年（公元97年）班超遣副使甘英出使大秦，东汉在西域的影响达到鼎盛。然而，这种局面并没有持续多久，随着顺帝永建二年（公元127年）西域长史班勇因罪下狱，“汉之威令，遂又不复行于西域”③。

与西域不同，西汉后期，隶属于黄门的“汉使”在南方地区的对外交往中一度扮演着重要的角色。《汉书·地理志》中的记载是我国与东南亚

---

① （汉）司马迁撰，（宋）裴骃集解：《史记》卷一百二十三《大宛列传》，北京：中华书局，1982年，第3170页。

② （南朝宋）范晔撰，（唐）李贤等注：《后汉书》卷八十七《西域传》，北京：中华书局，1965年，第2909页。

③ 方豪：《中西交通史》，上海：上海人民出版社，2008年，第70页。

地区海上交通的最早记录，也是西汉时期我国海外交往的唯一一条正史材料。这些“汉使”，从北部湾沿岸出海，千里迢迢，到达东南亚地区的许多国家，用丝绸和黄金换回明珠、璧流离、奇石、异物等。他们战胜海盗和风浪，克服重重困难，除了为西汉皇室带回许多奢侈品之外，还导致“黄支国”的使者“自武帝以来皆献见”，甚至说服黄支王于平帝元始二年（公元2年）“遣使献生犀牛”[①]。班固在《西都赋》中曾写道：“九真之麟，大宛之马，黄支之犀，条支之鸟，逾昆仑，越巨海，殊方异类，至于三万里。”[②]“黄支之犀”在汉代人的心目中占有十分重要的位置。如此成就，“汉使”功不可没。但总体而言，与西汉前期活跃的蜀商和东汉时期的胡商和胡僧相比，与张骞、班超等在西域的成功经略相比，《汉书·地理志》中所记载的西汉后期“黄门译使”出使“黄支”的举动，在中外交往史上并未产生重要影响。

三、胡人时期

“张骞怀致远之略，班超奋封侯之志，终能立功西遐，羁服外域……立屯田于膏腴之地，列邮置于要害之路。驰命走驿，不绝于时月；商胡贩客，日款于塞下。”[③]到了东汉，经西域和南方入境的外国使者和商人人数日渐增多，他们之间并没有严格的界限，许多商人打着朝贡的旗号来华贸易。紧接着，佛教徒也接踵而至。使者、商人、佛教徒成为东汉中外交往的主体。古代外国人来中国朝贡者，其本身往往就是商人。而佛教在印度最初就受到商人的支持，佛教与商人早就结下了因缘，哪里有印度或中亚的商人，哪里就有佛教。[④]除了西北的敦煌郡以外，益州刺史部的永昌郡和交趾刺史部的交趾郡也成为胡商和佛教徒云集的地方。

公元58年，汉明帝即位，标志着中外交往进入胡人时期。公元69年哀牢的归附及被纳入汉朝版图，其意义之重大，影响之深远，不可限量。从汉武帝开始，经过近200年的努力，汉朝官方终于打通了滇缅印的通道。正如戈岱司和藤泽义美指出的，印度文化是以和平渐进方式渗透到云南地

---

① （南朝宋）范晔撰，（唐）李贤等注：《后汉书》卷八十六《南蛮传》，北京：中华书局，1965年，第2829页。

② 严可均：《全后汉文》卷二十四，北京：商务印书馆，1999年，第236～237页。

③ （南朝宋）范晔撰，（唐）李贤等注：《后汉书》卷八十七《西域传》，北京：中华书局，1965年，第2931页。

④ 季羡林：《商人与佛教》，中国史学会编：《第十六届国际历史科学大会中国学者论文集》，北京：中华书局，1985年，第189～191页。

区的，汉代的哀牢已经相当开化，确实是受到印度文化的影响。[①]《华阳国志·南中志》云："永昌郡，古哀牢国……孝明帝永平十二年（公元69年），哀牢抑狼谴子奉献。明帝乃置郡，以蜀郡郑纯为太守。属县八，户六万，去洛阳六千九百里，宁州之极西南也。有闽濮、鸠僚、僄越、裸濮、身毒之民。"传说汉明帝时，天竺传布佛法的摩腾、法兰二人，就是沿伊洛瓦底江上溯经永昌而达中国的。[②]《高僧传》中所载的摄摩腾和竺法兰二人，均属中天竺人，中天竺地区正是小乘佛教和秣菟罗艺术的中心，[③]他们二人很可能属于小乘佛教，从永昌道来华的可能性是很大的。一般认为明帝感梦求法的传说是伪造的。[④]但滇缅印道的正式开通，恰恰正是明帝时期（公元58—75年），这一事实，许多人似乎未曾注意到。研究佛教最初传入中国的历史，滇缅印道不可忽视。

通过滇缅印道先后三次遣使来华朝贡的掸国很值得注意：

(1)（永元九年）（公元97年）徼外蛮及掸国王雍由调遣重译奉国珍宝，和帝赐金印紫绶。

(2) 永宁元年（公元120年），掸国王雍由调复遣使遗阙朝贺，献乐及幻人，能变化吐火，自支解，易牛马头。又善跳丸，数乃至千。自言我海西人。海西即大秦也，掸国西南通大秦。明年元会，安帝作乐于庭，封雍由调为汉大都尉。[⑤]

(3) 永建六年（公元131年）十二月，日南徼外叶调、掸国遣使贡献。[⑥]

其中第二次最值得重视，这是有史以来正史所记载的罗马帝国与中国的第一次直接交往。它比公元166年大秦使者来华早了46年。《后汉书·西南夷传》中关于"大秦幻人"的记载，主要来源于鱼豢的《魏略》。鱼豢是三国魏国人，曾任魏郎中，《魏略》三十八卷，记事至魏明帝（公元227—239年）时期，其书较范晔（公元398—445年）的《后汉书》早

---

① ［日］藤泽义美：《古代东南亚的文化交流——以滇缅路为中心》，《南亚与东南亚资料》1982第2辑。

② ［法］伯希和著，冯承钧译：《郑和下西洋考　交广印度两道考》，北京：中华书局，2003年，第10～11页。

③ 阮荣春：《佛教南传之路》，长沙：湖南美术出版社，2000年，第2～3页。

④ 吴廷璆、郑彭年：《佛教海上传入中国之研究》，《历史研究》1995年第2期。

⑤ （南朝宋）范晔撰，（唐）李贤等注：《后汉书》卷八十六《南蛮传》，北京：中华书局，1965年，第2851页。

⑥ （南朝宋）范晔撰，（唐）李贤等注：《后汉书》卷六《顺帝纪》，北京：中华书局，1965年，第258页。

200 年。《三国志·魏书·乌丸鲜卑东夷传》注引《魏略·西戎传》曰："大秦国……在安息、条支西大海之西……其国在海西，故俗谓之海西……俗多奇幻，口中出火，自缚自解，跳十二丸巧妙。"而上引《后汉书·西南夷传》所载的掸国使者第二次来朝所献的"大秦幻人""善跳丸，数乃至千"中的"千"字，据孙机先生考证应是"十"之误，[①] 所言甚是。"大秦幻人"在当时的东西方都非常著名，日本学者宫崎市定曾经发现在古罗马的折合双连画中就有"跳七丸"的图案。[②] 难怪"大秦幻人"一在中国出现，就引起了安帝的高度重视，让他们在次年的元会上表演。

汉晋时期少数民族或外国人来华后多以其族名或国名为姓。马雍先生曾言："大凡以'支'为姓者皆指后来从贵霜王国迁来的月支侨民，这种以国为姓（如安息人姓安、康居人姓康）的风气也是东汉后期才出现的，正是由于当时中亚人大批来华才产生了这一姓氏汉化的现象。"[③] 到了汉末魏晋时期，随着外国来华侨民的增多，这种以国为姓的现象更加普遍。

据郑德坤先生考证，《史记》、《汉书》中的"月氏"是宋代以后的写法，在宋以前的古书中是写作"月氐"的。他引证朱存的《说文假借义证》曰："月氐正在西，自是氐羌之一种，'氏'当作'氐'，故《后汉书·窦融传》注'小月氐，西胡国名也'。"从而认为"月氏"当作"月氐"，"月氐为氐羌之一种，以族名为国名乃史上之常例"。"氐"与"支"是通的，所以可以假借，而"氏"字乃习惯上的伪字。[④] 西北、西南地区的氐、羌等少数民族自古以来就是关系十分密切的两个民族，[⑤] 而贵霜王朝的建立者与西迁的月氐人有着深厚的渊源关系，月氐人充当了贵霜王朝与汉朝交往的桥梁和媒介。2 世纪中叶，贵霜王迦腻色伽一世时期，贵霜帝国的国力达到鼎盛，其钱币甚至在印度东部的比哈尔邦和孟加拉国境内都有出土。[⑥] 他大力宣扬佛教，推动了不少沙门来到中国传教，同时，长期贸易也使得许多商人逐渐在中国定居。在东汉中期以后，特别是在灵帝时

---

① 杨泓、孙机：《寻常的精致》，沈阳：辽宁教育出版社，1996 年，第 16 页。

② ［日］宫崎市定著，刘韶军译：《条支和大秦和西海》，刘俊文主编：《日本学者研究中国史论著选译》（第九卷），北京：中华书局，1993 年，第 408 页。

③ 马雍：《东汉后期中亚人来华考》，《西域史地文物丛考》，北京：文物出版社，1990 年。

④ 郑德坤：《中国历史地理论文集》，台北：联经出版事业公司，1981 年，第 240 ~ 246 页。

⑤ 马长寿：《氐与羌》，上海：上海人民出版社，1984 年，第 9 ~ 22 页。

⑥ ［印度］恩·克·辛哈、阿·克·班纳吉著，张若达、冯金辛等译：《印度通史》（第一册），北京：商务印书馆，1973 年，第 177 页。

期，中亚地区的居民，包括月氏人、康居人、安息人以及一部分北天竺人，陆续不断地移居至中国境内，形成一股移民热潮。他们来华的路线分为海、陆两道。取海路者经印度航海来到交趾，一些人留居交趾，一些人继续北上，到达洛阳。

汉灵帝末年至吴黄武五年（公元226年），士燮任交趾太守长达四十余年之久。《三国志·吴志·士燮传》载："胡人夹毂焚香者常有数十。"这里所谓的"胡人"自然不是交趾的土著居民，而是中亚或波斯人。三国时代的高僧康僧会的父亲就是这一时期经海路来到交趾的胡商。《高僧传·康僧会传》载："康僧会，其先康居人，世居天竺。其父因商贾移于交趾。"康居系中亚粟特的古称，可见粟特商人在汉末已活跃在交趾地区了。自三国以来，在中国南海地区所见的东伊兰人，主要有来自阿姆河和锡尔河的粟特人，粟特人在三国时期已活跃于交趾一带的海路商业中，粟特人汉时居康居，作为商业民族已移住于波斯—印度—交趾海上丝绸之路沿线。康僧会作为粟特僧侣在三国时期的吴国孙权治下推行佛法，且其时康僧会此一粟特人被有司称为"胡人"。康僧会的事迹反映出，三国孙权时，粟特商人的后裔已活跃于华南。① 交趾胡人的"焚香"活动与佛教活动有关。交趾在佛教传入中国的过程中发挥了十分重要的作用，正如冯承钧先生所言："南海一道亦为佛教输入之要途；南海之交趾犹西域之于阗也。"②

张骞的"凿空"之行、甘英的西行壮举，他们的足迹距离西方只有一步之遥！然而真正最早的东西方直接接触，却注定由西方人来完成。

汉代中国与西方的交往一直是一个热门的话题。有学者指出："梯加特对公元前58年至公元107年间欧洲战争作了大量的分析比较之后指出：在欧洲发生的40次较大的战争，有27次与中国西域地区的政局有关。这说明从中国到罗马之间，已经构成了一个庞大的交往体系……从宏观上看，这种'铜山西崩，洛钟东应'的现象，恰恰是古代中国社会在开放中对欧洲社会发生影响的具体表现。"③ 有学者认为"欧亚大陆东方的汉代中国和地中海周边的罗马帝国，像是天上的牛郎和织女星，为天河所隔，虽

① 姜伯勤：《广州与海上丝绸之路上的伊兰人》，《广州与海上丝绸之路》，广州：广东省社会科学院，1991年。

② 冯承钧：《中国南洋交通史》，上海：上海书店，1984年，第8~9页。

③ 丘进：《中国与罗马——汉代中西关系研究》，广州：广东人民出版社，1990年，第210~211页。

能偶一相会，大部分时间却是‘盈盈一水间，脉脉不得语’”[1]。说它是“铜山西崩，洛钟东应”也好，“盈盈一水间，脉脉不得语”也罢，史书所记载的汉代以前中国与西方仅有的两次直接接触，即公元120年的“海西幻人”来华，以及公元166年大秦使者朝贡，却分别是经南方的缅甸道和南海道来华的，而不是经北方的西域道来华；是西方人主动所为，而不是中国人主动所为。这一事实看似偶然，实为必然，其原因发人深省。“大秦国……常利得中国丝，解以为胡绫，故数与安息诸国交市于海中。”[2] 罗马帝国是一个海洋帝国，以善于经商著称于世。这与汉帝国形成鲜明的对比。张骞西行是为了“断匈奴右臂”，甘英的出使同样是出于政治目的，而非经济目的。西汉译使远渡黄支，依靠的是“蛮夷贾船转送致之”，而非本国或汉人的商船，这一细节，也很值得玩味。

纵观两汉400余年历史，其对外交往历程，以对外交往的主体来划分，大体经历了蜀商—汉使—胡人三个时期。在西汉前期，活跃的蜀商，通过缅甸道与印度进行贸易往来。张骞的“凿空”之举，标志着汉使时期的来临，大批汉使在以西域道为主的“丝绸之路”上扮演了十分重要的角色，无名的汉使，通过南海道到达黄支。到东汉，胡商、胡僧先后来到中国，中外文化交往步入胡人时期，进而导致了西域道与南方诸道的同步繁荣。于两汉之际传入中国，并对中国文化产生深远影响的佛教，其传播的主体就是胡人。蜀商—汉使—胡人三个时期的划分，对我们宏观把握中外文化交流在两汉文明进程中的作用，对我们深入理解“丝绸之路”的相关问题，对我们进一步理解秦汉岭南地区在中外文化交流史中的重要地位，都有一定的意义。

从中外文化交流历程的宏观视野审视，我们不难发现，秦汉时期岭南地区在中国古代中外文化交流史上扮演了非常重要的角色，书写了浓墨重彩的篇章。我们很难想象，没有番禺、交趾、徐闻、合浦等海上丝绸之路的重要港口，没有如火如荼的岭南香料贸易和犀象贸易，没有通贾南越的巴蜀商人集团，没有冒险远航出使黄支的“汉使”，没有首次来华登陆岭南的大秦使者安敦，没有牟子及其《理惑论》的中外文化交流史会是一个什么样的场景和局面。

---

① 邢义田：《汉代中国与罗马关系的再检讨（1985—95）》，《汉学研究》1997年第1辑。

② （晋）陈寿撰，（宋）裴松之注：《三国志》卷三十注引《魏略·西戎传》，北京：中华书局，1982年，第861页。

附录　汉魏时期译经情况表[1]

人名	原籍	时间	主要活动	译经总数	现存经数	经书现状
摄摩腾	中天竺	东汉明帝永平年间(公元58—75年)	明帝感梦求佛，派蔡愔、秦景等往天竺求法，道中遇摄摩腾，后随汉使回朝，明帝优待之，建白马寺供其居住，进行译经和传法活动，“汉地始有沙门”	1部1卷经	1部1卷经	现存《四十二章经》1卷
竺法兰	中天竺	东汉明帝永平年间	在摄摩腾后来到洛阳，与摄摩腾共译《四十二章经》，腾卒后自译	4部15卷经	0部0卷经	《十地断结经》8卷，《佛本生经》1卷，《法海藏经》1卷，《佛本行经》5卷共4部15卷经全失

① 本表参考了陈垣先生《乱世与学术》一文中所列的“汉魏南北朝隋唐译经数目表”。参见陈垣：《乱世与学术》，《陈垣全集》(第七册)，合肥：安徽大学出版社，2009年，第826~831页。

（续上表）

人名	原籍	时间	主要活动	译经总数	现存经数	经书现状
安清（安世高）	安息	东汉桓帝建和二年至灵帝建宁中	共译经39部，传授佛法于广州、豫章、会稽等地，“振锡江南”	95部115卷经	54部59卷	现存54部59卷经书：《大乘方等要慧经》1卷，《太子慕魂经》1卷，《长者子制经》1卷，《宝积三昧文殊问法身经》1卷，《自誓三昧经》1卷，《温室洗浴众僧经》1卷，《明度五十校计经》1卷，《佛印三昧经》1卷，《八大人觉经》1卷，《舍利弗悔过经》1卷，《人本欲生经》1卷，《尸迦罗越六向拜经》1卷，《长阿含十报法经》2卷，《一切流摄守因经》1卷，《四谛经》1卷，《本相倚致经》1卷，《是法非法经》1卷，《婆罗门子命终受念不离经》1卷，《十支居士八城人经》1卷，《普法义经》1卷，《婆罗门避死经》1卷，《阿那邠邸化七子经》1卷，《七处三观经》1卷，《五阴譬喻经》1卷，《转法轮经》1卷，《入正道经》1卷，《摩邓女经》1卷，《鬼问目连经》1卷，《阿难问事佛吉凶经》1卷，《奈女祇域因缘经》1卷，《罪业应报教化地狱经》1卷，《坚意经》1卷，《大安般守意经》2卷，《阴持入经》2卷，《虑虑经》2卷，《骂意经》2卷，《分别善恶所起经》1卷，《出家缘经》2卷，《阿镝正行经》1卷，《十八泥犁经》1卷，《法受尘经》1卷，《禅行法想经》1卷，

（续上表）

人名	原籍	时间	主要活动	译经总数	现存经数	经书现状
						《长者子懊恼三处经》1 卷，《犍陀国王经》1 卷，《父母恩难报经》1 卷，《九横经》1 卷，《禅行三十七经》1 卷，《犯戒报应轻重经》1 卷，《大比丘三十威仪经》2 卷，《道地经》1 卷，《迦叶结经》1 卷，《阿毗昙五法行经》1 卷，《漏分布经》1 卷，《阿难同学经》1 卷
支娄迦谶	月支	东汉灵帝光和、中平年间（公元 178—189 年）	桓灵之代游于洛阳，进行译经和传法活动	23 部 67 卷	11 部 26 卷	现存 11 部 26 卷经书：《道行般若波罗密经》10 卷，《天量清净平等觉经》2 卷，《阿閦佛国经》2 卷，《佛遗日摩尼宝经》1 卷，《兜沙经》1 卷，《般舟三昧经》3 卷，《纯真陀罗所问经》2 卷，《阿阇世王经》2 卷，《内藏百宝经》1 卷，《文殊师利问菩萨署经》1 卷，《杂譬喻经》1 卷
竺佛朔	天竺	东汉灵帝光和元年(公元 178 年)	汉灵帝光和年间于洛阳传法	2 部 3 卷	0 部 0 卷	《道行经》1 卷，《般舟三昧经》2 卷全失
安玄	安息	东汉灵帝光和四年（公元 181 年）	游历洛阳，号称“骑都尉”，与沙门严佛调（临淮人）共同译经	2 部 1 卷	2 部 1 卷	《十慧经》1 卷，《法镜经》2 卷为安玄翻译，沙门严佛调笔受完成

（续上表）

人名	原籍	时间	主要活动	译经总数	现存经数	经书现状
支曜	大月氏	东汉灵帝时（公元168—189年）	汉灵帝中平二年己丑于洛阳进行译经和传法活动	11部 11卷	5部 5卷	现存5部5卷经书：《成具光明经》1卷，《阿那律八念经》1卷，《马有三相经》1卷，《马有八态譬人经》1卷，《小道地经》1卷
康巨	康居	东汉灵帝中平四年(公元187年)	汉灵帝中平于洛阳进行译经和传法活动	1部 1卷	0部 0卷	《地狱事经》1卷已失
严佛调	中国临淮郡（下邳）	东汉灵帝中平五年(公元188年)	汉灵帝中平年间于洛阳进行译经和传法活动	5部 8卷	1部 1卷	现存《菩萨内习六波罗密经》1卷
康孟祥	康居	东汉兴平元年至献帝建安四年（公元194—199年）	汉献帝兴平年间于洛阳进行译经和传法活动	6部 9卷	2部 3卷	现存《舍利弗摩诃目揵连游四卫经》1卷，《兴起行经》2卷
竺大力	天竺	东汉献帝建安二年(公元197年)	汉献帝建安年间于洛阳进行译经和传法活动	1部 2卷	1部 2卷	现存《修行本起经》2卷
昙果	天竺	东汉献帝建安十二年（公元207年）	汉献帝建安年间于洛阳进行译经和传法活动	1部 2卷	1部 2卷	现存《中本起经》2卷

（续上表）

人名	原籍	时间	主要活动	译经总数	现存经数	经书现状
昙柯迦罗	中天竺	魏嘉平二年（公元250年）	魏嘉平年间于洛阳译经和传法，并首创中原佛法戒律，“中原戒律，始自于此”	1部 1卷	1部 1卷	现存《僧祇戒本》1卷
康僧铠	天竺	魏嘉平四年（公元252年）	魏嘉平年间于洛阳译经和传法	3部 4卷	3部 4卷	现存3部4卷经：《郁咖长者所问经》1卷，《无量寿经》2卷，《四分杂羯磨经》1卷
昙谛	安息	魏高贵乡公正元元年（公元254年）	魏正元年间于洛阳进行译经和传法活动	1部 1卷	1部 1卷	现存《昙无德羯磨经》1卷
帛延	不详	魏高贵乡公甘露三年（公元258年）	魏甘露年间于洛阳进行译经和传法活动	5部 7卷	0部 0卷	《无量清净平等觉经》2卷，《义须赖经》1卷，《除灾患经》1卷，《首楞严经》2卷，《菩萨修行经》1卷共5部7卷经全失
安法贤	不详	魏景元年间（公元260—264年）	魏景元年间于洛阳进行译经和传法活动	2部 5卷	0部 0卷	《罗摩伽经》3卷，《大般涅槃经》2卷全失
维祇难	天竺	吴黄武三年（公元224年）	吴黄武年间于武昌进行译经和传法活动	2部 6卷	1部 2卷	现存《法句经》2卷，《阿差末菩萨经》4卷已失
竺律炎	天竺	吴黄龙二年（公元230年）	与维祇难同游吴境，维卒后于黄龙年间在武昌进行译经和传法活动	4部 6卷	3部 5卷	现存《摩登伽经》3卷，《三摩竭经》1卷和《佛医经》1卷。《梵志经》1卷已失

（续上表）

人名	原籍	时间	主要活动	译经总数	现存经数	经书现状
支谦	大月氏	吴孙权黄武元年至孙亮建兴二年（公元222—253年）	吴孙权黄武年间避战乱于武昌，权闻其才，拜为博士，使其辅佐东宫，后到建业，继续进行译经和传法活动	88部 118卷	51部 68卷	现存51部68卷佛经为：《大明度无极经》4卷，《阿弥陀经》2卷，《菩萨本业经》1卷，《维摩诘经》2卷，《慧印三昧经》1卷，《九色鹿经》1卷，《老女人经》1卷，《犊子经》1卷，《贝多树下思惟十二因缘经》1卷，《了本生死经》1卷，《龙施女经》1卷，《八吉祥神咒经》1卷，《无量斗微密持经》1卷，《华积陀罗尼神咒经》1卷，《持句神咒经》1卷，《私诃三昧经》1卷，《菩萨生地经》1卷，《孛经》1卷，《月明菩萨经》1卷，《三品弟子经》1卷，《法律三昧经》1卷，《梵志阿飙经》1卷，《梵纲六十二见经》1卷，《七知经》1卷，《释摩男本经》1卷，《诸法本经》1卷，《弊魔试日连经》1卷，《赖吒和罗经》1卷，《梵摩喻经》2卷，《齐经》1卷，《须摩提女经》1卷，《不自守意经》1卷，《五母子经》1卷，《太子瑞应本起经》2卷，《龙王兄弟经》1卷，《长者音悦经》1卷，《七女经》1卷，《八师经》1卷，《萍沙王五愿经》1卷，《义足经》2卷，《须摩提长者经》1卷，《阿难四事经》1卷，

（续上表）

人名	原籍	时间	主要活动	译经总数	现存经数	经书现状
						《未生怨经》1 卷，《四愿经》1 卷，《黑氏梵志经》1 卷，《猘狗经》1 卷，《孙多耶经》1 卷，《戒销灾经》1 卷，《撰集百缘经》10 卷，《菩萨本缘经》3 卷，《惟日杂难经》1 卷
康僧会	康居	吴赤乌十年至晋太康元年（公元 247—280 年）	传播佛法于江东，以佛舍利之事劝孙权弘佛法，孙权为他建建初寺，“以始有佛寺”。后与后主孙皓辩法，维护佛法	7 部 20 卷	2 部 10 卷	现存《六度集经》8 卷和《旧杂譬喻经》2 卷。《阿难念弥经》1 卷，《镜面王经》1 卷，《察微王经》1 卷，《梵皇王经》1 卷，《小品经》6 卷全失。康僧会又注《安般守意经》、《法镜经》、《道树经》等三经，并制经序
支疆梁接	大月氏	吴会稽王孙亮五凤二年（公元 255 年）	于会稽王孙亮五凤年间在交州进行译经和传法活动	1 部 6 卷	0 部 0 卷	《法华三昧经》6 卷已失

参考文献

一、古籍

[1]（战国）屈原、宋玉撰，林家骊译注：《楚辞》，北京：中华书局，2009 年。

[2]（战国）吕不韦撰，陈奇猷校释：《吕氏春秋新校释》，上海：上海古籍出版社，2002 年。

[3]（汉）司马迁撰，（宋）裴骃集解：《史记》，北京：中华书局，1982 年。

[4]（汉）陆贾撰，茆泮林辑：《楚汉春秋》，北京：中华书局，1991 年。

[5]（汉）刘安撰，何宁集释：《淮南子》，北京：中华书局，1998 年。

[6]（汉）刘歆撰，邵士梅注译：《山海经》，西安：三秦出版社，2007 年。

[7]（汉）桓宽撰，（明）张之象注：《盐铁论》，上海：上海古籍出版社，1990 年。

[8]（汉）班固撰，（唐）颜师古注：《汉书》，北京：中华书局，1962 年。

[9]（汉）许慎撰：《说文解字》，北京：中华书局，1963 年。

[10]（晋）张华著，张鸿杰注：《博物志全译》，贵阳：贵州人民出版社，1993 年。

[11]（晋）陈寿撰，（宋）裴松之注：《三国志》，北京：中华书局，1982 年。

[12]（晋）王嘉撰，（南朝梁）萧绮录，齐治平校注：《拾遗记》，北京：中华书局，1981 年。

[13]（晋）常璩撰，顾广圻校正：《华阳国志》，北京：商务印书馆，1958 年。

[14]（南朝宋）范晔撰，（唐）李贤等注：《后汉书》，北京：中华书局，1965 年。

[15]（南朝梁）释慧皎撰，汤用彤校注：《高僧传》，北京：中华书局，1992 年。

[16]（南朝梁）陶弘景编，尚志钧、尚元胜辑校：《本草经集注》，北京：人民卫生出版社，1994 年。

[17]（南朝梁）僧祐编撰：《弘明集》，北京：中华书局，2011 年。

[18]（北魏）郦道元撰：《水经注》，北京：中华书局，1991 年。

[19]（唐）房玄龄、褚遂良等撰：《晋书》，北京：中华书局，1974 年。

[20]（唐）姚思廉撰：《梁书》，北京：中华书局，1973 年。

[21]（唐）玄奘、辩机撰，季羡林校注：《大唐西域记校注》，北京：中华书局，2000 年。

[22]（唐）欧阳询撰，汪绍楹校：《艺文类聚》，上海：上海古籍出版社，1965 年。

[23]（唐）段成式撰，方南生点校：《酉阳杂俎》，北京：中华书局，1981 年。

[24]（唐）刘恂：《岭表录异》，广州：广东人民出版社，1983 年。

[25]（唐）苏敬等撰，尚志钧辑校：《新修本草》，合肥：安徽科学技术出版社，1981 年。

[26]（唐）李吉甫撰，贺次君点校：《元和郡县图志》，北京：中华书局，1983 年。

[27]（后晋）刘昫等撰：《旧唐书》，北京：中华书局，1975 年。

[28]（宋）司马光撰，胡三省注：《资治通鉴》，北京：中华书局，1956 年。

[29]（宋）郑樵撰：《通志》，北京：中华书局，1987 年。

[30]（宋）洪刍撰：《香谱》，上海：上海古籍出版社，1993 年。

[31]（宋）陈敬撰：《陈氏香谱》，文渊阁四库全书子部。

[32]（宋）叶廷珪撰：《名香谱》，上海：上海古籍出版社，1993 年。

[33]（宋）李昉等撰：《太平御览》，北京：中华书局，1960 年。

[34]（宋）李昉等撰：《太平广记》，北京：中华书局，1961 年。

[35]（宋）赵汝适撰，杨博文校释：《诸蕃志校释》，北京：中华书局，2000 年。

[36]（宋）周去非撰，杨武泉校注：《岭外代答》，北京：中华书局，1999 年。

[37]（宋）沈括撰，堵军编校：《梦溪笔谈》，北京：中央民族大学出版社，2002 年。

［38］（宋）高承撰：《事物纪原》，上海：上海古籍出版社，1992 年。
［39］（宋）郭茂倩撰：《乐府诗集》，北京：中华书局，1979 年。
［40］（宋）张君房撰：《云笈七签》，北京：书目文献出版社，1992 年。
［41］（宋）程大昌撰：《演繁露》，文渊阁《四库全书》。
［42］（宋）徐天麟著：《西汉会要》，北京：中华书局，1955 年。
［43］（宋）徐天麟著：《东汉会要》，北京：中华书局，1955 年。
［44］（宋）释志磐撰：《佛祖统记》，济南：齐鲁书社，1995 年。
［45］（元）黎崱撰，武尚清点校：《安南志略》，北京：中华书局，2000 年。
［46］（明）周嘉胄撰：《香乘》，上海：上海古籍出版社，1993 年。
［47］（明）李时珍著：《本草纲目》，北京：人民卫生出版社，1982 年。
［48］（清）阮元校刻：《十三经注疏》，北京：中华书局，1980 年。
［49］（清）屈大均撰：《广东新语》，北京：中华书局，1985 年。
［50］（清）顾观光辑，杨鹏举校注：《神农本草经》，北京：学苑出版社，2007 年。
［51］（清）梁廷楠、（汉）杨孚等撰，杨伟群校点：《南越五主传及其它七种》，广州：广东人民出版社，1982 年。
［52］（清）熊登撰，国家图书馆分馆编：《武昌县志》，北京：线装书局，2001 年。

二、今人专著

［1］周振甫：《诗经译注》，北京：中华书局，2002 年。
［2］杨伯峻：《春秋左传注》，北京：中华书局，1981 年。
［3］杨天宇：《礼记译注》，上海：上海古籍出版社，2004 年。
［4］张仲清：《越绝书译注》，北京：人民出版社，2009 年。
［5］逯钦立辑校：《先秦汉魏晋南北朝诗》，北京：中华书局，1983 年。
［6］周天游：《汉官六种》，北京：中华书局，1990 年。
［7］骆伟、骆廷辑注：《岭南古代方志辑佚》，广州：广东人民出版社，2002 年。
［8］中国科学院昆明植物研究所编：《南方草木状考补》，昆明：云南民族出版社，1991 年。
［9］王根林、黄益元、曹光甫点校：《汉魏六朝笔记小说大观》，上海：上海古籍出版社，1999 年。
［10］林剑鸣：《秦汉史》，上海：上海人民出版社，2003 年。
［11］吕思勉：《秦汉史》，上海：上海古籍出版社，2005 年。

[12] 吕思勉：《吕思勉读史札记》，上海：上海古籍出版社，1982年。

[13] 范文澜：《中国通史》，北京：人民出版社，1978年。

[14] 郭沫若：《中国史稿》，北京：人民出版社，1979年。

[15] 张荣芳、黄淼章：《南越国史》，广州：广东人民出版社，1995年。

[16] 张荣芳：《秦汉史论集（外三篇）》，广州：中山大学出版社，1995年。

[17] 余天炽、覃圣敏等：《古南越国史》，南宁：广西人民出版社，1988年。

[18] 孙机：《汉代物质文化资料图说》，上海：上海古籍出版社，2008年。

[19] 陈直：《两汉经济史料论丛》，北京：中华书局，2008年。

[20] 周永卫：《两汉交趾和益州对外关系研究——以若干物质文化交流为主》，汕头：汕头大学出版社，2009年。

[21] 陈炎：《海上丝绸之路与中外文化交流》，北京：北京大学出版社，1996年。

[22] 李庆新：《海上丝绸之路》，北京：五洲传播出版社，2006年。

[23] 李庆新：《濒海之地——南海贸易与中外关系史研究》，北京：中华书局，2010年。

[24] 沈光耀：《中国古代对外贸易史》，广州：广东人民出版社，1985年。

[25] 关其学、朱慧强：《广东对外贸易研究》，广州：华南理工大学出版社，1992年。

[26] 黄启臣：《广东海上丝绸之路史》，广州：广东经济出版社，2003年。

[27] 向达：《中西交通史》，北京：中华书局，1934年。

[28] 方豪：《中西交通史》，上海：上海人民出版社，2008年。

[29] 张星烺编注，朱杰勤校订：《中西交通史料汇编》，北京：中华书局，1977年。

[30] 沈福伟：《中西文化交流史》，上海：上海人民出版社，1985年。

[31] 沈福伟：《中国与非洲》，北京：中华书局，1990年。

[32] 荣新江：《中古中国与外来文明》，北京：生活·读书·新知三联书店，2001年。

［33］李金明、廖大珂：《中国古代海外贸易史》，南宁：广西人民出版社，1995 年。

［34］石云涛：《早期中西交通与交流史稿》，北京：学苑出版社，2003 年。

［35］章巽：《我国古代的海上交通》，北京：商务印书馆，1986 年。

［36］韩振华：《航海交通贸易研究》，香港：香港大学亚洲研究中心，2002 年。

［37］冯承钧：《中国南洋交通史》，上海：上海古籍出版社，2005 年。

［38］季羡林：《中印文化关系史论文集》，北京：生活·读书·新知三联书店，1982 年。

［39］谢崇安：《雨林中的国度：追踪东南亚古代文明》，重庆：重庆出版社，2001 年。

［40］姚楠、陈佳荣、丘进：《七海扬帆》，香港：中华书局，1990 年。

［41］林梅村：《丝绸之路考古十五讲》，北京：北京大学出版社，2006 年。

［42］林梅村：《汉唐西域与中国文明》，北京：文物出版社，1998 年。

［43］姜伯勤：《敦煌吐鲁番文书与丝绸之路》，北京：文物出版社，1994 年。

［44］李云泉：《朝贡制度史论——中国古代对外关系体制研究》，北京：新华出版社，2004 年。

［45］马雍：《西域史地文物丛考》，北京：文物出版社，1990 年。

［46］傅京亮：《中国香文化》，济南：齐鲁书社，2008 年。

［47］汪秋安：《香料香精生产技术及其应用》，北京：中国纺织出版社，2008 年。

［48］张弘：《战国秦汉时期商人和商业资本研究》，济南：齐鲁书社，2003 年。

［49］陈宝良：《明代社会生活史》，北京：中国社会科学出版社，2004 年。

［50］邓端本：《广州港史》，北京：海洋出版社，1986 年。

［51］蓝勇：《南方丝绸之路》，重庆：重庆大学出版社，1992 年。

［52］阮荣春：《佛教南传之路》，长沙：湖南美术出版社，2000 年。

［53］童恩正：《文物与考古论集》，北京：文物出版社，1986 年。

[54] 童恩正：《南方文明》，重庆：重庆出版社，1998 年。

[55] 汤用彤：《汉魏两晋南北朝佛教史》，北京：中华书局，1983 年。

[56] 任继愈：《中国佛教史》，北京：中国社会科学出版社，1981 年。

[57] 闻宥：《四川汉代画像选集》，北京：群众出版社，1955 年。

[58] 贺云翱等编：《佛教初传南方之路文物图录》，北京：文物出版社，1993 年。

[59] 霍巍、赵德云：《战国秦汉时期中国西南的对外文化交流》，成都：巴蜀书社，2007 年。

[60] 俞伟超等：《向达先生纪念文集》，乌鲁木齐：新疆人民出版社，1986 年。

[61] 吴焯：《佛教东传与中国佛教艺术》，杭州：浙江人民出版社，1991 年。

[62] 苏秉琦：《中国文明起源新探》，北京：生活·读书·新知三联书店，1999 年。

[63] 阮荣春：《佛教南传之路》，长沙：湖南美术出版社，2000 年。

[64] 贺云翱等编：《佛教初传南方之路文物图录》，北京：文物出版社，1993 年。

[65] 陈柏坚主编：《广州外贸两千年》，广州：广州文化出版社，1989 年。

[66] 胡守为：《岭南古史》，广州：广东人民出版社，1999 年。

[67] 陈宝良：《明代社会生活史》，北京：中国社会科学出版社，2004 年。

[68] 黄启善主编：《广西铜镜》，北京：文物出版社，2004 年。

[69] 孔祥星：《中国铜镜图典》，北京：文物出版社，1992 年。

[70] 宿白：《中国佛教石窟寺遗迹》，北京：文物出版社，2010 年。

[71] 蒙文通：《越史丛考》，北京：人民出版社，1983 年。

[72] 丘进：《中国与罗马——汉代中西关系研究》，广州：广东人民出版社，1990 年。

三、考古学专著

[1] 广州市文物管理委员会、广州市博物馆编：《广州汉墓》，北京：文物出版社，1981 年。

[2] 广州市文物管理委员会、中国社会科学院考古研究所、广东省博物馆编：《西汉南越王墓》，北京：文物出版社，1991 年。

[3] 广西壮族自治区博物馆编：《广西贵县罗泊湾汉墓》，北京：文物出版社，1988 年。

[4] 云南省博物馆编：《云南晋宁石寨山古墓群发掘报告》，北京：文物出版社，1959 年。

[5] 麦英豪、王文建：《岭南之光：南越王墓考古大发现》，杭州：浙江文艺出版社，2002 年。

[6] 麦英豪、黄淼章、谭庆芝：《广州南越王墓》，北京：生活·读书·新知三联书店，2005 年。

[7] 广州市文化局编：《广州秦汉考古三大发现》，广州：广州出版社，1999 年。

[8] 广东省文物局、广东省文物考古研究所、广州市文物考古研究所、深圳市文物考古鉴定所编：《广东文物考古三十年》，广州：暨南大学出版社，2009 年。

[9] 广州市文物考古研究所编：《广州文物考古集》，北京：文物出版社，1998 年。

[10] 广东省立图书馆编：《广州秦代造船遗址学术争鸣集》，北京：中国建筑工业出版社，2002 年。

[11] 黄展岳：《两广汉墓的发掘与研究》，《新中国的考古发现与研究》，北京：文物出版社，1984 年。

[12] 南京市博物馆编：《四川彭山汉代崖墓》，北京：文物出版社，1991 年。

[13] 四川省文物考古研究所编：《四川考古报告集》，北京：文物出版社，1998 年。

[14] 广东省文物考古研究所编：《广东省考古五十年》，《新中国考古五十年》，北京：文物出版社，1999 年。

[15] 香港中文大学、中国考古艺术研究中心编：《南中国及邻近地区古文化研究》，香港：中文大学出版社，1994 年。

[16] 湖南省博物馆、中国科学院考古研究所编：《长沙马王堆一号汉墓》，北京：文物出版社，1973 年。

[17] 侯良：《西汉文明之光：长沙马王堆汉墓》，长沙：湖南人民出版社，2008 年。

[18] 卢兆荫：《满城汉墓》，北京：生活·读书·新知三联书店，2005 年。

[19] 张威主编，吴春明等编著：《海洋考古学》，北京：科学出版社，2007 年。

［20］中国大百科全书编辑委员会编：《中国大百科全书·考古学》，北京：中国大百科全书出版社，1986 年。

四、译著与外文书籍

［1］［日］真人元开著，汪向荣校注：《唐大和上东征传》，北京：中华书局，1979 年。

［2］［日］宫崎市定：《日本学者研究中国史论著选译·条支和大秦和西海》，北京：中华书局，1993 年。

［3］［日］松田寿男：《日本学者研究中国史论著选译·绢马交易研究劄记》，北京：中华书局，1993 年。

［4］［日］镰田茂雄著，关世谦译：《中国佛教史》，东京：东京大学出版会，1982 年。

［5］［日］山田宪太郎：《东亚香料史研究》，东京：中央公论美术出版，1976 年。

［6］［日］藤田丰八著，何健民译：《中国南海古代交通丛考》，北京：商务印书馆，1936 年。

［7］［印度］R. 塔帕尔著，林太译：《印度古代文明》，杭州：浙江人民出版社，1990 年。

［8］［巴基斯坦］艾哈默德·哈桑·达尼著，刘丽敏译：《历史之城塔克西拉》，北京：中国人民大学出版社，2005 年。

［9］［阿拉伯］伊本·胡尔达兹比赫著，宋岘译注：《道里邦国志》，北京：中华书局，1991 年。

［10］［古希腊］希罗多德著，王以铸译：《历史》，北京：商务印书馆，2005 年。

［11］［意］白佐良、马西尼著，萧晓玲、白玉崑译：《意大利与中国》，北京：商务印书馆，2002 年。

［12］［法］沙畹著，冯承钧译：《魏略·西戎传笺注》，北京：商务印书馆，1962 年。

［13］［法］伯希和著，冯承钧译：《郑和下西洋考　交广印度两道考》，北京：中华书局，2003 年。

［14］［法］费琅著，冯承钧译：《昆仑及南海古代航行考》，北京：中华书局，1957 年。

［15］［法］戈岱司编，耿昇译：《希腊拉丁作家远东古文献辑录》，北京：中华书局，1987 年。

［16］［法］阿里·玛扎海里著，耿昇译：《丝绸之路：中国—波斯文化交流史》，乌鲁木齐：新疆人民出版社，2006 年。

[17]［法］布尔努瓦著，耿昇译：《丝绸之路》，济南：山东画报出版社，2001 年。

[18]［德］夏德著，朱杰勤译：《大秦国全录》，北京：商务印书馆，1964 年。

[19]［英］崔瑞德、鲁惟一编，杨品泉等译：《剑桥中国秦汉史》，北京：中国社会科学出版社，1992 年。

[20]［英］多尔比著，李蔚红、赵凤军、姜竹青译：《危险的味道：香料的历史》，天津：百花文艺出版社，2004 年。

[21]［荷］戴闻达著，胡国强、覃锦显译：《中国人对非洲的发现》，北京：商务印书馆，1983 年。

[22]［美］劳费尔著，林筠因译：《中国伊朗编：中国对古代伊朗文明史的贡献》，北京：商务印书馆，1964 年。

[23]［美］谢弗著，吴玉贵译：《唐代的外来文明》，西安：陕西师范大学出版社，2005 年。

[24]［美］乔纳森·马克·基诺耶著，张春旭译：《走近古印度城》，杭州：浙江人民出版社，2000 年。

[25]［美］戴尔·布朗主编，王同宽译：《东南亚：重新找回的历史》，南宁：广西人民出版社，2002 年。

[26]［美］汤普逊著，耿淡如译：《中世纪经济社会史（300—1300 年）》（上册），北京：商务印书馆，1997 年。

[27]［美］费雷德里克 J. 梯加特著，丘进译：《罗马与中国——历史事件的关系研究》，北京：人民交通出版社，1994 年。

[28]［美］P. S. 罗森：《早期艺术和建筑》，［澳］A. L. 巴沙姆主编，闵光沛等译：《印度文化史》，北京：商务印书馆，1997 年。

[29] 冯承钧译：《西域南海史地考证译丛》，北京：商务印书馆，1995 年。

[30] 王赓武著，姚楠编译：《南海贸易与南洋华人》，香港：中华书局，1988 年。

[31] 余英时著，邬文玲译：《汉代贸易与扩张：汉胡经济关系结构研究》，上海：上海古籍出版社，2005 年。

[32] Pliny, *Natural History*, Cambridge, MA: Harvard University Press, 1999.

[33] J. Innes Miller, *The Spice Trade of the Roman Empire*（*29B. C. to A. D. 641*）, Oxford: Clarendon Press, 1969.

[34] Xinru Liu, *Ancient India and Ancient China*（*Trade and Religious Exchanges A. D. 1 - 600*）, Delhi: Oxford University Press, 1988.

五、今人论文

［1］陈竺同:《南洋输入生产品史考》,《南洋研究》1934 年第 5 卷第 6 期。

［2］陈竺同:《汉魏以来海外输入奇香考》,《南洋研究》1936 年第 6 卷第 2 期。

［3］陈竺同:《汉魏南北朝外来的医术与药物的考证》,《暨南学报》1936 年第 1 卷第 1 期。

［4］陈竺同:《汉魏以来异域香料输入考》,《暨南学报》1936 年第 1 卷第 2 期。

［5］王鞠侯:《南海输入香料品类考》,《南洋研究》1941 年第 9 卷第 4 期。

［6］苏继庼:《汉书地理志已程不国即锡兰说》,(新加坡)《南洋学报》1948 年第 5 卷第 2 期。

［7］许云樵:《古代南海航程中的地峡与地极》,(新加坡)《南洋学报》1948 年第 5 卷第 2 辑。

［8］谭彼岸:《汉代与南海黄支国的交通》,《社会经济研究》1951 年第 2 期。

［9］韩振华:《公元前二世纪至公元一世纪间中国与印度东南亚的海上交通——汉书地理志粤地条末段考释》,《厦门大学学报》(社会科学版)1957 年第 2 期。

［10］岑仲勉:《西汉对南洋的海道交通》,《中山大学学报》(社会科学版)1959 年第 4 期。

［11］关履权:《宋代广州香药贸易史述》,《文史》1963 年第 3 期。

［12］周连宽:《汉使航程问题——评岑韩二氏的论文》,《中山大学学报》(哲学社会科学版)1964 年第 3 期。

［13］汶江:《滇越考》,《中华文史论丛》1980 年第 2 辑。

［14］俞伟超:《东汉佛像图像考》,《文物》1980 年第 5 期。

［15］周连宽、张荣芳:《汉代我国与东南亚国家的海上交通和贸易关系》,《文史》1980 年第 9 辑。

［16］吴焯:《四川早期佛教遗物及其年代与传播途径的考察》,《文物》1982 年第 11 期。

［17］贾峨:《说汉唐间百戏中的“象舞”——兼谈“象舞”与佛教“行像”活动及海上丝绸之路的关系》,《文物》1982 年第 9 期。

［18］朱杰勤:《汉代中国东南亚和南亚海上交通路线初探》,《海交史研究》1983 年第 3 期。

［19］陈连庆：《汉晋之际输入中国的香料》，《史学集刊》1986年第2期。

［20］严小青、惠富平：《古代岭南地区土沉香的生产及其社会影响》，《史学月刊》2007年第4期。

［21］张荣芳、周永卫：《汉代徐闻与海上交通》，《中山大学学报》（社会科学版）2002年第3期。

［22］张荣芳、周永卫：《两汉时期的雷州半岛及其在中国历史上的地位》，《湛江师范学院学报》2002年第2期。

［23］李庆新：《从考古发现看秦汉六朝时期的岭南与海上交通》，《史学月刊》2006年第10期。

［24］陈国保：《汉代交趾地区社会经济发展之探析》，《中国社会经济史研究》2005年第4期。

［25］许永璋：《秦论来华与朱应、康泰出使南海诸国》，《历史研究》1998年第3期。

［26］何海龙：《两汉时期岭南商品经济发展浅析》，《中国社会经济史研究》2008年第4期。

［27］汪秋安：《中国古近代香料史初探》，《香料香精化妆品》1999年第2期。

［28］张绪山：《罗马帝国沿海路向东方的探索》，《史学月刊》2001年第1期。

［29］冯雷：《南越国与海外交流》，《岭南文史》2000年第3期。

［30］吴焯：《汉代人焚香为佛家礼仪说——兼论佛教在中国南方的早期传播》，《西北第二民族学院学报》（哲学社会科学版）1999年第3期。

［31］黎虎：《汉代外交使节的选拔》，《兰州大学学报》（社会科学版）2002年第6期。

［32］夏时华：《宋代香料与贵族生活》，《上饶师范学院学报》2007年第4期。

［33］冯立军：《古代中国与东南亚中医药交流》，《南洋问题研究》2002年第3期。

［34］林远辉：《西汉南海道的几个问题》，《海交史研究》2003年第2期。

［35］廖大珂：《略论扶南的海上贸易》，《南洋问题研究》1994年第4期。

［36］王子今：《秦汉时期的东洋与南洋航海》，《海洋交通史研究》1992年第1期。

［37］王子今：《西汉南越的犀象——以广州南越王墓出土资料为中心》，《南越国史迹研讨会论文选集》，北京：文物出版社，2005 年。

［38］严耕望：《汉晋时代滇越通道考》，《香港中文大学中国文化研究所学报》1976 年第 8 卷第 1 期。

［39］张难生、叶显恩：《海上丝绸之路与广州》，《中国社会科学》1992 年第 1 期。

［40］周伟洲：《公元三至六世纪的南海诸国及其与南方诸政权之关系》，《燕京学报》新十期，北京：北京大学出版社，2001 年。

［41］［美］Steven F. 塞基著，胡光伟译：《司马相如与汉代四川的局限》，《中华文化论坛》1998 年第 4 期。

［42］罗二虎：《汉晋时期的中国“西南丝绸之路”》，《四川大学学报》（哲学社会科学版）2000 年第 1 期。

［43］罗二虎：《论中国西南地区早期佛像》，《考古》2005 年第 6 期。

［44］罗二虎：《陕西城固出土的钱树佛像及其与四川地区的关系》，《文物》1998 年第 12 期。

［45］罗二虎：《中国陕西省出土钱树佛像考》，《佛教文化研究所纪要》第 36 集，日本龙谷大学，1997 年。

［46］罗二虎：《略论贵州清镇汉墓出土的早期佛像》，《四川文物》2001 年第 2 期。

［47］童恩正：《古代中国南方与印度交通的考古学研究》，《考古》1999 年第 4 期。

［48］童恩正：《试论古代四川与东南亚文明的关系》，《文物》1983 年第 9 期。

［49］张晓华：《公元前后的国内环境对佛教传播中国的影响》，《松辽学刊》（哲学社会科学版）2000 年第 6 期。

［50］谢志成：《四川汉代画像砖上的佛塔图像》，《四川文物》1987 年第 4 期。

［51］段玉明：《从出土文物看巴蜀早期佛教》，《四川文物》2008 年第 3 期。

［52］霍巍：《四川何家山崖墓出土神兽镜及相关问题研究》，《考古》2005 年第 5 期。

［53］胡彬彬：《长江中上游地区的造像与佛教初始输入的别径》，《湖南大学学报》（社会科学版）2007 年第 5 期。

［54］熊寿昌：《汉三国时期武昌佛教文化遗存》，《世界宗教研究》1995 年第 4 期。

[55] 阮荣春、[日] 木田知生：《"早期佛教造像南传系统"调查资料》，《东南文化》2006 年第 1、2 期合刊。

[56] 吴桂兵：《长沙"永宁二年"墓与长江中游的早期佛教传播——兼谈早期佛教传播的路线与研究方法》，《民族艺术》2006 年第 1 期。

[57] 何志国、李莎：《从昭通东汉佛像看中国早期佛像的来源》，《艺术考古》2008 年第 4 期。

[58] 何志国：《鄂州三国佛像镜的学术意义》，《民族艺术》2010 年第 2 期。

[59] 何志国：《论武汉莲溪寺吴永安五年墓出土的鎏金铜牌菩萨像》，《南京艺术学院学报》（美术与设计版）2010 年第 1 期。

[60] 何志国：《摇钱树内涵溯源》，《中华文化论坛》2000 年第 4 期。

[61] 何志国：《东汉铭文神兽镜探微》，《文物天地》1999 年第 2 期。

[62] 何志国：《论早期佛像在长江流域的传播——以汉晋考古材料为中心》，《东南文化》2004 年第 3 期。

[63] 李杨：《外来佛教本土化的滥觞——吴地魂瓶上的佛像、胡人形象》，《艺术探索》2007 年第 3 期。

[64] 廖国一：《佛教在广西的发展及其与少数民族文化的关系》，《佛学研究》2002 年第 2 期。

[65] 庄春辉：《解读"卍"字符及其不同变体的文化表征意义》，《康定民族师范高等专科学校学报》2008 年第 17 卷第 1 期。

[66] 屈大成：《中国早期佛教图像研究综述》，《艺术考古》2008 年第 3 期。

[67] 宋晓梅：《从考古遗存引发关于南北两路佛教初传问题的思考》，《西域研究》2003 年第 2 期。

[68] 张茂华：《摇钱树的定名、起源和类型问题探讨》，《四川文物》2002 年第 1 期。

[69] 郭培忠：《广信为岭南早期文化重心论——兼论汉代杰出经学家陈氏父子》，《岭南文史》1996 年第 4 期。

六、考古学论文

[1] 广州市文物管理委员会：《广州市龙生岗 43 号东汉木椁墓》，《考古学报》1957 年第 1 期。

[2] 江苏省文物管理委员会：《南京近郊六朝墓的清理》，《考古学报》1957 年第 1 期。

[3] 贵州省博物馆：《贵州清镇平坝汉墓发掘报告》，《考古学报》1959 年第 1 期。

[4] 湖北省文物管理委员会：《武昌莲溪寺东吴墓清理简报》，《考古》1959 年第 4 期。

[5] 黎金：《广州的两汉墓葬》，《文物》1961 年第 2 期。

[6] 胡肇椿、张维持：《广州出土的汉代黑奴俑》，《中山大学学报》（社会科学版）1961 年第 2 期。

[7] 金琦：《南京甘家巷和童家山六朝墓》，《考古》1963 年第 6 期。

[8] 周永卫：《南越王墓银盒舶来路线考》，《考古与文物》2004 年第 1 期。

[9] 中国社会科学院考古研究所、广州市文物考古研究所、南越王宫博物馆筹建处：《广州南越王宫署遗址 2000 年发掘报告》，《考古学报》2002 年第 2 期。

[10] 广西壮族自治区文物工作队、贵港市文物管理所：《广西贵港深钉岭汉墓发掘报告》，《考古学报》2006 年第 1 期。

[11] 广西壮族自治区文物工作队：《广西贵县风流岭 31 号西汉墓清理简报》，《考古》1984 年第 1 期。

[12] 广西壮族自治区文物工作队：《广西贵县罗泊湾一号汉墓发掘简报》，《文物》1978 年第 9 期。

[13] 岑蕊：《试论东汉魏晋墓葬中的多面金珠用途及其源流》，《考古与文物》1990 年第 3 期。

[14] 广州市文物管理处：《广州秦汉造船工场遗址试掘》，《文物》1977 年第 4 期。

[15] 孙莉：《萨珊银币在中国的分布及其功能》，《考古学报》2004 年第 1 期。

[16] 广东省博物馆、顺德县博物馆：《广东顺德陈村汉墓的清理》，《文物》1991 年第 12 期。

[17] 广西壮族自治区博物馆、昭平县文物管理所：《广西昭平东汉墓》，《考古学报》1989 年第 2 期。

[18] 广州象岗汉墓发掘队：《西汉南越王墓发掘初步报告》，《考古》1984 年第 3 期。

[19] 广东省博物馆：《广东徐闻东汉墓——兼论汉代徐闻的地理位置和海上交通》，《考古》1997 年第 4 期。

[20] 广东省博物馆：《广东徐闻汉墓》，《考古》1977 年第 4 期。

[21] 乐山市文化局：《四川乐山麻浩一号崖墓》，《考古》1990 年第 2 期。

[22] 何志国：《四川绵阳何家山 1 号东汉崖墓清理简报》，《文物》

1991 年第 3 期。

［23］四川省文物管理委员会：《四川忠县涂井蜀汉崖墓》，《文物》1985 年第 7 期。

［24］南京市博物馆：《南京郊县四座吴墓发掘简报》，《文物史料丛刊》1983 年第 8 期。

［25］金华地区文管会：《浙江武义陶瓷厂三国墓》，《考古》1981 年第 4 期。

［26］衢州市文管会：《浙江衢州市三国墓》，《文物》1984 年第 8 期。

［27］章金焕：《浙江上虞江山三国吴墓发掘简报》，《东南文化》1989 年第 2 期。

［28］江苏省镇江市博物馆：《江苏金坛出土的青瓷》，《文物》1977 年第 6 期。

［29］广西文物工作队：《广西近年来发现的四件铜鼓》，《考古》1980 年第 4 期。

七、学位论文

［1］温翠芳：《唐代的外来香药研究》，陕西师范大学博士学位论文，2006 年。

［2］惠夕平：《两汉博山炉研究》，山东大学硕士学位论文，2008 年。

［3］吴娟娟：《香料与唐代社会生活》，安徽大学硕士学位论文，2010 年。

［4］张丽亚：《历史时期豆蔻的使用与分布》，暨南大学硕士学位论文，2010 年。

［5］覃杰：《广州汉墓出土人物俑的发现与研究》，吉林大学硕士学位论文，2010 年。

［6］黄家芳：《中国犀演变简史》，陕西师范大学硕士学位论文，2009 年。

［7］张洁：《历史时期中国境内亚洲象相关问题研究》，陕西师范大学硕士学位论文，2008 年。

后记

本书是我所主持的2010年度教育部人文社会科学研究项目“秦汉岭南的对外文化交流”的最终成果，由我与我的硕士研究生邓珍、万智欣、温淑萍等合作完成。我确定选题，撰写引言和结语，邓珍负责撰写第一章，万智欣负责撰写第三章和附录，温淑萍负责撰写第二章，最后由我负责统稿和定稿。在此，我要向这三位同学表示衷心的感谢。由于水平所限，书中难免存在不少疏漏和错误，自然由我本人承担一切责任，恳请读者见谅。

“秦汉岭南的对外文化交流”项目的成功申报，除了要感谢评审专家的厚爱以外，我还要特别感谢年逾八旬的著名历史学家、北京大学历史系教授吴荣曾先生对我的支持和鼓励。我与吴先生的缘分始于20多年以前，当时我在西北大学就读秦汉史专业硕士研究生时，曾致函先生，表达了我毕业想报考他的博士研究生的想法，先生很快回信，表示得知我是陈直先生的再传弟子，他很高兴，因为他是陈直先生的好友，非常欢迎我报考，并给我寄赠了日本学者大庭修撰写，林剑鸣、王子今等翻译的《秦汉法制史研究》一书。可惜后来我因外语不过关，未能考进北大，辜负了先生的一片心意。2009年，我在河南永城出席中国秦汉史研究会第十二届年会期间，恰好与吴先生的弟子汪桂海兄同住一室，当我讲起当年的往事时，桂海兄坦言，先生的赠书之举并不多见，说明他当时确实想招我为弟子。2010年年初，我修改以后的博士论文《两汉交趾和益州对外关系研究——以若干物质文化交流为主》由汕头大学出版社出版以后，我特意给先生寄赠了一册。没有想到，很快就收到了先生的来信，说“选题甚好，目前很少有人作这类研究，尤为难得”，对我勉励有加。先生的来信，使我深受鼓舞，从而大大增加了进一步研究的信心和勇气，也使我有了申报课题的想法。

对于本书的出版，我还要感谢十余年来我所供职的华南师范大学历史文化学院的诸位同人。多年“历史”积淀而成的“宽松、宽容、宽厚”的氛围，使我备感温暖，使我能静得下心来，从事自己感兴趣的研究。

最后，我要感谢暨南大学出版社总编辑史小军教授。我与史总编既是同学，也是老乡，他先我一步到羊城工作，在学习和工作方面多有往来和照顾。这本书能够顺利出版，也得力于他的大力帮助。同时还要感谢出版社的侯丽庆、黄少君等编辑，他们帮助我改正了书中的许多错误，为本书的编辑出版付出了辛勤的劳动。

岁月蹉跎，人生如梦。当年与我攻读秦汉史硕士研究生的五位同窗，如今只剩三位，陈一梅君和孙福喜君先后英年早逝，思之怆然！

周永卫

甲午年孟夏于广州石牌西府山人斋